프로젝트리츠로
일하는 법

새로운 부동산 개발 플랫폼

프로젝트리츠로 일하는 법

강명기 · 김승범 · 김중한 · 이재훈 · 이준혁 지음

한국경제신문

프로젝트리츠를 통한 부동산 산업의 패러다임 전환을 기대하며

리츠(REITs)는 다수의 투자자로부터 자금을 모아 부동산을 개발·취득·운영하고, 이를 통해 발생한 수익을 투자자(주주)에게 배당하는 투자 기구이다.

리츠가 도입되기 이전에는 오피스, 호텔, 데이터센터 등 안정적인 운영 수익과 장기적인 자산 가치 상승이 기대되는 대형 부동산은 주로 기업, 국내외 기관투자자, 일부 자본가만의 투자 영역으로 인식되어 왔다.

그러나 리츠 도입을 통해 일반 국민도 소액으로 우량 부동산에 투자하고, 주주로서 의사결정 구조에 참여할 수 있는 길이 열린 것이다.

기업의 입장에서도 리츠는 부동산 자산을 유동화하고 이를 통해 확보한 자금을 신산업 및 핵심 사업에 재투자할 수 있는 금융 수단으로 활용 가능하다. 실제로 SK하이닉스가 약 1조 원 규모의 반도체 설비시설을 리츠를 통해 유동화하고 이를 반도체 공정에 재투자한 사례는 부동산 자산이 생산적 금융으로 전환되어 국가 경제의 활력 제고에 기여할 수 있음을 보여준다.

2001년 국내 리츠 도입 이후 2025년 12월 기준 총 447개의 리츠가 설립·운영되고 있으며, 전체 자산 규모는 약 120조 원에 이른다. 이 중 상장리츠는 25개, 시가총액은 약 20조 원 규모로 성장하였고, 약 40만 명의 개인투자자가 리츠 시장에 참여하고 있다.

그럼에도 불구하고 국내 상장리츠의 시가총액은 GDP 대비 기준으로 볼 때 미국의 약 1/20, 비슷한 시기에 리츠를 도입한 일본의 약 1/10 수준에 머물러 있다. 이는 부동산 투자 이익의 사회적 공유, 절차의 투명성, 안정적인 배당 구조 등 리츠의 장점과 우리나라의 경제 규모에 비해 시장 활용도가 여전히 제한적임을 보여준다.

그동안 이러한 원인으로 경직된 리츠 제도와 복잡한 인허가 절차가 지속적으로 지적되어 왔으나, 최근 들어 투자 대상 자산의 확대, 인가 및 운용 절차의 합리화, 공시·감독 체계 개선 등 제도 전반에 걸친 규제 개선이 이루어지며 리츠 산업 전반에 점진적인 변화가 나타나고 있다.

이 가운데 가장 주목할 만한 제도적 변화가 바로 2025년 11월부터 시행된 프로젝트리츠(Project REITs)의 도입이다.

그동안 국내 부동산 개발사업은 PFV(Project Financing Vehicle)를 중심으로 한 선분양형 개발 구조에 크게 의존해 왔다. 이러한 방식은 초기 자기자본 부담이 낮고 사업 추진 속도가 빠르다는 장점이 있었으나, 분양 시점의 시장 상황에 따라 사업 성패가 좌우되는 구조적 한계를 내포하고 있다.

또한 PFV는 임시회사이기 때문에 준공 이후의 운영·관리 등 자산 가치를 지속적으로 높이기에는 적합하지 않은 구조라는 지적이 지속되어 왔다.

특히 경제 전반이 고도성장기를 지나 저성장 기조로 전환되고, 초고령 사회 진입, 지역 간 수요 격차 확대, 산업 구조 변화 등 사회·경제적 환경이 급격히 변화하는 가운데, 자금 조달 규제 강화와 공공기여 확대 등 정책 환경 변화까지 더해지면서 기존의 개발 방식만으로는 대규모·복합 개발사업을 안정적으로 추진하기 어려운 상황에 직면하고 있다.

이러한 구조적 한계를 보완하기 위해 도입된 프로젝트리츠는 개발 단계부터 준공, 장기 운영, 공모·상장에 이르기까지 전 과정을 하나의 리츠 구조 안에서 일관되게 추진할 수 있도록 설계된 새로운 부동산 개발 플랫폼이다.

이는 단순히 리츠 유형을 하나 추가하는 차원을 넘어, 자본 조달 구조·세제·지배구조를 사전에 예측 가능하게 설계함으로써 개발사업 전반의 불확실성을 구조적으로 낮출 수 있다.

프로젝트리츠 도입은 개발사업의 안정성과 투명성을 동시에 높일 수 있는 기반을 마련한다는 점에서 부동산 산업의 중요한 전환점이라 할 수 있다.

특히 프로젝트리츠에는 현물출자에 대한 과세이연 등 강력한 세제 인센티브가 부여되어 토지 소유자·공공·민간사업자가 현금 유출 부담 없이 자산을 출자하고 주주로 참여할 수 있다. 이는 기존 PFV 구조에서 반복되어 온 지분 희석, 자금 조기 회수 압박 등 리스크를 근본적으로 줄일 수 있다. 그렇기에 공공성·투명성·장기 운영이 요구되는 대규모 개발사업일수록 프로젝트리츠는 하나의 표준적 대안으로 검토될 것이다.

실제로 2025년 국토교통부 수요조사 결과, PFV 등 기존 사업에서 프로젝트리츠로 전환을 희망하는 사업 규모는 20조 원을 상회하였고, 제도 도입 후 불과 한 달 만에 헬스케어, 도심주택복합사업, 오피스 건립

등 10여 개 사업이 신청되었다. 이외, 역세권 청년주택, 저층 오피스의 코리빙 재건축, 기업 기숙사 등 다양한 유형의 개발사업이 프로젝트리츠로 검토되고 있으며 기존 PF 사업자와 자산 보유자, 금융기관 모두가 이 새로운 구조에 높은 관심을 보이고 있다.

이에 프로젝트리츠 제도를 설계하고 제도를 만든 국토교통부 담당자, 제도 도입 과정에서 참여한 변호사, 회계사 등이 함께 프로젝트리츠를 실제 사업에 적용하려는 실무자들이 참고할 수 있도록 실무 편람을 집필하게 되었다.

본서는 리츠 종사자, 디벨로퍼, 부동산 자산 보유자, 지방정부(공공기관) 담당자 등 프로젝트리츠를 기획·설계·운용하려는 실무자를 주요 독자로 설정하고 설립 절차, 자금 조달 구조, 세제 쟁점, 공시 및 감독 체계, 사업 구조 설계까지 프로젝트리츠 전 과정을 체계적으로 정리하는 것을 목표로 한다.

아울러 프로젝트리츠뿐 아니라 최근 리츠 투자 대상 확대, 개편된 공시 및 보고 체계, 주요 세제 혜택까지 함께 다루어 리츠 제도를 처음 접하는 실무자도 사업 검토 단계에서 바로 활용할 수 있도록 구성하였다.

본서를 통해 독자들이 프로젝트리츠에 창의적인 아이디어를 더해 보다 안정되고 지속 가능한 개발사업을 추진함으로써 도시의 미래를 바꾸고, 대한민국의 경쟁력을 높이는 도전에 나서기를 바란다.

2026.3.16.
강명기·김승범·김중한·이재훈·이준혁

우리나라 리츠(REITs)는 2001년 「부동산투자회사법」 제정과 함께 도입된
이래, 지난 25년간 국민의 소득 증진을 돕는 부동산 투자 수단으로 자리매
김해 왔습니다. 특히 최근 상장 리츠의 활성화와 함께 가파른 상승세를 보
이며 불과 5년 만에 시장 규모가 약 2배 성장했고, 마침내 2025년 총자산
규모 100조 원을 달성하는 쾌거를 이루었습니다.

대한민국 리츠 산업이 중대한 도약기를 맞이한 시점에 발간되는 『프로젝
트리츠로 일하는 법』은 그 의미가 남다릅니다. 이 책은 새롭게 도입된 '프
로젝트리츠' 제도를 중심으로, 부동산 개발의 초기 단계부터 성공적인 운
영에 이르는 전 과정을 체계적이고 심도 있게 정리하고 있습니다. 앞으로
리츠 시장에 참여하는 실무자와 투자자 모두에게 명확한 방향을 제시하는
길잡이가 될 것으로 생각합니다.

대한민국 부동산 금융의 새로운 지평을 열어줄 『프로젝트리츠로 일하는
법』의 출간을 진심으로 축하합니다.

맹성규 제22대 국회 전반기 국토교통위원회 위원장

프로젝트리츠 제도는 부동산 개발사업의 자금 조달 구조와 운영 체계를 보
다 안정적이고 투명하게 발전시키기 위해 마련된 중요한 정책적 기반입니
다. 『프로젝트리츠로 일하는 법』은 이러한 제도의 취지와 구조, 그리고 실
제 사업에 적용되는 절차와 실무 쟁점을 종합적으로 정리한 의미 있는 저
작으로, 제도 도입 이후 현장에서 요구되어 온 실질적인 참고서라 할 수 있
습니다.

변화하는 부동산 개발 환경 속에서 보다 합리적이고 지속 가능한 사업 모
델을 모색하는 실무자와 연구자들에게 본서가 유익한 길잡이가 되기를 기
대하며, 출간을 진심으로 축하합니다.

진현환 연세대학교 도시공학과 특임교수(전 국토교통부 1차관)

부동산 시장은 PF 시장 경색, 미분양 증가 등으로 중대한 전환의 기로에 서 있습니다. 이러한 환경 속에서 개발사업의 구조적 안정성을 확보하는 것은 무엇보다 중요합니다. 이 시점에 도입된 프로젝트리츠는 단순한 제도 개선을 넘어 우리 부동산 개발·투자 시장의 구조를 한 단계 진전시키는 의미 있는 제도적 변화라 할 수 있습니다.

프로젝트리츠는 개발 전 과정에 리츠 구조를 접목함으로써 기존 PFV 중심 사업의 한계를 보완합니다. 현물출자·차입·사채 발행 등 다양한 자본 조달 방식을 활용할 수 있어 재무 안정성을 확보할 수 있습니다. 또한 개발 단계 에서는 전문 투자자 중심의 신속한 의사결정이 가능하고, 준공 이후에는 자산 보유·운영은 물론 매각·지분거래·공모·상장 등 다양한 회수 전략을 선택할 수 있습니다. 이는 개발과 운영을 연계한 장기적 사업 구조를 가능하게 한다는 점에서 큰 의미를 지닙니다.

그러한 의미에서 제도의 도입과 정착에 기여해 온 김승범 국토부 과장과 이재훈 김앤장 변호사(전 국토교통부 사무관)를 비롯한 관계 전문가들께 깊은 경의를 표합니다. 현장에서 축적한 정책 경험과 전문성을 바탕으로 프로젝트리츠의 취지와 절차, 주요 쟁점을 체계적으로 정리한 이번 해설서 는 시장 참여자들에게 실질적인 길잡이가 되어 줄 것입니다.

대한민국 리츠 산업이 질적 도약을 모색하는 지금, 본 저서가 그 여정을 이 끄는 든든한 동반자가 되기를 기대합니다.

정병윤 한국리츠협회 회장

부동산개발사업은 창의성과 도전 의식 위에 자본 시장, 금융 구조, 운영 전략이 유기적으로 결합되는 고도의 종합 산업입니다. 최근 시장 환경의 변동성이 확대되는 가운데, 사업 구조의 설계 역량과 금융 안정성 확보는 산업의 지속 가능성을 좌우하는 중요한 과제가 되고 있습니다.

『프로젝트리츠로 일하는 법』은 프로젝트리츠 제도를 중심으로 개발 단계부터 운용, 공모·상장에 이르는 전 과정을 체계적으로 정리한 저작입니다. 본서는 제도의 구조와 실무를 균형 있게 설명함으로써, 시장 참여자들이 보다 안정적이고 책임 있는 사업 모델을 설계하는 데 의미 있는 참고 자료가 될 것으로 기대합니다.

산업의 건전성과 신뢰는 체계적인 제도 이해와 리스크 관리 역량 위에서 강화됩니다. 이 책이 관련 분야 종사자들에게 실질적인 도움이 되기를 바랍니다.

김한모 한국디벨로퍼협회 협회장

부동산 개발과 금융 구조가 빠르게 변화하는 시대에 『프로젝트리츠로 일하는 법』은 새롭게 도입된 프로젝트리츠 제도의 구조와 법·세제·실무 쟁점을 체계적으로 정리한 신뢰할 만한 안내서입니다. 복잡한 개발사업을 법률가의 시각에서도 명확히 이해할 수 있도록 돕는 이 책이 변호사들에게도 유용한 길잡이가 되기를 기대합니다.

김정욱 대한변호사협회 회장

부동산 증권화(Securitization)의 대표적 제도인 부동산투자회사(REITs, 이하 '리츠')가 우리나라에 도입된 지도 벌써 25년이 흘렀습니다. 그간 리츠 제도는 양적·질적으로 성장하면서 우리 부동산 금융 시장의 중요한 축으로 자리매김해 왔습니다. 미국 등의 사례처럼 우리나라도 경제·사회 환경의 변화에 발맞추어 제도를 꾸준히 보완해 왔으며, 앞으로도 더욱 합리적이고 효율적인 방향으로 발전을 이어갈 것입니다.

이러한 제도 발전 속에서도 결코 흔들려서는 안 될 원칙은 '선량한 투자자'의 보호입니다. 이 원칙을 지키기 위하여 제도 도입 초기에는 리츠의 개발사업 투자를 상당히 제한했습니다. 특히 법 제정 직전인 2001년에 발생한 한국부동산신탁 부도 사태는 리츠의 제도 설계와 운영 방향에 큰 영향을 미쳤습니다. 개발사업은 높은 위험을 내포하고 있다는 강한 인식은 리츠의 자산운용 활동을 개발보다 운영 중심으로 설계되는 데 큰 영향을 주었습니다.

하지만 지난 수십 년 동안 부동산 개발의 위험을 분석하고 예측하며 관리할 수 있는 다양한 금융기법과 제도적 장치들이 크게 발전해 왔습니다. 또한 완성된 자산을 취득하여 운영하는 방식의 리츠 운용만으로는 우량 자산의 확보 측면에서 한계가 있다는 점도 분명해졌습니다.

이러한 문제의식에서 2025년 5월 '프로젝트리츠'라는 새로운 제도가 도입되었습니다. 이 제도의 시행은 개발사업에 리츠를 활용할 수 있는 새로운 길을 열어 주었으며, 그동안 PFV(Project Financing Vehicle)에 주로 의존해 왔던 개발사업 구조에 의미 있는 변화를 가져올 것으로 기대됩니다. 동시에 제도 도입 과정에서도 투자자 보호라는 근본 원칙은 흔들림 없이 유지되고 있습니다.

저자는 그동안 국토교통부, 법무법인, 금융기관 등에서 부동산 금융, 특히 리츠 관련 업무를 두루 담당해 온 전문가들로서, 이번 프로젝트리츠 제도 도입 과정에서도 중요한 역할을 수행해 왔습니다. 이러한 풍부한 경험과 전문성을 바탕으로 프로젝트리츠의 이해와 운용에 관한 지침서를 발간하게 된 것을 매우 뜻깊게 생각합니다.

이 책이 앞으로 부동산 개발과 금융, 그리고 리츠 운용 분야에 종사하는 실무자와 연구자들에게 유용한 길잡이가 되고, 나아가 우리 부동산 금융 시장의 건전한 발전에도 의미 있는 기여를 하게 되기를 기대하며 기쁜 마음으로 이 책을 추천합니다.

한만희 해외건설협회 회장

부동산 개발은 소액 자본으로도 분양만 성공하면 큰 수익을 거둘 수 있는 사업으로 인식되어 왔기 때문에 분양에 관심이 집중되면서 운용과 관리는 상대적으로 소홀히 다루어졌습니다. 경기가 침체되어 미분양이 발생하면 PF 위기가 반복되었고, 위기 극복을 위해 공공이 개입할 때마다 "이익은 사유화, 손실은 사회화"라는 비판에 직면해 왔습니다.

이 같은 구조적 한계를 극복할 수 있는 대안이 바로 리츠(REITs)입니다. 리츠는 자본 시장과 결합한 부동산 간접투자 수단으로, 주식 시장을 통해 개인의 자금을 모아 전문성과 시스템에 기반한 운용을 가능하게 합니다. 이는 분양 중심의 단기 성과에서 벗어나 운용과 관리의 가치를 재조명하는 구조적 전환이라 할 수 있습니다. 프로젝트리츠 도입 또한 이러한 문제의식에서 출발하였습니다.

유학 시절 리츠를 접하고 한국에서 리츠를 만들던 가슴 뛰던 시절이 엊그제 같습니다. 30년 가까이 되었고, 규모는 100조 원을 돌파했으며 정책, 법률, 회계 등 고도의 전문성이 요구되는 시장으로 변모해서 뿌듯합니다. 본서는 국토교통부와 시장에서 내로라하는 소위 '리츠맨'들이 모여 작심하고 만든 책입니다. 5인 저자가 근원적인 고민과 향후 방향을 진솔하게 정리한 '앞으로 리츠는 어떻게 달라져야 할까'는 몇 번이고 다시 읽게 만드는 힘이 있습니다. 이 책의 백미라 할 만합니다.

이현석 국토교통부 리츠자문위원회 위원장(건국대학교 부동산대학 교수)

리츠는 국토교통부의 인가를 바탕으로 부동산 실물 투자 및 개발을 집행하는 전문적인 제도입니다. 따라서 리츠 실무에서는 급변하는 시장 상황에 맞춰 「부동산투자회사법」을 어떻게 해석하고 응용하여 투자 구조화를 이루어내느냐가 무엇보다 중요합니다.

이 책의 저자들은 실제 현장에서 법률적 해석과 판단 업무를 직접 수행해 온 전문가들입니다. 그렇기에 이 책에서 다루는 리츠에 대한 설명은 시중의 그 어떤 입문서보다 깊이 있는 통찰을 제공하며, 향후 수년간 리츠 실무자와 시장 진입자들에게 대체 불가능한 필독서가 될 것이라 확신합니다. 특히 본서가 핵심으로 다루는 '프로젝트리츠'는 대한민국 부동산 시장이 직면한 저자본·고위험 개발사업의 PF 부실 문제를 안전하게 연착륙시킬 수 있는 획기적인 보완책입니다. 저성장 시대에 접어들며 '자본 소득' 중심에서 '운영 소득' 중심으로 투자의 패러다임이 변화하는 지금, 우리에게는 선진국형 부동산금융 플랫폼이 절실합니다. 이 책은 저자들이 국회를 설득하고 입법 과정에 치열하게 참여하여 탄생시킨 프로젝트리츠의 정수를 담고 있습니다.

이 제도를 통해 양질의 부동산이 개발되면 개인의 노후 자금은 물론 공제회와 연기금에 안정적인 투자처를 제공할 수 있습니다. 더불어 기업이 보유한 유휴 부동산을 생산적인 금융 자산으로 전환하는 길을 열어줄 것입니다. 부동산 금융 종사자뿐만 아니라 기업의 자산관리 담당자들에게도 이 책을 강력히 추천하는 이유입니다.

마지막으로, 대한민국 부동산 금융의 진화를 위해 프로젝트리츠 탄생에 물심양면으로 헌신하신 저자분들께 상장리츠 책임운용역으로서 깊은 존경과 감사의 인사를 전합니다.

이정주 코람코자산신탁 이사

개발의 패러다임은 이제 '분양 중심의 단기 회수'에서 '개발-보유-운영(Develop-to-Core)'을 전제로 한 오퍼레이팅 경쟁으로 이동하고 있습니다. 『프로젝트리츠로 일하는 법』은 프로젝트리츠가 개발 단계부터 장기 운영·자금 조달까지 한 구조로 설계되도록 돕는 제도라는 점을 실무 흐름 속에서 명확히 보여줍니다. 무엇보다 이 복잡한 변화를 '현장에서 바로 쓰는 언어'로 끝까지 정리해 낸 저자의 실무 내공과 문제의식에 깊이 경의를 표합니다. 저 역시 이 책을 통해 '주택구입 여건 개선-사업 안정성 보완-장기 운영'이라는 방향을 한층 선명하게 정리할 수 있었습니다. 출간을 진심으로 축하드리며, 현장 실무자들께 꼭 추천해 드립니다.

김종구 한국자산매입 대표

목차

Ⅰ. 리츠의 기본 구조와 메커니즘

Ⅱ. 프로젝트리츠의 설계와 운용

Ⅲ. 정책형 리츠의 확장

Ⅳ. 리츠 실무 체크포인트

강명기

2010년 서울시립대학교 경영학부를 졸업하고 공인회계사 시험에 합격했다. 현재 한일회계법인 부동산금융본부 본부장으로 재직 중이며, 단국대학교에서 부동산학 박사학위를 받았다. 2014년 공공임대리츠 제도 도입 이후 주택임대리츠와 도시재생리츠 등 다수의 정책리츠 금융구조화 업무를 담당했다. 민간 분야에서 부동산 PF와 자산유동화 및 물류센터, 호텔, 오피스, 데이터센터 등 다수의 부동산 금융구조화 업무를 수행했다.

김승범

2003년 연세대학교 토목공학과를 졸업하고 공병장교로 군복무를 마친 뒤 2008년 공직에 입직했다. 행정안전부에서 지역발전 업무, 경기도에서 주택/도시 업무를 하다 2012년부터 국토교통부에서 근무 중이다. 부동산투자제도과장, 공공택지기획과장, 철도투자제도과장, 미래전략담당관 등을 역임하면서 리츠 등 부동산금융, 3기 신도시, 정비사업, 임대주택, 민자철도 등의 업무를 수행했으며, 특히 부동산투자제도과장 기간에는 프로젝트리츠 제도를 발표하고 제도를 완비했다. 이외 부동산개발사업의 체계적인 관리, 개발사업 이견 조정 등을 위한 「부동산개발사업 관리 등에 관한 법률」 제정 등의 업무를 수행했다.

김중한

1996년 상업은행(현 우리은행)에 입행한 후 2000년부터 부동산 개발, 구조화금융을 담당했다. 이후 현대자동차증권을 거쳐 2009년부터 국토교통부 해외건설정책과에서 글로벌인프라펀드, 한국해외도시인프라개발지원공사 설립 등 해외건설투자 금융업무를 수행했으며, 2017년부터 2020년까지 부동산투자제도과에서 최근 상장리츠 정책의 근간을 마련했다. 현재 법무법인 세종에서 부동산대체투자부문 수석전문위원으로 근무하고 있다. 상지대학교 회계학, 동국대학교 경영학 석사, 가천대학교 도시계획학 박사 학위를 받았다.

이재훈

2001년 경북대학교 법학부를 졸업하고 2005년 공군 학사장교로 군복무를 마쳤다. 2013년 경북대학교 법학전문대학원을 졸업한 후 변호사시험 (제2회)에 합격했으며 같은 해 경상북도 사무관으로 입직했다. 2016년부터는 국토교통부에서 중앙토지수용위원회, 부동산거래분석기획단, 도시활력지원과, 도시정책과, 부동산투자제도과 사무관으로 근무하면서 리츠, 도시계획 및 토지이용규제, 수소도시 시범사업, 부동산불법행위, 토지수용 및 보상 등의 업무를 수행했다. 2025년 2월부터 김·장 법률사무소에서 변호사로 근무하고 있다.

이준혁

현재 법무법인 지평의 변호사로 재직 중이다. 2001년 국내 최초의 리츠인 교보메리츠퍼스트CR리츠, 2009년 민간 주도 최초의 미분양 CR리츠인 케이비플러스타제1호CR리츠, 2015년 민간 주도 최초의 임대주택리츠인 인천도화위탁관리리츠, 2018년 최초의 영속형 상장리츠인 이리츠코크렙에 이르기까지 26년째 리츠에 대한 법률자문을 하고 있다.

이 책은 「부동산투자회사법」의 주된 쟁점을 입체적으로 이해하고 실무에 즉시 적용할 수 있도록 기획되었습니다. 독자들의 편의를 위해 다음과 같은 원칙에 따라 집필되었습니다.

1. 법령 및 약칭의 표기

약칭 사용: 빈번하게 인용되는 주요 법령은 독해의 흐름을 방해하지 않도록 법제처에서 정한 약칭으로 표기하였습니다. 다만, 「부동산투자회사법」 또는 「시행령」의 경우에는 '법' 또는 '영'으로만 표기했습니다.

이 책에서 '리츠'라 함은 일반적으로 위탁관리부동산투자회사를 의미하고, 자기관리부동산투자회사(이하 '자기관리리츠')나 기업구조조정부동산투자회사(이하 'CR리츠')와 구별할 필요가 있을 때에만 위탁관리리츠로 명기했습니다.

이 책에서 '영업인가'라 함은 문맥상 법 제9조에 따른 영업인가만을 의미하는 경우도 있고, 제9조의2에 따른 등록을 받는 경우를 포함하는 경우도 있습니다. 이를 구분할 필요가 있는 경우에는 '영업인가'와 '등록'을 구분하여 명기했습니다.

조문 표기: 별도의 언급이 없는 한 조문 번호는 「부동산투자회사법」을 기준으로 합니다. 타 법령의 조문을 인용할 경우에는 반드시 해당 법령명을 명시하였습니다.

2. 기준 시점 및 개정 사항

법령 기준일: 이 책에 수록된 법령, 시행령, 고시 및 감독규정은 **2025년 12월 31일**까지 공포·시행된 개정 내용을 반영하고 있습니다.

판례 기준일: 각급 법원의 판례 및 유권해석은 **2025년 하반기**까지 공표된 공보 및 미간행 판결례를 기준으로 하였습니다.

3. 기타 유의사항

면책 공고: 이 책의 내용은 저자의 개인적인 학술적 견해이며, 특정 사건에 대한 법률 자문이나 공식적인 유권해석을 대신할 수 없습니다. 실제 실무 적용 시에는 반드시 최신 법령 확인과 전문가의 자문을 거치시기 바랍니다.

I

리츠의 기본 구조와
메커니즘

리츠란 무엇인가?
: 한국 리츠의 배경부터 현대적 가치까지

누구나 '건물주'가 될 수 있는 시대의 개막

자본 시장의 발달은 일반 국민이 다양한 투자 대상에 자유롭게 접근할 수 있는 환경을 조성했다. 그중 대표적인 것이 부동산 투자다. 많은 이들이 임대 수익과 시세 차익을 기대하며 '건물주'를 꿈꾸지만, 현실에서 부동산 직접 투자는 막대한 자본과 정보의 제한성 등 비전문가가 넘기 힘든 높은 장벽에 가로막혀 있다. 수백, 수천억 원을 호가하는 대형 빌딩을 개인이 소유하기란 사실상 불가능에 가까우며, 설령 자금이 있더라도 복잡한 관리 업무와 세금 문제, 낮은 환금성은 큰 부담이 된다. 리츠(REITs, Real Estate Investment Trusts)는 바로 이러한 장벽을 허물기 위해 등장했다.

안전한 부동산 투자 수단으로서의 리츠

일반적으로 부동산 직접 투자는 높고 안정적인 수익을 기대하게 하지만, 경제 환경의 변화에 따라 자산 가치 변동, 공실, 각종 세금이라는 삼중고를 상시 동반한다. 특히 부동산 투자는 대부분 대출을 끼고 이루어지기에 자산 가치 하락은 단순히 투자금 손실에 그치지 않는다. 투자자는 자산 가치가 하락했음에도 불구하고 대출금 상환이라는 무거운 책임을 고스란히 져야 한다. 본인이 직접 거주하거나 사업 목적으로 사용하는 경우가 아니라면 공실 위험, 임대료 미납, 금리 인상 및 세율 변동성 등 통제 불가능한 변수들에 끊임없이 노출되는 셈이다.

그렇다면 투자자의 위험을 최소화할 방법은 없을까? 부동산 가치가 오를 때는 그 이익을 향유하되, 설령 가치가 하락하더라도 개인에게 대출금 상환의 불똥이 튀지 않는 구조, 즉 제한적 투자 위험만을 가지는 투자가 필요하다. 또한 대기업을 임차인으로 두어 안정적인 수익을 얻고, 대형 오피스나 러셔리 리조트에 소액으로 참여하면서도 시설 유지나 임차인 관리는 전문가에게 맡기며, 필요할 때 스마트폰 버튼 몇 번으로 즉시 현금화할 수 있는 유동성까지 갖춘 투자가 있다면 이상적일 것이다.

부동산 투자의 패러다임을 바꾸는 리츠의 혁신

이 모든 조건을 충족하는 해답이 바로 부동산투자회사인 리츠다. 리츠는 다수의 투자자로부터 자금을 모아 전문가인 자산관리회사(AMC)가 우량 부동산을 운용하고, 그 수익의 90% 이상을 주주에게 배당하는 제도다. 리츠가 직접 투자와 차별화되는 가장 큰 지점은 '책임의 한계'와 '압도적 편의성'에 있다. 리츠는 주식회사 형태이므로 주주는 본인이 투자한 금액만큼만 책임을 지는 유한책임 원칙이 적용된다. 부동산 가치가 하락해 대출 문제가 발생하더라도 개인 투자자에게 상환 의무는 없다. 또한 실물 부동산을 매각하기 위해 수개월간 중개업소를 전전할 필요 없이 주식 시장에서 즉시 매도하여 현금화할 수 있다. 이는 고착화된 '고정 자산'인 부동산을 언제든 현금화 가능한 '유동 자산'으로 변모시킨 혁신적인 변화다. 이제 부동산은 '소유'가 아닌 '투자'의 시대로 접어들고 있다. 리츠는 부동산의 수익성은 유지하면서 직접 투자의 위험성과 번거로움을 획기적으로 해결한 가장 진화된 방식이다. 거액의 자본이나 해박한 법률 지식이 없어도 누구나 우량 빌딩의 주인이 되어 그 가치를 공유할 수 있게 되었다. '소유 방식'의 투자는 높은 수익을 기대할 수도 있지만 미분양이나 공실 상가처럼 돌이킬 수 없는 애물단지가 될 위험도 크다. 반면 리츠는 단순한 투자를 넘어 일반 국민 자산 관리의 새로운 표준이 되고 있다.

부동산 수익의 민주화와 독보적인 배당 매력

리츠는 부동산 수익의 민주화를 실현하는 핵심 수단이다. 과거 국내 상업용 부동산에서 발생하는 개발 및 임대 수익, 시세 차익은 기업이나 대형 자산가, 사모펀드, 외국인들이 독점해왔다. 하지만 리츠 상장을 통해 일반 시민들의 소액 자금을 모아 대형 우량 부동산을 공동 소유하고 그 수익을 공정하게 나누는 도구로서의 역할이 강화되었다. 상장리츠는 시가총액 수조 원 규모의 거대 시장으로 성장하며 현대인의 필수적인 투자 수단으로 자리 잡았다.

리츠의 가장 큰 매력은 안정적인 현금 흐름, 즉 배당에 있다. 일반적인 주식회사와 달리 리츠는 「부동산투자회사법」에 따라 배당 가능 이익의 90% 이상을 주주에게 의무적으로 배당해야 한다. 이는 경영진의 자의적인 판단으로 배당금이 줄어드는 리스크를 방지하며, 투자자들에게 마치 연금과 같은 정기 수익을 보장한다. 또한 이중과세 문

프로젝트리츠로 일하는 법

제를 해결하기 위한 세제 혜택도 존재한다. 일반 기업은 법인세를 내고 남은 이익을 배당할 수 있지만, 리츠는 이익을 배당하고 남은 금액에 대해 법인세를 내는 구조이다. 이는 리츠의 수익이 세금 누수 없이 주주에게 전달되도록 하여 직접 투자와 동일한 효과를 거두게 한다. 상장리츠의 경우 재산세 분리 과세나 투자자에 대한 저율 과세 혜택까지 더해져 직접 투자보다 세금 면에서 유리하다.

IMF 외환위기 속에서 탄생한 K-리츠의 역사

한국 리츠의 역사는 1997년 IMF 외환위기와 깊게 맞닿아 있다. 당시 우리 경제는 유동성 부족 위기에 처해 있었고, 차입 경영에 의존하던 기업들은 금리 폭등과 대출 상환 압박을 이기지 못해 사옥 등 자산을 시장에 내놓았다. 이 부동산들을 헐값에 거둬들인 것은 외국인 투자자들이었으며, 1999년부터 2001년 사이 서울의 주요 오피스 빌딩들이 대거 해외 자본에 넘어갔다. 정부는 국내 자본을 보호하고 기업 구조조정을 지원할 제도적 장치로서 2001년 「부동산투자회사법」을 제정했고, 기업 부동산을 유동화하는 'CR리츠'로 첫발을 떼게 되었다.

당시 정부는 가계 자금을 기업 투자로 연결하기 위해 1998년 「증권투자회사법」을 만들고 뮤추얼펀드를 도입했으나, 투자 대상에서 부동산은 제외되어 있었다. 이를 보완하기 위해 「부동산투자회사법」이 제정된 것이다. 리츠는 영어로 'Real Estate Investment Trusts'의 약자로, 직역하면 부동산에 투자하는 신탁 상품이다. 투자자가 리츠에 투자해 주식을 받고, 리츠는 그 자금으로 부동산을 매입·운용하여 발생한 이익을 배당하는 방식이다. 즉, 리츠는 투자자를 대리해 부동산에 투자하며 둘을 연결해주는 '도관(Conduit)'이자 간접·집합투자기구의 역할을 수행한다.

투명성과 전문성이 결합된 운영 메커니즘

리츠는 주식회사 형태지만 일반 기업과는 운영 방식에서 큰 차이가 있다. 일반 회사는 대표이사와 이사회가 의사결정 및 실무를 직접 수행하지만, 리츠는 건전한 자산 운용을 위해 상호 견제와 감시가 가능한 독특한 거버넌스를 가진다. 위탁관리 리츠의 경우 법률에 따라 자산관리회사, 자산보관회사, 사무수탁회사 등이 반드시 구성되어야 한다.

자산관리회사는 투자 대상 검토와 임차 구성 등 리츠를 기획하는 '머리' 역할을 하며, 자산보관회사는 재산을 안전하게 보관하고, 사무수탁회사는 일반사무, 회계와 공시를 담당한다. 또한, 위탁관리리츠의 이사회 및 주주총회는 리츠의 중요한 재산운용이나 의사결정에 대해서 최종적인 승인을 하는 역할을 담당한다. 이렇게 업무를 분리하는 이유는 핵심 업무가 집중되어 발생할 수 있는 사고로부터 투자자 자산을 보호하기 위함이다. 또한 리츠는 전문적인 자문을 위해 법무법인, 회계법인, 투자자문사, 시설관리회사 등과 협력하며 전문성을 극대화한다.

리츠의 유형과 진화하는 시장

리츠는 조성 형태와 운용 방식 등에 따라 다양하게 구분된다. 우리나라에는 회사형 리츠만 인정되며, 대표적으로 위탁관리리츠와 자기관리리츠가 있다. CR리츠는 구조상 위탁관리리츠와 동일하나 공모 및 주식 분산 의무에서 예외를 적용받는다. 자기관리리츠는 임직원이 상근하는 직접 의사결정을 하는 실체 회사인 반면, 위탁관리리츠는 상근

프로젝트리츠로 일하는 법

임직원이 없는 명목회사(SPC)로서 모든 업무를 외부 전문기관에 위탁한다. 법인세 감면 혜택은 위탁관리리츠와 CR리츠에만 부여된다.

미국의 경우 대부분이 자기관리리츠로 발전했는데, 이는 실체 여부와 상관없이 일정 요건을 갖추면 법인세를 감면해주는 세제 환경과 더불어, 위탁 방식에서 발생할 수 있는 도덕적 해이를 방지하고 자산관리 주체의 성장이 리츠의 성장으로 이어지도록 유도했기 때문이다.

초기 한국 리츠는 특정 부동산 하나를 취득하여 운영한 후 청산하는 '일물일사(一物一社) 형태'가 주를 이루어 유통성과 규모의 경제 측면에서 한계가 있었다. 그러나 최근 상장리츠 시장이 활성화되면서 여러 자산을 포트폴리오로 담고 지속적으로 교체하며 성장하는 '영속적인 대형 리츠' 중심으로 재편되고 있다.

리스크 관리와 미래적 가치

물론 리츠가 만능은 아니다. 대출 레버리지를 활용하기 때문에 금리 인상은 배당금 감소 요인이 되며, 경기 침체에 따른 공실 리스크에서도 자유로울 수 없다. 따라서 투자자는 자산의 입지, 임차인 신용도, 그리고 자산관리회사의 위기관리 역량을 면밀히 살펴야 한다.

리츠는 과거 외환위기 극복의 구원투수로 시작해 이제 국민의 노후자산을 지키는 동반자로 거듭나고 있다. 부동산 수익을 만인이 공유하게 함으로써 사회적 형평성을 제고하고 불투명한 거래 관행을 개선해왔다. 앞으로 K-리츠는 단순한 투자 상품을 넘어 부동산 개발, 도시 재생, 임대주택 공급 등 공공 가치를 실현하는 동시에 개인에게 안정적인 자산 증식 기회를 제공하는 가장 진화된 부동산 투자 모델로 그 가치를 높여갈 것이다.

리츠에 누가, 무엇을 투자하는가?*

대한민국 리츠(REITs) 시장 개요 및 현황(2025년 기준)

국내 리츠 시장은 2014년 6월 '(주)엔에이치에프제1호공공임대위탁관리부동산투자회사'의 설립을 기점으로 본격적인 양적 성장을 시작하였다. 이는 주택도시기금의 출자·융자와 주택도시보증공사(HUG)의 신용보강 구조가 결합된 정책 리츠의 도입이 시장 확대를 견인했기 때문이다. 이후 꾸준히 외형을 확대해 온 리츠 시장은 2024년과 2025년을 거치며 단순한 규모 확장을 넘어 상품 구조와 투자자 기반의 다변화가 진행되고 있다.

1. 시장 규모 및 성장 추이

2025년 12월 말 기준, 국내 인가 및 등록 리츠는 총 447개, 자산 규모는 약 117조 8,600억 원이다. 이는 2023년 말(369개, 약 96조

---

* 이 장에서 특정 일자 기준 리츠 시장의 통계자료는 별도로 언급하지 않은 경우 리츠정보시스템과 한국리츠협회의 통계자료를 참조하였다.

프로젝트리츠로 일하는 법

6,700억 원) 대비 리츠 개수 21%, 자산 규모 22%가 증가한 수치이다. 이러한 성장의 배경에는 프로젝트리츠 도입을 통한 사업 구조 개편과 지방 미분양 해소를 위한 CR리츠 활용 등 정책적 지원이 작용하였다. 아울러 공시 체계 합리화 및 이사회 규정 정비 등 거버넌스 개선을 위한 실무적 제도 보완이 시장 신뢰도 제고에 기여하였다. 향후 국내 리츠 시장은 시장 수요에 대응하는 정부의 지원 정책을 바탕으로 성장세를 유지할 것으로 전망된다.

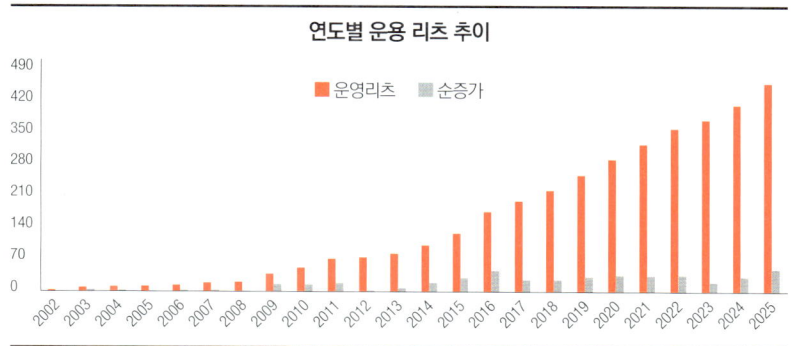

연도별 운용 리츠 추이

출처 : 한국리츠협회, 리츠 통계, 2025

2. 국내 리츠 시장의 구조적 특징

국내 리츠 시장은 소수의 대형 상장리츠, 정책 및 개발 사업 중심의 비상장리츠, 그리고 일물일사(一物一社) 형태의 비상장리츠로 구분된다. 상장리츠 시장은 대기업 계열 자산관리회사와 리츠 전문 자산관리회사가 운용을 주도하고 있다. 반면, 정책 및 개발 사업 중심의 비상장리츠는 한국토지주택공사(LH)와 부동산 신탁사가, 일물일사 형태의 비상장리츠는 연기금 등 공모예외기관을 포함한 기관투자자를 기반으로 다수의 자산관리회사가 각각 주도하고 있다. 특히 비상장 부문은 주택도시기금이 출자하는 정책 리츠의 비중이 높으며, 편입 기초 자산은 주택, 오피스, 물류 및 각종 개발형 자산을 포함하여 상장리츠 대비 다각화된 포트폴리오를 구성하고 있다.

상장리츠와 전체 리츠 시장 비교

비교 항목	상장리츠 시장(Public Market)	전체 리츠 시장(Total Market)
주도 AMC	신한, 코람코, 미래에셋, SK, 삼성	LH, 코람코, 대한토지신탁
운용 형태	대형화(Large-scale), 소수의 리츠에 우량자산 지속 편입	프로젝트형(Project-based), 개별 개발 사업 단위의 다수 리츠 설립
주요 자산	오피스, 물류 등 상업용 부동산	임대주택, 개발사업 등 정책·주거용
AMC 전략	브랜드 가치 제고 및 공모 자금 모집	개발 이익 실현 및 정책 목표 달성

출처: 한국리츠협회 통계자료 재작성

시장 구조의 차이는 자산 포트폴리오 구성에서도 확인된다. 전체 리츠 시장은 주택도시기금이 출자하는 정책형 임대주택리츠의 비중이 높다. 반면, 상장리츠 시장은 코어 자산으로 분류되는 오피스 부문에 투자가 집중되어 있다. 이는 상장리츠 투자자가 자산 가치의 변동성보다 안정적인 배당 수익을 선호하기 때문이다. 이에 따라 상장리

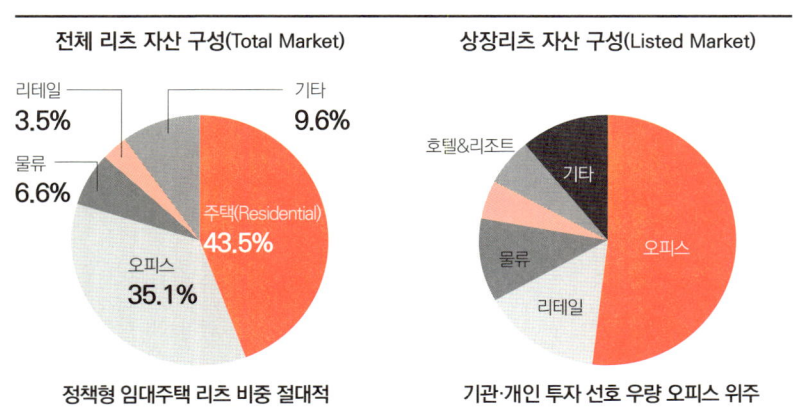

전체 리츠 자산 구성(Total Market)
리테일 3.5%
기타 9.6%
물류 6.6%
주택(Residential) 43.5%
오피스 35.1%
정책형 임대주택 리츠 비중 절대적

상장리츠 자산 구성(Listed Market)
호텔&리조트
기타
물류
오피스
리테일
기관·개인 투자 선호 우량 오피스 위주

출처: 한국리츠협회, 리츠 통계, 2025

프로젝트리츠로 일하는 법

츠는 임대 수요가 확보된 서울 3대 권역의 프라임 오피스를 주요 투자처로 삼는다. 이와 달리 비상장리츠는 임대주택 건설 등 개발 리스크를 수반하는 개발형 자산의 편입 비중이 높다. 특히 국내 임대주택리츠는 운영 기간 중 배당가능이익이 발생하지 않아 배당을 실시하지 않으므로, 안정적인 배당을 추구하는 상장리츠의 포트폴리오와 구조적으로 대비된다.

3. 상장리츠 현황 및 특징

2025년 12월 말 기준, 유가증권 시장에 상장된 리츠는 총 25개이다. 이는 전체 리츠 수의 약 5.6%에 해당하며 자산 총계 비중 또한 비상장리츠 대비 낮은 수준이나, 정부의 공모리츠 활성화 로드맵과 규제 완화 기조를 바탕으로 성장세를 유지하고 있다. 2025년 상반기에는 신규 상장 및 기상장리츠의 유상증자를 통한 자본 확충이 진행되며 시장의 외형적 성장이 나타났다.

국내 상장리츠는 2025년 6월 기준 연평균 7.5%의 배당수익률을 기록하였다. 이는 동기간 미국(4.3%) 및 일본(4.8%) 등 주요 국가 리

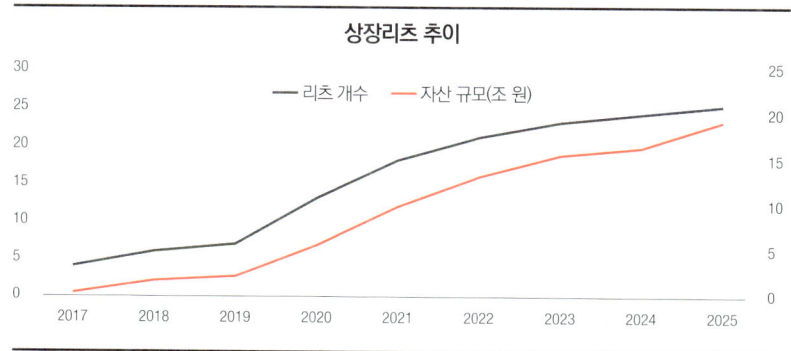

출처: 한국리츠협회, 리츠 통계, 2025, 일부 수정

츠 시장과 싱가포르(6.9%) 대비 높은 수치이다. 금리 하락 국면에서 국고채 대비 높은 스프레드를 제공하는 수익률 구조는 배당 중심 투자자에게 투자 유인으로 작용한다.*

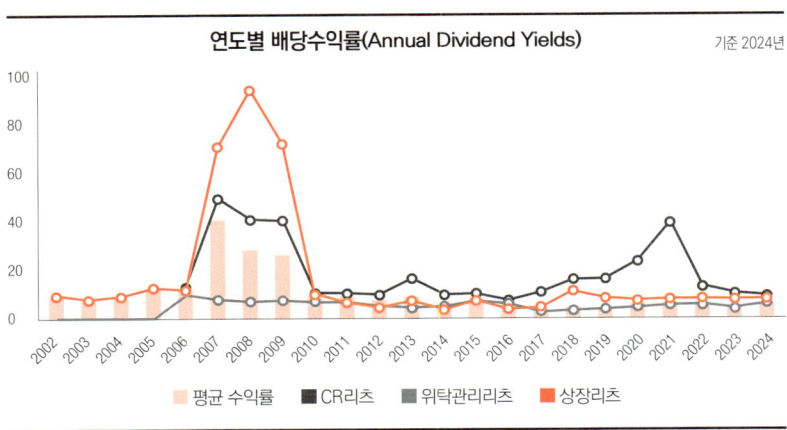

연도별 배당수익률(Annual Dividend Yields) 기준 2024년

■ 평균 수익률 ■ CR리츠 ■ 위탁관리리츠 ■ 상장리츠

출처: 리츠협회, 리츠 통계자료, 쉽게보는 리츠 통계

투자 대상별 리츠 자산 구성 현황 및 동향(2025년 기준)

2025년 국내 리츠 시장은 다양한 부동산 자산에 투자하며 포트폴리오를 구성하고 있으며, 2025년 12월 말 기준 총 447개 리츠의 자산총계는 약 117조 8,600억 원이다.

1. 주택리츠

주택리츠는 총 220개로 전체 리츠 중 최다 규모이며, 자산 규모는 약 46조 1,300억 원으로 전체 시장의 45.64%를 차지한다. 기존 주택리츠 시장은 공공임대 및 공공지원민간임대주택을 공급하는 정책리

---

* 리츠저널, 한국리츠협회, 2025년 11월

프로젝트리츠로 일하는 법

운용부동산 유형별 리츠 수 및 자산총계(2025년 12월)

구분	리츠 수(개)	자산총계(조 원)	자산기준 비율(%)
오피스	110	41.28	35.02
호텔	11	1.18	1.00
리테일	27	8.04	6.82
주택	220	50.55	42.89
물류	45	8.25	7.00
복합형	22	5.18	4.40
기타	12	3.38	2.87
합계	447	117.86	100

출처: 리츠정보시스템, 리츠현황 통계

츠 중심으로 성장하였다. 향후에는 인구 구조의 변화가 시장 재편의 주요 요인으로 작용할 전망이다. 1인 가구 증가 및 고령화에 따른 은퇴 세대 확대 등 인구 통계적 변화에 대응하여 시니어 하우징을 포함한 헬스케어리츠 등이 도입되며 시장의 구조적 변화를 주도할 것으로 예상된다.

2. 오피스리츠

오피스리츠는 총 93개, 자산총계 약 29조 7,113억 원으로 전체 리츠 자산의 29.4%를 구성하며 두 번째 비중을 차지한다. 팬데믹 이후 오피스 시장은 공급 부족에 기인한 임대인 우위 시장이 지속되며 자연 공실률을 하회하는 펀더멘털을 유지해 왔다. 최근 금리 인하 기조에 따른 금융비용 감소로 영업현금흐름이 개선됨에 따라 투자 수익성이 제고되고 있다. 다만 향후 시장 전망에는 보수적인 접근도 필요해 보인다. 도심권역 중심의 대규모 신규 공급, 금리 변동성, 저성장 고착화에 따른 임차 수요 위축 가능성 등 리스크 요인이 상존하기 때문이다.

3. 리테일리츠

리테일리츠는 총 27개, 자산 규모 약 7조 8,064억 원으로 전체 시장의 7.7%를 점유하고 있다. 현재 리테일 섹터는 전자상거래의 확대와 소비 패턴 다변화에 따라 구조적 재편이 진행 중이다. 이러한 시장 환경은 기존 상업 시설의 기능 전환을 요구한다. 최근 리테일 자산은 단순한 재화 판매처를 넘어 체험형 공간으로 개편*되고 있으며, 풋살장이나 공연장 등 비리테일 시설을 결합한 공간 복합화가 도입되고 있다. 이는 공간 마케팅 전략의 일환으로, 향후 리테일리츠의 경쟁력 및 수익성은 복합 문화 공간으로의 자산 운용 전략 전환 여부에 따라 결정될 것으로 분석된다.**

4. 물류 및 데이터센터리츠

물류리츠는 총 43개, 자산 규모 약 7조 2,929억 원으로 전체 시장의 7.2%를 점유하고 있다. 최근 물류 섹터는 전자상거래의 확대 및 인공지능(AI) 산업 발달에 따른 데이터센터 수요 증가를 바탕으로 새로운 자산으로 편입되고 있다. 물류 임대 시장은 2026년을 기점으로 저점을 통과하여 투자 지표가 회복될 것으로 전망된다. 특히 토지 시

---

*   박태원, 김신일, & 유민태(You, M.-T. (2016). 상업용 리테일 부동산 구성요소가 소비자의 만족 및 재방문 의도에 미치는 영향 -프랜차이즈 Outback Steakhouse 사례를 중심으로-. 부동산분석학회 학술발표논문집

**   박경애. (2004). 리테일 엔터테인먼트 요소 구별: 소비자 반응에 의한 탐색적 분석

장 내 인프라 및 첨단 제조 시설과의 부지 확보 경쟁으로 신규 물류센터 공급이 제한됨에 따라, 기확보된 물류 자산의 가치 상승 요인으로 작용할 것으로 분석된다.

투자자별 성향

국내 리츠 시장의 주요 투자자는 기관투자자, 매각 후 재임대 거래의 부동산 매도인(스폰서리츠의 스폰서 포함), 주택도시기금 등 공적기금, 외국인 투자자, 그리고 개인투자자로 구별된다. 이 중 개인투자자는 주로 환금성이 확보된 상장리츠 시장을 중심으로 참여한다. 이들은 정부의 배당소득 분리과세 제도를 활용하여 세후 배당수익률을 제고하는 한편, 주가 상승에 따른 자본 이득을 동시에 추구하는 투자 성향을 나타낸다.

1. 국내 주요 투자자: 자금 성격에 따른 투자 전략의 분화

기관투자자의 부동산 투자 전략은 자금 조달 원천과 부채의 성격에 따라 결정된다.

(1) 연기금(국민연금 등): 시장 추종형(Beta) 및 거시적 안정성 추구

• **투자 목적:** 연기금은 국민의 노후 자금을 보전하고 물가 상승에 따른 실질 가치 하락을 방어하는 것을 목적으로 한다. 또한 감사원 감사 수검 및 대외적 책임성이 요구되므로 운용의 투명성과 안정성이 담보된 설명 가능한 투자를 선호한다.

• **투자 성향:** 시장 지수를 추종하는 베타 전략을 구사한다. 상대적으로 낮은 자본환원율(4.0~5.5%)을 감수하더라도 공실 위험이 낮은 서

울 주요 권역의 핵심 오피스를 편입하며, 중장기적 관점에서 안정적인 배당 수익 확보를 목표로 한다.

(2) 공제회(교직원·행정·군인공제회 등): 초과 수익 추구형(Alpha)

- **투자 목적:** 공제회의 가용 자금은 회원들의 급여 저축 등 부채 성격이 강한 예수금으로 구성된다. 회원들에게 지급해야 할 높은 이자율(조달 비용)을 상회하는 운용 수익을 달성해야 하므로, 연기금 대비 상대적으로 높은 목표 수익률을 추구한다.
- **투자 성향:** 안정적인 현금 흐름보다는 자산 가치 상승(Capital Gain)을 통해 시장 수익률을 상회(Alpha)하려는 공격적인 성향을 보인다. 따라서 리모델링이나 증축 등을 통해 자산 가치를 제고하는 밸류애드(Value-add) 전략이나 기회추구형(Opportunistic) 자산을 선호한다.

(3) 보험사: 건전성 관리 중심의 규제 대응

- **투자 목적:** 보험사의 자산 운용은 가입자에 대한 보험금 지급 여력(Solvency) 확보에 방점이 찍혀 있다. 최근 신지급여력제도(K-ICS)와 국제회계기준(IFRS17) 도입으로 부동산 직접 보유에 따른 자본 확충 부담(Risk Capital Charge)이 가중되면서, 리스크 관리에 보수적인 기조가 강화되었다.
- **투자 성향:** 이에 따라 기존 보유 부동산을 리츠 등에 매각하여 자산 유동화를 꾀하거나, 지분 투자(Equity)보다는 자본 변동성이 낮은 선순위 대출(Senior Debt) 투자를 확대하여 안정적인 이자 수익을 확보하려는 경향이 강하다.

2. 해외 투자자(Foreign Investors): 전략적 포트폴리오 재편과 고도화

해외 기관투자자(글로벌 연기금, 국부펀드, 자산운용사 등)는 한국 부동산 시장을 아시아-태평양 지역 포트폴리오의 주요 시장으로 분류하며, 물류와 오피스 섹터에 대한 선별적 투자를 지속하고 있다.

(1) 선호 자산

• **물류센터:** 해외 자본의 투자가 집중되는 섹터이다. 대표적으로 ESR켄달스퀘어리츠는 캐나다연금투자위원회가 지분 24.85%를 보유한 최대주주*로, 외국인 투자 비중이 높다. 물류 시장은 상온과 저온으로 구분되며, 해외 투자자는 상대적으로 상온 물류센터를 선호한다. 저온 시설은 임대료 수준이 높으나, 설비 유지를 위한 자본적 지출 및 관리 비용 증가, 임차인 유치 리스크로 인해 투자 수익의 변동성이 크기 때문이다. 반면 상온 센터는 범용성이 확보되고 현금흐름 예측 가능성이 높아 안정적인 코어 자산으로 분류된다.

• **오피스:** 서울의 강남 및 도심 권역은 주요 국가 도시 대비 낮은 공실률과 임대료 상승 추세를 유지하여 안정적인 투자처로 평가받는다. 이들은 주로 조인트벤처를 설립하거나 국내 운용사와 협력하는 클럽딜 방식을 통해 대형 프라임 오피스에 투자한다**.

(2) 투자 전략(Investment Strategy)

• **가격 조정 기회 활용:** 2025년 투자자 의향 조사에 따르면, 해외 투

---

* 2025년 9월 기준. 전자공시시스템, 주식 등의 대량 보유 상황 보고서
** 2019년 글로벌 사모펀드인 KKR(콜버그크래비스로버츠)과 이지스자산운용이 매입한 극동빌딩 사례, 미국계 사모펀드 블랙스톤의 역삼동 아크플레이스 사례 등이 있다.

자자는 금리 인상기 이후 발생한 자산 가격 조정을 시장 진입 기회로 활용한다. 펀더멘털이 확보된 코어 자산을 적정 가치에 매입하거나, 저평가 자산의 가치를 제고하는 밸류애드 기회를 모색한다*.

• **개발 단계 참여:** 투자 방식 또한 다변화되고 있다. 과거 준공된 실물 자산 매입 위주에서, 최근 데이터센터 및 물류센터의 개발 단계부터 프로젝트 파이낸싱 대주 참여 및 지분 투자를 병행하는 선매입 및 개발형 투자로 영역을 확장하고 있다**.

3. 주택도시기금

주택도시기금은 주식회사 코람코주택도시기금위탁관리부동산투자회사(이하 '앵커리츠')를 통한 상장리츠에 대한 투자뿐만 아니라, 주식회사 민간임대허브위탁관리부동산투자회사(이하 '허브리츠')를 통해 비상장리츠인 주택임대리츠에 투자하고 있다.

(1) 앵커리츠

2020년 8월 주택도시기금의 여유자금을 재원으로 출범한 앵커리츠는 상장리츠의 신규 상장 단계에서 초기 자금을 지원하는 역할을 수행해 왔다. 그러나 단순 취득 및 보유 위주의 운용 방식은 시장 전체에 유동성을 공급하는 데 구조적 한계가 존재하였다. 이에 2025년 거래 회전율 둔화에 대응하기 위해, 앵커리츠는 트레이딩 역량을 보유한 대신자산운용을 전담 운용사로 선정하였다. 이는 앵커리츠가 재

---

* 2025년 투자자 의향 조사, CBRE
** Real Estate 2025, South Korea, Chambers and Partners

무적 투자자를 넘어, 유통 시장의 유동성 공급자 및 시장 조성자로 역할을 확대하는 전략적 변화로 분석된다.

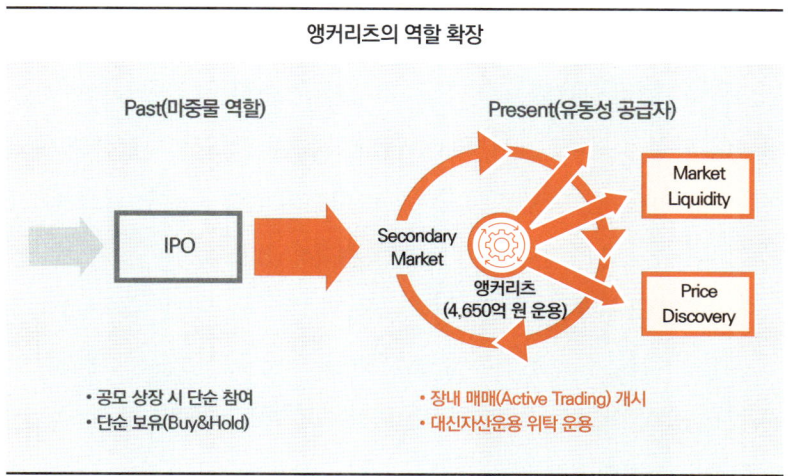

앵커리츠의 역할 확장

Past(마중물 역할)

IPO

• 공모 상장 시 단순 참여
• 단순 보유(Buy&Hold)

Present(유동성 공급자)

Secondary Market

앵커리츠
(4,650억 원 운용)

Market Liquidity

Price Discovery

• 장내 매매(Active Trading) 개시
• 대신자산운용 위탁 운용

이러한 운용 전략은 고평가 종목 매도와 저평가 종목 매수를 통한 포트폴리오 리밸런싱을 가능하게 한다. 이는 순자산가치 대비 높게 형성된 주가 할인율을 축소하여 리츠의 적정 가치를 회복시키는 가격 발견 기능을 지원하며, 장기적으로 시장 변동성을 완화하는 역할을 수행한다.

최근 운용 사례로는 SK리츠 지분 매각과 ESR켄달스퀘어리츠 및 롯데리츠에 대한 저점 매수 거래가 있다. 앵커리츠는 시간 외 대량매매 및 장내 매도를 통해 포트폴리오 내 비중이 높았던 SK리츠 지분을 축소하여 집중 위험을 해소하고 신규 투자 재원을 확보하였다. 확보된 유동성은 펀더멘털 대비 저평가된 종목 매입에 재배치되었으며, 이는 소외 종목의 반등 동력을 형성하고 주가의 하방 경직성을 강화하는 요인으로 작용하였다.

(2) 허브리츠

주택리츠는 사업 성격에 따라 공공임대리츠(「공공주택특별법」)와 민간임대리츠(「민간임대주택특별법」)로 구분된다. 공공임대리츠는 기금이 직접 출자하고 LH, SH 등 공공 자산관리회사가 관리를 주도하는 구조이다. 반면, 민간임대리츠는 다수의 민간 주주(시공사 등)가 참여하여 기금의 직접 관리에 한계가 존재하였다.

이에 국토교통부와 주택도시기금은 다수의 자리츠를 통합 관리하고 민간 투자를 유도하기 위해 2015년 모자형 구조인 '뉴스테이허브리츠'를 도입하였다. 이후 기업형 임대주택 제도가 공공지원 민간임대주택으로 전환됨에 따라, 현재는 '공공지원허브리츠'가 역할을 계승하여 자리츠 투자를 전담하고 있다*.

출자 의사결정은 기금 수탁기관인 주택도시보증공사의 심사를 통해 이루어진다. 주택도시보증공사는 기금 관리자로서 개별 사업장의 안정성과 공공성을 평가하여 출자 여부를 결정하는 기능을 수행**하고 있다.

---

* **모자(母子)형 리츠 구조:** 주택도시기금이 모(母)리츠(허브리츠)에 출자하고, 이 모리츠가 다시 개별 사업장인 자(子)리츠에 재출자하는 계층적 투자 구조를 의미한다. 이는 시리즈(Series) 형태로 지속 설립되어 운영 중이다.
** **HUG의 역할과 오해:** 실무에서 통용되는 'HUG 출자리츠'라는 표현은 HUG가 고유 계정으로 직접 출자한다는 의미가 아니다. 법적으로 HUG는 주택도시기금의 수탁자 지위에서 기금의 자산을 대리하여 출자 심사 및 집행 업무를 수행하는 것이므로, 실질적인 출자 주체는 주택도시기금이다.

프로젝트리츠로 일하는 법

리츠가 투자할 수 있는 대상은 무엇인가?

리츠 투자 대상

리츠의 투자 대상은 법으로 열거하고 있다. 즉, 리츠는 ①부동산, ②부동산 개발사업, ③지상권·임차권 등 부동산 사용에 관한 권리, ④신탁이 종료된 때 신탁재산 전부가 수익자에게 귀속하는 부동산 신탁수익권, ⑤증권(「자본시장법」에 따른 증권을 말함), ⑥채권, ⑦현금(금융기관의 예금 포함)에 투자할 수 있다(법 제21조제1항).

1. 부동산

법은 '부동산'에 대한 별도의 정의 규정을 두고 있지 않으므로, 그 개념은 「민법」의 정의에 따른다. 「민법」 제99조제1항은 '토지 및 그 정착물'을 부동산으로 규정하며, 여기서 '정착물'의 대표적인 예는 건축물이다. 따라서 법상 리츠가 투자할 수 있는 '부동산'은 원칙적으로 토지와 건축물을 의미하는 것으로 이해된다.

2. 부동산 개발사업

법은 '부동산 개발사업'을 ①토지를 택지·공장용지 등으로 개발하는 사업, ②공유수면을 매립하여 토지를 조성하는 사업, ③건축물이나 그 밖의 인공구조물을 신축하거나 재축(再築)하는 사업, ④그 밖에 이와 유사한 사업으로 대통령령으로 정하는 사업으로 정의하고 있다(법 제2조제4호). 위 위임규정에 따라 영 제2조제4항은 ⓐ건축물이나 그 밖의 인공구조물을 증축 또는 개축하거나 리모델링하는 사업, ⓑ 건축물이나 그 밖의 인공구조물을 이전하는 사업을 규정하고 있다.

'부동산 개발사업'은 토지나 건물처럼 특정 자산을 지칭하는 개념이 아니므로, 자산의 '취득·운용·처분'이라는 개념과 직접적으로 부합하지 않는다. 따라서 '부동산 개발사업에 투자한다'는 의미를 이해하기 위해서는 자산 구성에 관한 규정(법 제25조, 동법 시행령 제27조)을 함께 살펴보아야 한다.

이와 관련하여, 영 제27조는 "건축 중인 건축물의 개발사업을 제외한 부동산 개발사업에 투자한 모든 금액" 또는 "토지, 공유수면 또는 건축물에 설치하는 공작물 또는 설비에 투자한 모든 금액"도 부동산으로 간주하여, 부동산 개발사업비 자체를 부동산으로 의제하고 있다(이른바 '간주부동산', 영 제27조제1항제1호, 제9호). 이러한 조문 간의 관계를 고려하여 '부동산 개발사업에 투자한다는 의미'를 해석하면, 부동산 개발사업에 투입된 일체의 비용을 부동산으로 인정할 수 있다고 해석할 수 있다. 가령, 개발사업을 위해 취득한 토지는 당연히 부동산에 포함되지만, 개발사업을 위한 설계비용, 인건비 등 소요비용도 위 영에 따라 부동산으로 볼 수 있는 것이다. 이렇게 보면, '부동산 개발사업'은, 토지나 건물과 같은 재산적 실체적인 개념이라기 보다는

프로젝트리츠로 일하는 법

부동산으로 의제할 수 있는 범위를 정하는 기능적 개념에 가깝다.

3. 지상권, 임차권 등 부동산 사용에 관한 권리

법에서는 지상권, 임차권을 예시로 들고 있지만, 명칭에 관계없이 특정 부동산을 일정 기간 동안 배타적으로 사용할 수 있는 적법한 권리라면 여기에 해당한다. 따라서 지역권, 전세권, 사용 대차와 같이 계약상에 근거한 사법상 권리는 당연히 포함된다. 또한, 국공유재산에 대한 사용 허가에 근거한 사용권과 같은 공법상 권리도 투자 대상에 포함될 수 있다고 본다.

4. 신탁이 종료된 때에 신탁재산 전부가 수익자에게 귀속하는 부동산 신탁 수익권

법은 리츠의 투자 대상으로서 '신탁 종료 시 신탁재산 전부가 수익자에게 귀속하는 부동산신탁의 수익권'으로 한정하고 있다. 이는 신탁 수익권에 대한 투자가 사실상 부동산 실물을 직접 취득하는 것과 경제적 실질이 동일한 경우에만 허용하려는 취지이다.

이러한 취지에 비추어 볼 때, 담보신탁에서 채권자인 우선수익자가 보유하는 우선수익권은 신탁재산 처분대금 중 채권을 우선 변제받을 권리에 불과하다. 이는 신탁재산 자체에 대한 지배권이나 귀속권을 의미하지 않으므로, 리츠의 투자 대상에 해당하지 않는다.

반면 담보제공자인 후순위수익자 또는 원본수익자가 보유하는 수익권은, 신탁 종료 시 신탁재산 전부가 귀속되는 권리로서 신탁재산 전체에 대한 경제적 실질을 가진다. 따라서 이러한 수익권은 법에서 정한 부동산신탁 수익권에 해당하여 리츠의 투자 대상이 될 수 있다.

같은 취지에서 관리형·차입형 토지신탁이나 처분신탁의 경우에도, 신탁 종료 시 신탁재산이 귀속되는 원본수익권은 투자 대상이 될 수 있는 반면, 단순한 채권적 권리나 우선변제권에 불과한 권리는 투자 대상에 해당하지 않는다.

결국 부동산신탁 수익권의 투자 가능 여부는 그 명칭이 아니라, 신탁 종료 시 해당 수익권자에게 신탁재산 전부가 귀속되는 구조인지 여부를 기준으로 판단하여야 한다.

5. 증권, 채권

(1) 증권

법은 증권을 「자본시장법」 제4조제1항 및 같은 법 제5조제2항의 장내파생상품을 말한다고 규정한다(법 제2조제2호). 「자본시장법」상 증권은 내·외국인이 발행한 금융투자상품으로서 투자자가 취득과 동시에 지급한 금전 등 외에 어떠한 명목으로든지 추가로 지급의무(투자자가 기초자산에 대한 매매를 성립시킬 수 있는 권리를 행사하게 됨으로써 부담하게 되는 지급의무를 제외한다)를 부담하지 아니하는 것을 말하고(「자본시장법」 제4조제1항), 그 종류로는 ①채무증권, ②지분증권, ③수익증권, ④투자계약증권, ⑤파생결합증권, ⑥증권예탁증권을 열거하는데, 법은 여기에 더하여 ⑦장내파생상품을 추가로 열거하고 있다(「자본시장법」 제4조제2항, 제5조제2항).

유의할 점은 법에서 말하는 증권과 「자본시장법」상의 증권은 범위가 다르다는 점이다. 「자본시장법」상의 증권은 '추가지급의무의 부존재', 다시 말해서 투자손실의 범위가 투자금액의 한도로 제한되는 금융상품을 말하지만, 법에서는 「자본시장법」 증권에 더하여 추가지

프로젝트리츠로 일하는 법

급의무가 존재할 수 있는 금융상품인 장내파생상품을 추가하였다.

이와 관련하여, 리츠가 모든 종류의 증권에 투자할 수 있는지가 문제된다. 이 역시 다른 규정, 즉 자산구성에 관한 규정(제25조)을 고려하여 살펴보아야 한다. 법은 증권을 정의하면서 동시에 부동산관련 증권도 정의하고 있다(제2조제2호, 제3호). 그리고, 최저자본금준비기간이 끝난 후에는 매 분기 말 현재 총자산의 100분의 80 이상을 부동산, 부동산 관련 증권 및 현금으로 구성하여야 한다고 규정한다(법 제25조제1항). 또한 부동산과 관련이 없는 국채, 지방채의 투자도 가능하도록 규정한다(법 제27조제3항 참고). 이와 같은 규정을 종합하면, 문언상으로 법 제27조의 제한을 준수하는 경우라면, 리츠는 부동산과 관련이 없는 증권도 20% 내에서 취득이 가능하다는 결론으로 이어진다. 즉 총자산의 20% 내에서 가령 반도체 회사나 석유회사의 주식 취득도 가능하다는 의미가 되는데, 이는 부동산 투자를 목적으로 하는 리츠의 본질과 상충될 소지가 있어 입법적 보완이 필요한 부분으로 지적된다.

[참고] 리츠의 증권 투자 제한과 예외 규정

법은 리츠의 증권에 대한 투자를 제한한다. 즉 리츠는 다른 회사의 의결권 있는 발행주식의 10% 초과하여 취득할 수 없다(법 제27조제1항 본문). 다만 PFV나 합병의 경우 등 일정한 경우에는 예외로 하고 있다(같은 항 단서). 또한 동일인이 발행한 증권을 총 자산 5%를 초과하여 취득할 수 없다. 다만 리츠 자산을 임차하여 관광숙박업 등을 영위하는 회사 또는 자기관리리츠가 자산관리회사를 설립하고 해당 자산관리회사의 발행주식을 전부 취득하는 경우에는 리츠 총자산의 25%를 초과하여 취득할 수 없다(제27조제3항).

(2) 채권

리츠 투자 대상인 채권이 「자본시장법」상 증권에 해당하는 채무증권(債務證券)인지, 「민법」상 물권에 대비되는 개념으로서 채권(債權)인지가 문제된다. 쟁점이 되는 규정 위주로 살펴보면 다음과 같다.

첫째, 법 시행령 제2조제3항제6호에는 '부동산담보부채권'이 있는데, 이때의 채권은 법 제2조제3호의 '증권'의 일종임을 전제로 하므로 「자본시장법」상 증권에 속하는 경우(예를 들면 MBS)에 한정된다고 봄이 타당하다.

둘째, 법 제21조제1항제5호의 채권이 어떤 의미인지는 논란이 있다. 문리해석상 증권과 별도로 규정되어 있다는 점에서 「민법」상 채권을 의미한다고 봄이 타당하다.

셋째, 사회기반시설의 관리운영권 또는 관리운영권을 가진 회사 등의 대출채권 매입도 부동산 취득으로 의제(영 제27조제5호, 제6호)하고 있는데, 해당 대출채권은 그 의미상 「민법」상 채권을 의미한다고 보아야 한다.

6. 현금(금융기관 예금 포함)

리츠는 운전자금, 예비비 마련, 자산 매각 대금 등의 형태로 현금을 보유할 수 있다. 특히, 법 제25조제2항은 자산 구성 비율 산정 시 특정 현금을 일정 기간 부동산으로 간주하는 특례를 둔다. 예를 들어, 설립 시 납입된 주금이나 유상증자로 조달한 자금은 각각 2년, 3년의 기간 동안 부동산으로 간주되어, 리츠가 자산 매입을 준비하는 기간 동안 자산 구성 규제를 준수할 수 있도록 유연성을 부여한다.

투자 대상의 확대

과거에는 리츠의 투자 대상을 「민법」상 부동산인 토지와 건물로 엄격하게 해석하여, 공유수면 위의 해상풍력발전기나 데이터센터 내 핵심 설비(서버, 항온항습기 등)는 투자 대상에서 제외되었다. 공유수면은 토지가 아니며, 데이터센터 설비는 건물에서 분리 가능한 동산으로 보았기 때문이다. 그러나 이러한 자산들은 안정적인 운영 수익 창출이 가능한 신성장 산업의 핵심 인프라이므로, 시장에서는 이를 리츠 투자 대상에 포함해야 한다는 요구가 지속적으로 제기되었다.

1. 투자 대상 확대를 위한 제도 개선

이러한 요구에 발맞춰, 국토교통부는 2024년 12월 24일 관련 규정을 개정하여 리츠 투자 대상의 외연을 확대하였다. 그 주요내용은 크게 2가지이다.

우선 "토지, 공유수면 또는 건축물에 설치하는 공작물 또는 설비에 투자한 모든 금액"(영 제27조제1항제9호)을 부동산으로 간주하도록 하였다. 이로써 리츠는 공유수면 위의 풍력발전기나 태양광발전시설, 데이터센터 내 각종 설비 등에도 제한 없이 투자가 가능하도록 하였는데,* 만약 위와 같은 개정이 없었더라면, 위 자산들은 부동산이 아니기 때문에 20% 내에서 투자만 가능할 것이었다.

---

* 이 경우에도 리츠가 이러한 자산들의 소유권을 어떻게 취득할 것인가의 문제는 남아 있다. 소유권이전 방식의 문제를 우회하기 위한 가장 안전한 방법은, (1) 해당 자산을 건설하는 특수목적법인을 설립하고, (2) 특수목적법인이 해당 자산을 원시취득하고, (3) 리츠는 특수목적법인의 지분을 취득하는 형태이다. 이 경우 리츠는 실질적으로 해당 자산을 안전하게 취득할 수 있다. 다만, 이 경우 특수목적법인이 법인세 과세대상이라면 이 방법의 실효성이 떨어진다. 「자본시장법」에서는 이러한 특수목적법인을 투자목적회사로 둘 수 있고, 투자목적회사는 「법인세법」 제51조의2에 열거된 배당세액공제법인이다. 리츠의 경우에도 「자본시장법」상 투자목적회사와 같은 제도의 도입을 적극 검토할 필요가 있어 보인다.

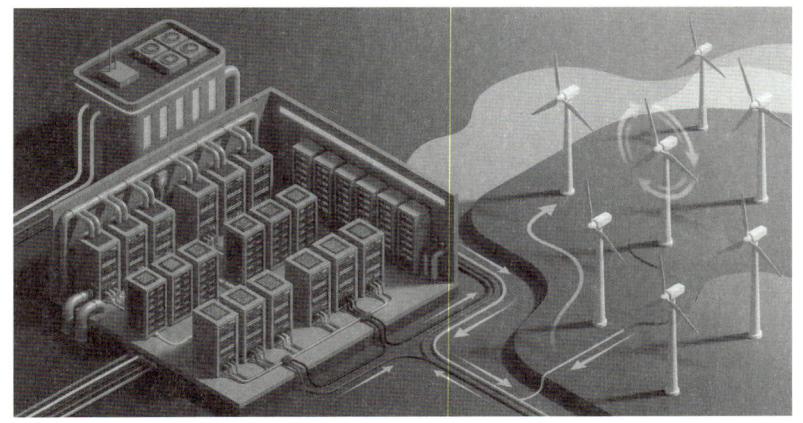

[참고] 주목받는 데이터센터리츠

AI 기술의 발전으로 데이터센터 수요가 급증하면서, 데이터센터는 리츠의 매력적인 투자처로 부상했다. 과거에는 데이터센터 건물만 부동산으로 인정되었으나, 영 개정으로 서버, 냉각 시스템 등 핵심 운영 설비까지 '간주부동산'으로 인정받게 되었다. 이를 통해 리츠는 데이터센터 자산 전체를 포괄하여 투자하고, 장기 임대차 계약을 통해 안정적인 수익을 창출할 수 있게 되었다

뿐만 아니라, 향후 부동산 자산에 해당할 것이 모호한 신규 자산이 등장할 경우에도 국토교통부장관이 고시하면 부동산으로 간주될 수 있도록 포괄조항(영 제27조제1항제9호)을 신설하였다. 가령 도심을 이동하는 UAM(도심항공교통, Urban Air Mobility) 등의 경우, UAM이 이착륙하는 공간(버티포트 등)은 토지 또는 공작물에 설치하는 자산이 되겠지만, UAM 자체는 간주부동산으로 보기 어렵다. 그러나 UAM과 이착륙 공간(버티포트)이 하나의 유기적 시설이라는 점을

고려하면, 리츠가 이착륙 공간만 투자하고, UAM 투자는 불가하다고 하는 것은 타당하지 않다. 이러한 경우에 국토교통부장관은 앞의 포괄규정을 근거로 UAM도 간주부동산으로 인정할 수 있다.

'간주부동산'으로 볼 수 있는 범위		
「부동산투자회사법」 제25조		부동산(건축 중인 건축물 포함)
		2년 이내의 설립 납입주금 및 부동산 매각대금, 3년 이내 신주발행으로 조성한 자금
「부동산투자회사법」 시행령 제27조 각 호	부동산 개발사업 투자금액 (건축중 건축물 제외) 제1호	부속 토지 및 정착물에 대한 투자금액
		부동산 개발법인의 주식 및 사채의 매입금액
		사회기반시설 투·융자·회사(인프라펀드)의 주식 및 사채의 매입금액
	그 외 투자금액 제2호~10호	부동산 사용에 관한 권리를 취득하기 위하여 투자한 모든 금액
		부동산신탁의 수익증권을 취득하기 위하여 투자한 모든 금액
		총자산의 80% 이상이 부동산으로 구성된 법인 또는 조합의 발행 지분증권 총수의 50%를 초과하여 취득하기 위하여 투자한 모든 금액
		사회기반시설의 관리운영권 또는 관리운영권을 가진 회사의 주식, 사채 또는 대출채권을 매입하기 위하여 투자한 모든 금액
		유료도로 관리권을 가진 회사의 주식, 사채 또는 대출채권을 매입하기 위하여 투자한 모든 금액
		부동산투자회사 또는 부동산집합투자기구(외국의 리츠 또는 부동산펀드 및 그 업무를 수행하는 부동산투자 관련 기관 포함)가 발행한 지분증권, 수익증권 또는 채무증권을 획득하기 위하여 투자한 모든 금액
		법 21조2항3호(부동산 개발사업을 목적으로 하는 법인 등에 대해 부동산에 대한 담보권 설정 등 대통령령으로 정한 방법에 따른 대출, 예치)에 따라 대출한 금액
		토지, 공유수면 또는 건축물에 설치하는 공작물 또는 설비에 투자한 모든 금액
		그 밖에 제1호부터 저9호까지의 금액과 유사한 금액으로서 국토교통부장관이 정하여 고시하는 금액

[참고] 리츠의 간주부동산 제도와 「민법」상 부동산 개념

'간주부동산' 제도를 통해 리츠의 투자 대상이 실질적으로 확대되었으나, 근본적인 문제는 여전히 남아있다. 현행 「민법」은 1958년 제정된 이후 물건의 개념과 권리 이전 방식에 큰 변화가 없어, 현대 사회의 다양한 자산 형태를 포섭하지 못하는 한계를 드러낸다.

예를 들어, 육상 풍력발전소는 토지에 고정된 독립된 부동산으로 볼 수 있으나, 지붕이 없는 공작물이므로 건축물대장과 등기부가 존재하지 않는다. 이로 인해 소유권 이전이나 담보 설정 시 명확한 공시 방법이 없어 거래의 안전을 위협한다. 해상 풍력발전소의 경우, 설치 기반인 해저면이 「민법」상 토지가 아니므로 발전기 자체가 동산으로 취급되는 법리적 문제가 발생한다.

과거에는 이러한 사회기반시설(SOC)이 민간에서 건설된 후 국가에 기부 채납되는 방식이 일반적이어서 소유권 이전 문제가 크게 부각되지 않았다. 그러나 이제 리츠가 이러한 자산을 직접 취득하고 운용하게 되면서, 소유권의 안정적 취득, 담보 설정, 자산 보관 등의 문제가 중요한 법적 쟁점으로 대두되고 있다.

'간주부동산' 제도는 이러한 「민법」의 한계를 우회하여 투자 실무를 지원하기 위한 고육지책의 성격이 강하다. 장기적으로는 토지와 건물 이외의 다양한 정착물과 시설에 대한 물권적 지위와 공시 방법을 마련하는 방향으로 「민법」의 근본적인 개정이 필요하다.

프로젝트리츠로 일하는 법

II

프로젝트리츠의
설계와 운용

프로젝트리츠란
무엇인가?

프로젝트리츠의 도입 배경과 차이

대규모 자금이 소요되는 부동산 개발사업을 효율적으로 수행하기 위해서는 다수의 투자자로부터 자금을 조달하고 이를 투명하게 관리하며, 동시에 세제 혜택을 통해 사업성을 제고할 수 있는 특수목적 투자기구(Special Purpose Vehicle)가 필수적이다. 국내 부동산 개발 시장에서는 이러한 필요를 충족시키기 위한 수단으로, SPC(Special Purpose Company) 또는 「조세특례제한법」 제104조의31에 근거한 '프로젝트금융투자회사(Project Financing Vehicle, 이하 'PFV')'가 주로 활용되어 왔다.

특히 PFV가 개발사업 시장에서 투자기구로 자리 잡은 배경은 크게 세 가지로 요약된다. 첫째, 설립 및 운용에 관한 규제가 적어 사업 추진의 신속성을 확보할 수 있다. 둘째, 배당가능이익의 90% 이상을 배당할 경우 해당 금액을 법인세 과세표준에서 공제받는 강력한 세제 혜택이 부여된다. 셋째, 준공 후 신속한 분양 또는 매각을 통해 투자

원금과 개발이익을 회수하는 국내 개발사업의 단기적 수익 실현 구조와 부합한다.

1. 기존 개발사업의 구조와 한계

그러나 SPC나 PFV 중심의 부동산 개발사업 모델은 구조적인 문제점을 내포하고 있으며, 그 핵심은 '과도한 레버리지'에 있다. 2021년부터 2023년까지 추진된 총 100조 원 규모의 300여 개 PF 사업장을 분석한 연구 결과에 따르면, 개별 사업장에 필요한 평균 총사업비는 3,749억 원에 달했으나, 사업의 주체인 시행사가 투입한 자기자본은 평균 118억 원으로, 총사업비의 약 3.2%에 불과한 것으로 나타났다.[*] 이는 미국, 일본, 호주 등 주요 선진국의 부동산 PF 자기자본비율이 통상 30~40% 수준임을 고려할 때 현저히 낮은 수치이다.[**]

이러한 저자본·고부채 구조는 단기적으로는 외부 충격에 대한 취약성을 증대시키고, 장기적으로는 부동산 개발 산업의 선진화를 가로막는 요인으로 작용한다. 단기적으로 금리 상승과 같은 거시경제 환경의 변화는 대출 이자비용의 급증으로 이어져 사업성을 급격히 악화시킨다. 개발 기간 중에는 안정적인 영업 현금흐름이 발생하지 않으므로, 시행사는 증가한 금융비용을 감당하지 못하고 결국 사업 중단 또는 부실화에 이르게 된다. 이러한 부실 사업장이 동시다발적으로 발생할 경우, 금융기관의 연쇄 부실을 초래하고 나아가 국민 경제 전반에 심각한 악영향을 미칠 수 있다.

---

[*]　황순주, "갈라파고스적 부동산PF, 근본적 구조개선 필요", KDI FOCUS, 2024, p.3.
[**]　앞의 보고서, p.4.

무엇보다도, 과도한 레버리지 구조는 부동산 개발 산업의 질적 성숙을 저해한다. 선진적 부동산 PF의 핵심은 미래 현금흐름의 정밀한 예측과 이에 기반한 리스크의 평가 및 관리 능력에 있다. 그러나 국내 PF 시장은 사업 자체의 타당성 분석보다는 대형 건설사의 '책임준공 확약'이나 금융기관의 '지급보증'과 같은 신용보강에 의존하는 관행이 고착화되어 있다.* 이는 자금을 공급하는 투자자(주로 금융회사)가 사업성 평가를 소홀히 하게 만드는 도덕적 해이를 유발하며, 정교한 리스크 평가 및 관리 역량이 시장 내에서 축적될 유인을 차단한다. 결과적으로, 소수의 대형 건설사와 금융회사의 재무적 체력에 의존하는 후진적 형태의 PF 사업 구조가 지속되는 결과를 낳는다.

2. 개발사업 수단으로서 PFV와 리츠 비교**

이처럼 부동산 개발을 위한 투자기구로 PFV도 있지만, '리츠' 또한 존재한다. 리츠 역시 PFV와 마찬가지로 「상법」상 주식회사 형태를 취하며, 상근 임직원을 두지 않는 명목회사(Paper Company)로 운용되고, 배당가능이익의 90% 이상 배당 시 법인세 소득공제 혜택을 받는다는 점에서 공통점을 가진다.

그러나 리츠는 PFV에 비해 훨씬 엄격한 규제를 받는다. 리츠를 설립하여 영업하기 위해서는 국토교통부로부터 '영업인가'를 받거나 '등록'을 해야 하는데, 특히 영업인가는 행정청의 재량적 판단이 개입

---

*   앞의 보고서, p.6.
** 개발사업 수단으로 PFV 외에 SPC도 있지만, 이하에서는 설립목적, 프로젝트 규모, 자금 조달 방식, 세제혜택 측면 등에서 리츠와 겹칠 수 있는 PFV를 중심으로 비교하기로 한다.

되는 행정행위로서 상당한 시간이 소요될 뿐만 아니라 인가 여부 또한 불확실하다. 영업인가 이후에도 자산 운용 현황 등에 대한 정기적인 보고 및 공시 의무를 부담해야 한다. 시간이 곧 비용인 개발사업의 특성상, 이러한 더딘 인허가 절차와 번잡한 규제는 사업의 비용을 증가시켜 수익성을 저해하는 결정적 요인으로 작용한다.

뿐만 아니라, 리츠는 영업인가 후 일정 기간이 경과하면 1인 주주의 지분율이 발행주식 총수의 50%를 초과할 수 없으며(주식분산의무), 일반 투자자를 대상으로 주식을 모집(공모 의무)해야 한다. 다수의 주주가 참여하게 되면 신속한 의사결정이 어려워지고, 주요 변경사항 공모규정으로 인해 개발사업의 핵심 정보인 영업기밀이 외부에 유출될 위험도 커진다. PFV는 이러한 주주 구성 및 공모에 관한 규제가 전무했다. 무엇보다 가장 큰 요인은 대출규제다. PFV는 자기자본 대비 대출비율을 제한하는 제도가 없었으나 리츠의 경우 자기자본의 2배 최대 10배를 초과할 수 없었다. 이런 시공사의 신용에 의지하는 PF 금융구조에서 레버리지를 최대한 활용할 수 있었기 때문에, 개발사업 시행자 입장에서는 리츠보다 PFV를 선호하는 것이 합리적인 선택이었다.

3. 프로젝트리츠의 도입 배경

그럼에도 불구하고 부동산 개발 영역에서 리츠에 대한 수요가 전혀 없었던 것은 아니다. 특히 개발 이후 단기간 내 매각을 통해 차익을 실현하는 방식이 아니라, 개발된 자산을 장기간 보유하며 안정적인 임대 운영까지 염두에 두는 시행자에게는 리츠가 PFV보다 오히려 더 적합한 투자기구가 될 수 있다. 이른바 '개발−보유−운영(Develop-to-Core)' 전략을 추구하는 경우가 이에 해당한다.

이는 두 투자기구의 본질적 성격 차이에서 기인한다. PFV는 「조세특례제한법」상 '한시적으로 설립된 회사'로 규정되며,* 제도 자체 또한 일몰조항을 두고 있어 일정 기간마다 국회의 법 개정을 통해 존속 근거를 연장해야 하는 구조를 가지고 있다. 반면, 리츠는 「부동산투자회사법」이라는 독립적인 영구법에 근거하여 존립기간에 제한이 없는 '영속형 회사'로 운용될 수 있다. 따라서 장기적인 자산 보유 및 운영을 통한 안정적인 수익 창출을 목표로 할 경우, 리츠의 법적 안정성과 영속성이 더 큰 장점으로 작용한다.

그러나 앞서 언급한 리츠의 각종 규제가 개발사업의 발목을 잡는 치명적인 단점으로 작용하였기에, 현장에서는 비효율적인 대안을 선택할 수밖에 없었다. 즉, 규제가 적어 사업 추진이 용이한 PFV를 통해 우선 개발사업을 진행하고, 건물이 준공되면 이를 영속형 회사인

---

* 제104조의31(프로젝트금융투자회사에 대한 소득공제) ① 「법인세법」 제51조의2제1항제1호부터 제8호까지의 규정에 따른 투자회사와 유사한 투자회사로서 다음 각 호의 요건을 모두 갖춘 법인이 2025년 12월 31일 이전에 끝나는 사업연도에 대하여 대통령령으로 정하는 배당가능이익(이하 이 조에서 "배당가능이익"이라 한다)의 100분의 90 이상을 배당한 경우 그 금액(이하 이 조에서 "배당금액"이라 한다)은 해당 배당을 결의한 잉여금 처분의 대상이 되는 사업연도의 소득금액에서 공제한다. 〈개정 2022. 12. 31.〉
1. 회사의 자산을 설비투자, 사회간접자본 시설투자, 자원개발, 그 밖에 상당한 기간과 자금이 소요되는 특정사업에 운용하고 그 수익을 주주에게 배분하는 회사일 것
2. 본점 외의 영업소를 설치하지 아니하고 직원과 상근하는 임원을 두지 아니할 것
3. 한시적으로 설립된 회사로서 존립기간이 2년 이상일 것
4. 「상법」이나 그 밖의 법률의 규정에 따른 주식회사로서 발기설립의 방법으로 설립할 것
5. 발기인이 「기업구조조정투자회사법」 제4조제2항 각 호의 어느 하나에 해당하지 아니하고 대통령령으로 정하는 요건을 충족할 것
6. 이사가 「기업구조조정투자회사법」 제12조 각 호의 어느 하나에 해당하지 아니할 것
7. 감사는 「기업구조조정투자회사법」 제17조에 적합할 것. 이 경우 "기업구조조정투자회사"는 "회사"로 본다.
8. 자본금 규모, 자산관리업무와 자금관리업무의 위탁 및 설립신고 등에 관하여 대통령령으로 정하는 요건을 갖출 것

리츠에 매각하여 장기 운영하는 이원화된 구조를 취하는 것이다. 이 과정에서 PFV는 자산 양도에 따른 양도차익 법인세를, 리츠는 부동산 취득에 따른 취득세를 각각 부담하게 되어 불필요한 거래비용이 발생하는 문제가 있었다.

이러한 현장의 필요성과 기존 PFV 모델의 구조적 리스크를 동시에 해결하기 위한 대안으로, 개발사업 단계에 특화된 규제 체계를 적용하는 '프로젝트리츠'가 도입되게 되었다.

4. 프로젝트리츠의 구조와 특징

프로젝트리츠는 법적으로 새로운 유형의 리츠를 창설한 것이 아니라, 기존 리츠에 적용되던 규율 체계를 부동산 개발사업의 특성에 맞게 단계별로 조정한 것이다. 핵심은 리츠의 규제 체계를 '개발단계'와 '운영단계'로 이원화하고, 고위험·고수익 특성을 지닌 개발단계에서는 규제 특례를 부여하는 데 있다.

즉, 프로젝트리츠는 개발사업이 완료되어 안정적인 임대수익 등이 발생하기 전까지는 일반 투자자의 참여를 제한하는 대신, 개발사업의 특성에 맞지 않는 규제들을 대폭 개선한다. 예컨대, 사업 초기 부담으로 작용하던 '영업인가' 시점을 개발사업 완료 이후로 이연하고, 그전까지는 간소화된 '설립신고'만으로 자산의 투자·운용 행위를 허용한다. 이에 따라 영업인가 전까지는 공모를 전제로 한 보고·공시 의무, 공모 및 주식분산 의무 등도 유예된다.

원래 리츠 제도는 '일반 국민에게 부동산 투자 기회를 확대'하는 것을 주된 목적으로 설계되었다. 따라서 일반 투자자 보호를 위해 다른 투자기구에서는 찾아보기 힘든 공모 의무와 주식분산의무를 법률상

의무로 부과하고, 정보 비대칭성을 해소하고자 엄격한 보고·공시 의무를 부여하였다. 그러나 개발사업은 사업 기간 내 매출이 없고 불확실성이 매우 커 일반 국민이 투자하기에 적합하지 않으며, 자칫 투자 손실이 일반 국민에게 전가될 수 있어 정책적으로도 바람직하지 않다. 다만, 지방정부, 지방공사 등이 개발사업의 안정성 등을 검증하고 투자자금의 안전장치를 마련하는 경우 등에는 지역상생리츠 등을 통해 지역 주민이 해당 지역에서 진행되는 개발사업에 간접투자도 가능하다. 자세한 내용은 다음 장에서 설명하겠다.

이러한 점을 고려하여, 프로젝트리츠는 규제 적용 시점을 개발단계와 운영단계로 명확히 구분하였다. 개발단계(프로젝트리츠 설립부터 준공까지)에서는 규제 특례를 통해 사업 추진의 효율성과 신속성을 보장하고, 개발이 완료되어 안정적인 운영단계로 진입하면 영업인가를 통해 통상적인 리츠로 전환된다. 이 시점부터는 유예되었던 공모의무, 주식분산의무, 보고·공시의무 등 일반 리츠에 적용되는 모든 규제를 동일하게 적용받게 된다.

리츠 사업절차 비교

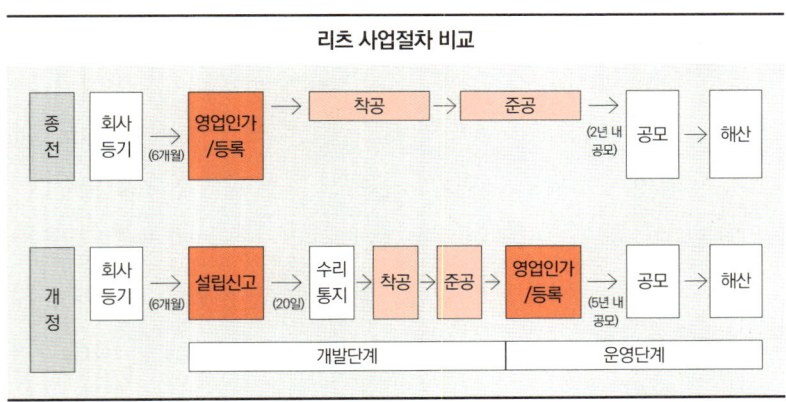

출처: 국토교통부 발표자료 편집

프로젝트리츠로 일하는 법

일반 리츠와 프로젝트리츠 비교

구 분		일반 리츠	프로젝트리츠
사업영위 요건		영업인가 또는 등록	설립신고
설립요건		① 법인격: 「상법」상 주식회사(제3조), ② 설립방법: 발기설립(제5조), ③ 설립자본금(제6조), ④ 발기인(제7조), ⑤ 정관(제8조), ⑥ 설립등기(제45조)	
최저자본금		50억 원 (영업인가를 받거나 등록을 한 날부터 6개월 내)	50억 원 (설립신고 전까지)
업무·사무 등 위탁		영업인가 신청 또는 등록 시까지	설립신고 전까지
자산의 투자운용	대상	㉮ 부동산, ㉯ 부동산 개발사업, ㉰ 지상권, 임차권 등 부동산 사용에 관한 권리, ㉱ 신탁이 종료된 때에 신탁재산 전부가 수익자에게 귀속하는 부동산 신탁 수익권, ㉲ 증권·채권, ㉳ 현금(금융기관의 예금 포함)	
	방법	ⓐ 취득·개발·개량·처분, ⓑ관리(시설운영 포함)·임대차·전대차, ⓒ 부동산 개발사업 목적 법인 등에 대하여 부동산에 대한 담보권 설정 등의 대출·예치	
주식공모		영업인가등록일(부동산 개발사업 투자 비율이 30%를 초과하는 리츠는 사용승인·준공검사 등을 받은 날)부터 2년 이내에 30% 이상 공모	'영업인가등록일'부터 5년 이내 30% 이상 공모
신주 발행		영업인가 전에는 주주가 아닌 자에게 배정하는 방식으로 신주 발행 불가	설립신고 후 주주가 아닌 자에게 신주 발행 가능
현물출자		영업인가를 받거나 등록을 하고 최저자본금 이상을 갖추기 전에는 현물출자를 받는 방식으로 신주 발행 불가	설립신고 후 현물출자를 받는 방식으로 신주 발행 가능
차입 및 사채 발행		영업인가를 받거나 등록을 한 후 가능	설립신고 후 가능
업무위탁 등		(리츠 공통)	자산보관 위탁 필수
		(위탁관리 리츠)	투자운용–자산관리회사 위탁 주식발행업무·일반사무–일반사무 등 위탁기관 위탁
주식분산		1인 최대 50% 한도	제한 없음
차입한도		자기자본의 2배 이내(주주총회 특별결의 시 10배 이내)	
보고		13건(정관변경, 최저자본금, 청약결과 등)	1건(투자보고서)
공시		18건(투자보고서, 주총결의 등)	1건(부실자산 발생 등)

출처: 국토교통부 발표자료 편집

5. 설립신고의 법적 성격

프로젝트리츠는 '설립신고'를 통해 사업을 개시할 수 있다. 행정법상 신고는 행정청의 수리 여부와 관계없이 신고서 제출만으로 법적 효과가 발생하는 자체완성적 신고와, 행정청의 수리 행위가 있어야 효력이 발생하는 수리를 요하는 신고로 구분된다. 프로젝트리츠의 설립신고는 후자에 해당하며, 신고서 제출 이후 국토교통부장관의 수리가 있어야 비로소 효력이 발생한다는 점에서 일정한 행정적 판단이 개입된다.

다만 이러한 설립신고는 일반 리츠의 '영업인가'와는 그 성격을 달리한다. 영업인가는 요건 충족 여부 외에도 사업의 타당성이나 정책적 필요성 등에 대한 행정청의 재량적 판단이 허용되는 재량행위인 반면, 프로젝트리츠의 설립신고는 법령에 명시된 형식적·객관적 요건의 구비 여부만을 심사 대상으로 한다.

따라서 신고인이 법에서 정한 요건을 모두 갖춘 경우, 행정청은 그 수리를 거부할 수 없으며, 프로젝트리츠의 설립신고는 행정법상 기속행위에 해당한다. 이러한 이유로 국토교통부장관은 프로젝트리츠의 설립신고를 수리함에 있어 조건과 같은 부관을 붙일 수 없는 것으로 판단된다.

6. 투자 대상 자산 및 운용 방법

프로젝트리츠의 투자 대상 자산은 원칙적으로 일반 리츠와 동일하다. 다만, 모든 자산의 취득 및 운용은 '해당 부동산 개발사업에 필요한 범위 내에서' 이루어져야 한다는 목적성의 제약을 받는다. 이와 관련하여 해석상 명확화가 필요한 몇 가지 쟁점이 존재한다.

(1) 개발사업 목적 내 임대사업 가능 여부

프로젝트리츠가 개발사업 기간 중 취득한 부동산을 활용하여 임대업을 영위할 수 있는지의 문제가 제기될 수 있다. 법은 리츠의 자산운용 방법으로 '임대차'를 명시하고 있다. 따라서 프로젝트리츠가 부동산 개발사업의 목적 달성을 위해 취득한 자산에 대해, 개발 과정에서 부수적으로 임대 사업을 하는 것은 허용된다고 해석함이 타당하다. 예를 들어, 인허가 등 행정절차 이행으로 착공이 지연될 경우 대상 토지를 임시주차장 등으로 활용하거나 복합시설 개발 시 단계적으로 준공된 상업시설을 임시로 임대하여 현금흐름을 창출하는 경우는 가능할 것이다. 그러나 개발과 무관한 기존 건물을 순수 임대수익 목적으로 취득하거나, 개발 목적으로 취득한 자산을 개발하지 않고 임대만 계속하는 행위는 법 위반의 소지가 있다.

(2) 투자 방식: 직접 개발과 간접 투자

프로젝트리츠가 직접 개발사업의 주체가 되는 방식만 허용되는지, 혹은 개발사업을 수행하는 다른 법인(PFV 등)에 지분을 투자하거나 대출하는 간접 투자 방식도 허용되는지가 핵심 쟁점이다. 과거 개발전문리츠나 PFV에 대한 유권해석은 사업 주체가 직접 사업을 영위해야 한다는 입장이었으므로, 이를 고려하면 프로젝트리츠 역시 직접 개발만 가능하다고 볼 여지가 있다.

하지만, 개정된 법의 규정을 면밀히 살펴보면 다른 해석이 가능하다. 법은 프로젝트리츠의 투자 대상 자산에 '증권(지분 포함)'을 명시적으로 포함하고 있으며, 자산의 투자·운용 방법으로 '부동산 개발사업을 목적으로 하는 법인에 대한 대출'까지 허용하고 있다. 이는 입법자가 프로젝트리츠가 개발사업을 영위하는 다른 법인에 대한 지분 투자나 대출을 통해 간접적으로 사업에 참여하는 형태를 예정하고 있음을 시사한다. 국토교통부의 입장 또한 간접 투자를 허용하는 방향으로 해석하고 있다.

아울러, 공동사업방식도 허용한다. PFV의 경우에는 '특정사업을 영위'한다는 요건이 있는데, 이 요건의 해석상 원칙적으로 PFV와 시공사 등이 인허가의 공동사업주체가 되는 공동사업방식이 허용되지 않는다고 보고 있다(다만 「주택법」상 공동사업주체에 대해서는 예외를 두고 있다). 하지만, 프로젝트리츠의 경우, 법문상 그렇게 해석해야 할 이유가 없고, 간접투자방식이 허용된다고 공동사업방식도 허용되지 않는다고 볼 이유는 없다. 최근 국토교통부도 프로젝트리츠 설립신고 수리 사례에서도 공동사업방식을 허용하였다.*

(3) 그 밖에 쟁점 검토

간접 투자 방식을 허용할 경우, 건전한 시장 질서 확립과 투자자 보호를 위해 구체적인 운용 기준을 마련할 필요가 있다. 다음은 향후 하위 법규나 가이드라인을 통해 명확히 규정되어야 할 주요 쟁점들이다.

첫째, 지분 투자 기준의 설정 문제이다. 프로젝트리츠가 다른 개발법인에 지분을 투자하는 경우, 어느 정도의 지분율을 확보해야 '부동산 개발사업'에 투자한 것으로 인정할 것인지에 대한 기준이 필요하다. 프로젝트리츠의 자산은 전부 개발사업에 투입되어야 하므로, 피

---

* '제물포역 북측 도심 공공주택 복합사업'의 사업시행자를 기존 인천도시공사 단독에서 인천도시공사와 리츠(제물포역도심복합사업 위탁관리 부동산투자회사) 공동으로 변경하였다. 상세한 내용은 '사례로 보는 프로젝트리츠' 부분을 참고하기 바란다.

투자회사에 대한 유의미한 지배력 또는 통제력을 확보할 수 있는 최소 지분율(예: 50% 초과)을 설정하는 방안을 검토해야 한다. 이는 명목상의 소수 지분 투자를 통해 제도의 취지를 우회하는 것을 방지하기 위함이다.

둘째, 대출형 프로젝트리츠의 허용 여부이다. 프로젝트리츠가 지분 투자 없이 오직 대출만 실행하는 형태로 운용될 수 있는지도 문제된다. 이 경우 프로젝트리츠는 피투자회사에 대한 지배력을 상실하게 되어 단순한 대주(Lender)의 지위에 머무르게 된다. 이러한 형태는 개발사업에 필요한 자금을 공급한다는 긍정적 측면이 있으나, 리츠의 정체성과 상충할 소지가 있어 허용 여부 및 조건에 대한 심도 있는 검토가 요구된다.

셋째, 다층적 투자구조의 허용 범위이다. 프로젝트리츠 아래에 자회사, 손자회사 등 다단계의 투자기구를 두는 구조를 어느 선까지 허용할 것인지에 대한 기준이 필요하다. 복잡한 대규모 사업에서는 다층 구조가 효율적일 수 있으나, 구조가 복잡해질수록 투명성이 저하되고 책임 소재가 불분명해질 위험이 있다. 따라서 허용되는 투자구조의 단계(tier)를 제한하거나, 각 단계별 투명성 확보 방안을 의무화하는 등의 규제가 필요할 수 있다.

넷째, 신탁 방식 투자 가능성이다. 프로젝트리츠가 차입형 토지신탁이나 관리형 토지신탁의 수익자가 되는 방식으로 개발사업에 참여하는 것이 가능한지에 대한 정리도 필요하다. 과거 해석례에 따르면 직접 사업 영위 원칙에 따라 이러한 방식은 불가능했다. 그러나 지분 투자 형태가 인정된다면, 프로젝트리츠가 신탁을 통해 실질적인 사업 지배력을 행사하는 구조는 논리적으로 허용될 가능성이 있다. 다만,

이 역시 프로젝트리츠의 지배력 확보 여부를 기준으로 허용 범위를 판단하는 일관된 기준 설정이 선행되어야 할 것이다.

다섯째, 복수사업의 허용 여부이다. 이 역시 PFV에서는 '특정사업'의 요건상 원칙적으로 불가능하다고 본다. 하지만, 현재 PFV에 대한 유권해석과 실무사례를 보면 '특정사업'의 범위를 상당히 확장하여 단일사업으로 인정하는 추세이다. 이와 달리, 프로젝트리츠가 복수사업을 하는 것을 금지하지 않는다.

다만, 이렇게 되면, 개발사업만 무한히 진행하는 프로젝트리츠가 있을 수 있다. 예컨대, A개발사업이 준공되기 전에 B개발사업을 착공하는 것이다. 이 경우 A개발사업으로 준공된 건물을 매각하더라도, B개발사업이 진행 중이므로 해당 프로젝트리츠는 영업인가를 받을 필요가 없다. 즉 논리적으로는 임대운영 없이 개발-분양을 무한히 반복하는 프로젝트리츠가 발생할 수 있다. 개발에서 임대운영까지 하는 리츠가 프로젝트리츠라는 취지를 고려할 때, 이러한 형태의 프로젝트리츠를 인정하는 것이 바람직한지는 의문이다.

프로젝트리츠 성격과 설립 절차

현행법상 리츠는 그 운용 방식에 따라 자기관리리츠, 위탁관리리츠, CR리츠로 구분되고, 위탁관리리츠와 CR리츠는 투자 대상과 거래의 목적에 따라 구분된다. '프로젝트리츠'는 이러한 법적 분류 체계에 속하는 별개의 리츠 유형이 아니다. 이는 기존의 자기관리리츠나 위탁관리리츠가 '부동산 개발사업'을 주된 목적으로 수행할 경우, 이를 기능적인 측면에서 지칭하는 용어이다(법 제26조의4제1항). 따라서 법률상 프로젝트리츠에 대한 별도의 정의 규정은 존재하지 않는다. 이는 프로젝트리츠가 부동산 개발사업의 특수성을 반영한 규제 완화의 적용 대상임을 명확히 하기 위한 실무적·기능적 구분이라 할 수 있다.

프로젝트리츠 역시 법상 리츠이므로, 영업인가를 전제로 하지 않는 법의 일반 규정들(예: 총칙, 설립 및 기관, 감독 등)이 원칙적으로 동일하게 적용된다. 다만, CR리츠는 자산의 100분의 70 이상을 기업구조조정 목적의 부동산으로 구성해야 하는 반면(법 제49조의2제1항제1호), 프로젝트리츠는 투자 대상을 부동산 개발사업 관련 자산으로 한정해야 한다. 이처럼 두 리츠는 자산 포트폴리오의 목적과 구성에서 근본적인 차이를 보이므로, 하나의 리츠가 CR리츠와 프로젝트리츠의 성격을 동시에 가질 수는 없는 것으로 해석된다.

1. 프로젝트리츠의 설립 절차

(1) 부동산투자회사의 설립

프로젝트리츠 또한 리츠의 한 형태이므로, 그 설립은 법에서 정한 절차를 준수해야 한다. 먼저, 법적 형식은 「상법」상 주식회사여야 하며, 상호에 반드시 '부동산투자회사'라는 명칭을 포함해야 한다(법 제3조). 설립 방식은 발기설립으로 한정되며(법 제5조, 제7조), 이는 소수의 전문성 있는 발기인이 설립을 주도하도록 하여 초기 안정성을 확보하기 위함이다. 설립자본금은 자기관리리츠의 경우 5억 원 이상, 위탁관리리츠 및 CR리츠의 경우 3억 원 이상으로 규정되어 있다(법 제6조). 또한, 회사의 조직과 운영에 관한 기본 규칙을 담은 정관의 작성(법 제8조) 및 관할 등기소에의 설립등기(법 제45조)가 필수적이다. 이러한 요건들은 향후 프로젝트리츠 설립신고 시 국토교통부가 신고 수리 여부를 판단하는 기본적인 확인 사항이 된다.

(2) 프로젝트리츠 설립신고

리츠(부동산투자회사)를 설립등기하였다고 해서 바로 리츠 영업을 할 수 있는 것은 아니다. 리츠가 영업행위를 하기 위해서는 영업인가를 받거나 등록을 하여야 한다(법 제9조 및 제9조의2). 리츠가 자산의 투자·운용, 즉 영업행위를 하기 위해서는 설립등기만으로 가능하지 않고, 국토교통부장관으로부터 영업인가를 받아야 한다. 영업인가는 리츠에 대한 진입규제이자, 리츠 투자자에 대한 안전장치이다.

그런데, 법상 영업인가는 다소 까다롭다. 원래 리츠는 공모를 통한 일반 투자자들의 투자기회 확대가 목적이므로, 정부는 일반투자자 보호에 신경을 쓰지 않을 수 없다. 그래서 영업인가를 할 때 사업계획의 적정성, 투자구조의 안정성·실현가능성, 자산가치의 적정성 등을 살펴본다. 입법자들은 적어도 일반국민에게 투자를 권유하려면 이 정도는 정부가 사전적으로 검증할 필요가 있다고 본 것이다.

그러나 앞서 언급한 바와 같이, 부동산 개발은 초기에 비용만 투입되고 수익은 나지 않을 뿐 아니라, 사업의 리스크도 커서 일반투자자의 참여가 바람직하지 않다. 따라서 공모를 금지하되, 공모를 전제로 한 투자자 보호장치를 완화할 필요가 있다. 즉, 기존에는 리츠는 공모를 전제로 하므로 투자자를 실제 모으는 시점과 무관하게 투자자 보호장치를 적용하고, 이를 위하여 영업인가 전 영업행위를 금지해왔으나, 프로젝트리츠는 이를 분리하여 투자자를 실제 모집할 수 있는 시점부터 투자자 보호장치를 적용하고, 그 이전에 영업행위를 할 수 있는 구조를 열어준 것에 의의가 있다.

이러한 측면에서 프로젝트리츠를 설계할 때 일반투자자 보호를 위한 항목들을 빼고, 형식적 요건들로 진입 문턱을 낮춘 '설립신고제'를 채택하였다.* 설립신고의 요건은 법 제26조제1항에서 규정하고 있다. 즉 ①제3조부터 제8조까지, 제11조의2(위탁관리리츠로 설립하는 경우에 한정한다) 및 제45조에 적합하게 설립되었을 것, ②자본금이 50억 원 이상일 것, ③제22조의2제1항 및 제35조에 따른 업무·사무 등의 위탁을 위한 계약을 체결할 것, ④그 밖에 사업의 안정적 추진을 위하여 필요한 사항으로서 대통령령으로 정하는 요건을 갖출 것이다.

①부터 ③까지는 정량적 요건으로 행정청의 자의가 개입될 여지가 없다. 다만 ④의 경우, 대통령령으로 재량적 요건을 규정할 수도 있기 때문에 예측가능성이 떨어지고, 이러한 점에 대해 업계를 중심으로 우려가 많았다. 재량적 요건을 규정할 경우, 영업인가제와 다를 바가 없기 때문이다. 국토교통부도 이런 점을 고려하여 시행령에 그 밖의 요건을 추가하지 않았다. 다만 향후 프로젝트리츠의 운용 과정에서 부작용이 발생하는 경우에는 설립신고 요건이 추가될 수도 있을 것이다. 그러나 설립신고와 영업인가와 차이를 고려할 때 재량적 요건이 추가되지는 않을 것으로 생각한다.

프로젝트리츠의 설립신고를 위해서는 부동산투자회사 설립등기 후 6개월 내에 설립신고서를 국토교통부장관에게 제출하여야 하고(법 제26조의4제2항), 국토교통부장관은 설립신고서의 기재내용을 바탕으로 프로젝트리츠 설립신고 요건을 갖추었는지 확인 후 수리한다(영 제30조의2제1항). 설립신고 수리기한은 신고일부터 20일 이내이다(법 제26조의4제2항).

---

* 국토교통부가 2024년 6월 17일 발표한 리츠 활성화 방안에는 설립신고가 아닌 '등록'이라는 표현을 사용하였으나, 기존 법 제9조의2에 따른 '등록' 및 대토보상리츠에 적용하는 '특례등록'이라는 용어와 혼동 가능성 등으로 고려하여 이후 법안을 발의할 때는 '설립신고'라는 용어를 채택하였다.

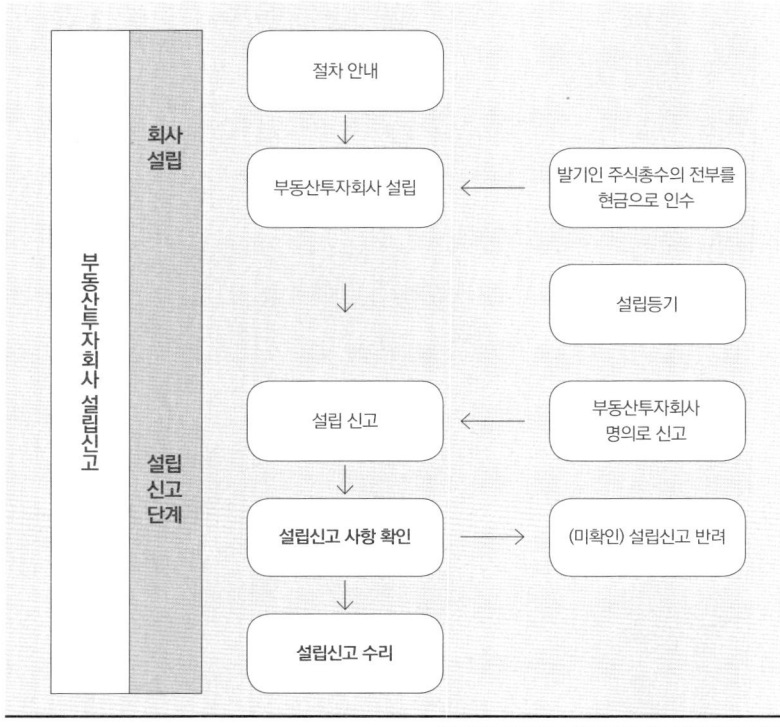

프로젝트 부동산투자회사 설립신고 업무 처리 절차 흐름도

절차 안내

↓

회사 설립

부동산투자회사 설립 ← 발기인 주식총수의 전부를 현금으로 인수

↓ 설립등기

설립 신고 ← 부동산투자회사 명의로 신고

↓

설립신고 단계

설립신고 사항 확인 → (미확인) 설립신고 반려

↓

설립신고 수리

부동산투자회사 설립신고

출처: 부동산투자회사 등에 관한 인가 및 등록지침 [별표 1의2]

(3) 프로젝트리츠 전환을 위한 설립신고

개정 「부동산투자회사법」은 신규 설립뿐만 아니라 기존에 운용 중인 리츠나 PFV도 프로젝트리츠로 전환할 수 있도록 하였다.

첫째, 이미 영업인가를 받아 운용 중인 리츠라도 공모하지 않고 부동산 개발사업을 추진하는 경우, 프로젝트리츠로 전환할 수 있다. 이를 위해 개정법 부칙에서는 법 시행일로부터 6개월의 경과기간 내에 설립신고를 할 수 있도록 특례를 두었다(부칙 제2조 참고). 이는 기존 리츠가 보다 유연하게 개발사업에 참여할 수 있도록 기회를 제공하는 조치이다.

둘째, 「조세특례제한법」에 따라 설립된 프로젝트금융투자회사(PFV) 역시 프로젝트리츠로의 전환이 가능하다. PFV는 명목회사(Paper Company)로서 상근 임직원을 두지 않고 자산관리 및 자금관리를 외부 기관에 위탁하는 등 그 법적 형태와 운용 구조가 위탁관리리츠와 매우 유사하다. 이러한 구조적 동일성을 고려하여, 부동산 시장의 PFV를 제도권 리츠로 흡수하고 보다 체계적인 관리·감독을 적용하기 위한 정책적 목적에서 전환 절차를 마련한 것이다. 구체적으로, 개정법 시행(2025. 11. 28.) 전에 설립된 PFV가 시행일로부터 6개월이 되는 날(2026. 5. 28.)까지 상호를 '부동산투자회사'로 변경 등기하고 프로젝트리츠 설립신고 요건을 갖추는 경우, 설립신고가 가능하도록 「부동산투자회사 등에 관한 인가 및 등록지침」에 근거를 마련하였다(지침 제17조의3 제2항).

프로젝트리츠의 영업인가 관련 규정

프로젝트리츠는 부동산 개발사업의 수행을 목적으로 하는 리츠이다. 이러한 프로젝트리츠는 개발 단계에서는 일반 리츠와 다른 규제 특례를 적용받아 부동산 개발사업의 효율성을 높일 수 있다. 그러나 부동산 개발사업이 완료된 이후에는 일반 리츠와 동일한 규제 체계로 편입되어야 하며, 이 과정에서 영업인가 또는 등록 절차를 이행하는 것은 필요하다. 이하에서는 프로젝트리츠가 개발사업 완료 후 거쳐야 하는 영업인가의 시점, 절차 및 관련 의무 사항에 대해 검토한다.

1. 프로젝트리츠 영업인가 시점

(1) 개발사업 완료 후 18개월 내

프로젝트리츠는 개발사업을 완료한 후, 일반 리츠로서 영업을 개시하기 위해 반드시 영업인가를 받거나 등록을 해야 한다. 법 제26조의4제4항 및 같은 법 영 제30조의2제2항 본문은 개발사업 완료 후 영업인가를 받아야 하는 시점을 명확히 규정하고 있다. 여기서 개발사업 완료일이란 "해당 부동산 개발사업의 사용승인·준공검사 등을 받은 날"로 정의되며, 프로젝트리츠는 이날부터 18개월이 경과하기 전에 영업인가 또는 등록 절차를 완료해야 한다.

이 18개월의 유예기간은 프로젝트리츠가 개발 단계에서 운영 단계로 원활하게 전환할 수 있도록 지원하기 위한 제도적 장치이다. 개발사업 준공 직후에는 임차인 모집, 자산 안정화, 자금 재조달 등 운영 준비에 상당한 시간이 소요될 수 있다. 따라서 법은 이러한 전환 기간을 보장하여 리츠가 안정적인 운영 기반을 마련한 후 정식으로 영업인가를 받도록 하고 있다.

(2) 예외적으로 6개월 연장

다만, 국토교통부장관은 공익 또는 투자자 보호를 위해 필요하다고 인정하는 경우, 6개월의 범위 내에서 한 차례 그 기간을 연장할 수 있다(같은 법 시행령 제30조의2제2항 단서). 연장 승인이 가능한 구체적인 사례는 다음과 같이 예상할 수 있다.

① 부동산 경기 급랭으로 인한 임차인 확보의 현저한 곤란

예를 들어, 대규모 오피스 빌딩 개발 완료 후 글로벌 금융위기나 국내 경기 침체와 같은 외부 충격으로 인해 공실률이 예상치를 크게 상회하여 안정적인 임대 수익 확보가 어려운 경우, 자산 가치 하락이 우려되므로 투자자 보호를 위해 연장이 필요할 수 있다.

② 중대한 법적 분쟁의 발생

시공사와의 공사비 정산 문제로 인한 유치권 행사, 자산의 소유권을 다투는 소송 등 예상치 못한 법적 분쟁이 발생하여 정상적인 자산 운용 및 투자자 모집 활동이 불가능한 경우, 분쟁 해결을 위한 시간이 필요하므로 연장이 정당화될 수 있다.

③ 불가항력적 사유의 발생

지진, 홍수 등 천재지변이나 화재 등으로 인해 개발된 부동산 자산이 중대하게 훼손되어 정상적인 사용·수익이 불가능하게 된 경우, 복구 기간을 고려하여 연장이 허용될 수 있다.

이러한 연장 승인을 받기 위해서는 프로젝트리츠가 연장의 필요성을 구체적인 자료를 통해 국토교통부에 신청하는 절차를 거쳐야 한다. 향후 관련 해석 및 심사 사례가 축적됨에 따라 연장 가능 사유는 더욱 명확해질 것이다.

2. 영업인가의 절차

프로젝트리츠가 개발사업을 완료한 후에는 앞서 언급된 특례 적용이 종료되고, 일반 리츠와 동일한 법적 지위에서 영업인가 또는 등록 절차를 밟게 된다.

(1) 영업인가와 등록의 구분

법은 리츠의 자금 모집 방식에 따라 규제 수준을 달리한다. 불특정 다수의 일반 투자자를 대상으로 하는 공모리츠는 투자자 보호의 필요성이 크므로 국토교통부의 엄격한 심사를 거치는 '영업인가'(법 제9조)를 받아야 한다. 반면, 전문성과 공공성을 갖춘 기관투자자 등이 중심이 된 리츠(연기금 등 30% 이상 등)는 상대적으로 완화된 요건의 '등록'(법 제9조의2) 절차를 따른다. 따라서 프로젝트리츠는 향후 운영 전략에 따라 영업인가와 등록 중 적합한 절차를 선택하여 진행해야 한다.

(2) 지위의 변경

프로젝트리츠는 법에서 특별히 규정한 경우를 제외하고는 영업인가를 받기 전까지는 영업인가를 전제로 하는 리츠의 의무를 부담하지 않는다. 즉, 프로젝트리츠의 특례는 프로젝트리츠가 영업인가를 받은 시점부터 적용되지 않는다고 해석된다. 따라서, 프로젝트리츠가 영업인가를 득한 후에는 ①법 제26조의4제7항에 따른 사업투자보고서를 제출하는 것이 아니라 법 제37조에 따른 일반적인 투자보고서를 제출할 의무를 부담하게 되고, ②투자 대상 자산의 범위와 운용방법도 법 제21조에 따라 확대된다.

다만, 프로젝트리츠는 영업인가를 득한 이후에도 프로젝트리츠로서의 성격이 완전히 소멸된다고 보기는 어렵다. 즉, 프로젝트리츠는 영업인가 이후 공모 기한이 5년으로 일반적인 리츠의 공모기한 3년에 비해 여유기한을 부여하며 프로젝트리츠 단계에서 현물출자 시 과세 이연 혜택도 공모 이후 주식을 매각하여 이익을 실현하지 않는 이상

프로젝트리츠로 일하는 법

그 이연 혜택이 지속된다.

3. 영업인가 후 공모·주식분산 의무 및 그 예외

일반적으로 영업인가를 받은 리츠는 일반 투자자의 기반을 확대하고 지배구조의 투명성을 확보하기 위해 '공모 의무'(법 제14조의8)와 '주식분산 의무'(법 제15조)를 부담한다. 그러나 프로젝트리츠가 개발 완료 후 영업인가를 받는 경우, 일반적인 리츠처럼 특정 요건을 충족하면 이러한 의무가 면제될 수 있다. 이는 리츠의 설립 및 운영 구조에 따른 합리적인 예외를 인정하는 취지이다.

(1) 공모 의무의 면제

법 제14조의8제3항은 다음 두 가지 경우 중 하나에 해당하면 공모 의무를 면제하도록 규정한다.

첫째, 공모예외주주가 발행주식총수의 50%를 초과하여 소유하는 경우이다. '공모예외주주'란 연기금, 공제회, 금융기관 등 법령에서 정한 전문성과 공공성을 갖춘 기관투자자를 의미한다(시행령 제13조의4). 이들이 리츠의 지배적인 주주일 경우, 일반 투자자 보호를 위한 강제적인 공모의 필요성이 낮다고 보아 의무를 면제한다. 예를 들어, 국민연금과 같은 연기금이 프로젝트리츠의 지분 50%를 초과하여 보유한 상태에서 개발사업을 완료하고 영업인가를 신청하면, 해당 리츠는 추가적인 일반청약을 거치지 않아도 된다.

둘째, 리츠 총자산의 70% 이상을 임대주택으로 구성하는 경우이다. 이는 임대주택 공급 확대를 유도하기 위한 정책적 배려이다. 임대주택 사업은 공공성이 강하고 장기적인 투자가 필요하므로, 공모 의무를 면제하여 사업의 안정성을 높이고 관련 리츠의 설립 및 운영을 활성화하려는 목적이다.

(2) 주식분산 의무의 면제

주식분산 의무는 1인 주주 및 그 특별관계자가 소유할 수 있는 주식의 한도를 설정하여(예: 발행주식총수의 50%), 소수 주주에 의한 지배를 방지하고 소유 구조를 분산시키기 위한 규제이다. 그러나 프로젝트리츠가 영업인가를 받더라도, 공모예외주주에 대해서는 이러한 주식분산 의무가 적용되지 않는다(법 제16조제1항 단서). 즉, 연기금 등 공모예외주주는 리츠 발행주식총수의 50%를 초과하여 단독으로 소유할 수 있다. 이는 해당 주주들이 공공성 및 전문성을 바탕으로 안정적인 지배주주 역할을 수행할 수 있다고 신뢰하기 때문이다.

프로젝트리츠 영업인가 절차

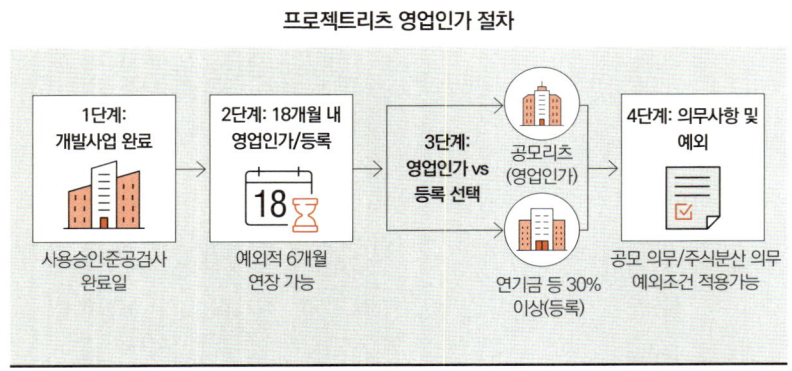

| 1단계:
개발사업 완료
사용승인준공검사
완료일 | 2단계: 18개월 내
영업인가/등록
예외적 6개월
연장 가능 | 3단계:
영업인가 vs
등록 선택 | 공모리츠
(영업인가)

연기금 등 30%
이상(등록) | 4단계: 의무사항 및
예외
공모 의무/주식분산 의무
예외조건 적용가능 |

프로젝트리츠의 기관구성

프로젝트리츠는 부동산 개발사업을 목적으로 설립되는 리츠로서, 그 법적 성격은 주식회사이다. 따라서 프로젝트리츠의 기관구성 역시 일반적인 리츠와 마찬가지로 법의 규율을 받는다. 법은 리츠의 설립, 운영, 감독 등에 관한 포괄적인 사항을 정하고 있으며, 프로젝트리츠 또한 법의 적용 대상에서 예외가 아니다. 앞서 언급한 바와 같이, 영업인가를 전제로 하지 않는 규정은 프로젝트리츠에도 그대로 적용된다. 따라서 리츠의 기관에 관하여 규정한 법 제12조부터 제14조의7까지의 조항은 프로젝트리츠에 당연히 적용된다. 또한, 위탁관리리츠 형태로 설립된 프로젝트리츠는 위탁관리리츠의 자산운용에 관한 법 제22조의2도 역시 적용되므로 자산관리회사가 필요하다.

1. 주주총회

(1) 주주총회 결의사항

프로젝트리츠도 「상법」상 주식회사이므로, 회사의 소유자인 주주들로 구성된 주주총회가 최고의사결정기관으로서의 지위를 갖는다. 리츠는 법에서 특별히 정한 경우를 제외하고는 「상법」의 적용을 받으므로(법 제3조제2항), 주주총회의 소집, 운영, 결의 방법 등 일반적인 절차는 「상법」에 따른다. 그러나 법은 리츠의 특수성을 감안하여 주주총회의 권한에 관한 몇 가지 중요한 특칙을 두고 있다.

법 제12조제1항은 리츠의 주주총회에서 반드시 결의해야 할 사항을 구체적으로 명시하고 있다. 이는 일반 주식회사의 주주총회 결의사항과 구별되는 리츠 고유의 규정으로, 투자자 보호와 리츠 운영의 투명성 확보를 목적으로 한다. 그 주요 내용은 다음과 같다. ①해당 연도의 사업계획의 확정, ②해당 연도의 차입계획 및 사채발행계획, ③자산의 투자·운용에 관하여 총자산의 100분의 30을 초과하는 자산의 취득·처분 등 대통령령으로 정하는 중요한 계약의 체결 또는 변경, ④부동산 개발사업계획의 확정 또는 확정된 부동산 개발사업계획의 목적·대상·범위 등 대통령령으로 정하는 중요한 부분의 변경, ⑤총자산 중 부동산 개발사업에 대한 투자 비율, ⑥법 제19조에 따른 부동산의 현물출자에 관한 사항, ⑦법 제35조제1항에 따른 자산보관기관과의 자산보관계약의 체결 또는 변경체결에 관한 사항이 그것이다.

이 중에서 특히 ④, ⑤, ⑥에 해당하는 사항은 「상법」상 특별결의(출석한 주주의 의결권의 3분의 2 이상의 수와 발행주식총수의 3분의 1 이상의 수로써 하는 결의)에 따라야 한다. 이는 일반적인 자산 운용에 비해 상대적으로 위험이 큰 부동산 개발사업과 관련된 주요 의사결정에 대해 가중된 결의 요건을 부과하여 주주의 이익을 더욱 두텁게 보호하려는 취지이다. 부동산 개발사업을 단일 목적으로 하는 프로젝트 리츠의 경우, 위에 열거된 대부분의 사항이 사업 수행 과정에서 필수적으로 발생하는 핵심 의사결정이므로, 주주총회의 역할이 매우 중요하다고 할 수 있다.

(2) 「상법」과 관계

이와 관련하여, 법 제12조제1항에서 열거하지 않은 사항은 주주총회의 결의를 받지 않아도 되는지에 대하여 해석상 논란이 있을 수 있다. 법 제3조제2항은 "법에서 특별히 정한 경우"를 제외하고 「상법」을 적용하도록 규정하는데, 여기서 "특별히 정한 경우"의 범위를 어떻게 해석할 것인가가 문제의 핵심이다.

법 제49조와 같이 명시적으로 「상법」의 특정 조항 적용을 배제하는 규정이 이에 해당하는 것은 분명하다. 그러나 법에서 「상법」과 다른 내용을 정하고 있으나 명시적인 배제 규정이 없는 경우에도 「상법」 적용이 배제되는 특칙으로 볼 것인지가 문제된다. 만약 법 제12조를 「상법」상 주주총회 결의사항에 대한 배타적 특칙으로 해석한다면, 「상법」이 주주총회 결의사항으로 정하고 있는 정관 변경(「상법」 제433조제1항), 자본금 감소(「상법」 제438조) 등 법 제12조에 열거되지 않은 사항들은 주주총회 결의 없이 이사회 결의만으로 가능하게 된다. 이러한 해석은 주주의 이해관계에 중대한 영향을 미치는 사항이 주주총회의 통제에서 벗어나게 되어 주주 보호에 심각한 흠결을 초래할 수 있다. 따라서 법 제12조는 리츠의 특수성을 고려하여 추가적으로 주주총회 결의를 요구하는 사항을 규정한 것으로 이해하고, 여기에 열거되지 않았더라도 「상법」에 따라 주주총회 결의사항에 해당하면 당연히 주주총회 결의를 거치는 것이 타당하다.

다만, 「상법」상 영업양도(「상법」 제374조)는 주주총회 특별결의사항으로 정하고 있으나, 법 제12조제1항제3호는 총자산의 30%를 초과하는 자산의 처분에 대해서 주주총회 보통결의사항으로 정하고 있어 두 규정의 관계가 문제된다.

리츠가 보유 부동산 전부 또는 대부분을 매각하는 경우, 이를 「상법」상 영업양도로 보아 특별결의를 거쳐야 하는지가 실무상 중요한 쟁점이 된다. 판례는 영업양도 해당 여부를 양도하는 자산의 규모뿐만 아니라 그 자산이 영업의 유기적 일체로서 기능하는지 등을 종합적으로 고려하여 판단하므로 기준이 다소 추상적이다. 만약 리츠의 자산 처분에 「상법」 제374조가 적용된다고 본다면, 법 제12조제1항제3호의 규정은 사실상 사문화될 가능성이 크다. 이러한 점을 고려할 때, 자산의 취득·처분에 관하여 구체적인 기준을 제시한 법 규정을

「상법」에 대한 특칙으로 보아, 리츠에는 「상법」 제374조가 적용되지 않는다고 해석하는 것이 합리적이다. 다만, 이러한 해석상의 불확실성으로 인해 실무적으로는 정관에서 영업의 중요한 일부 또는 전부의 양도를 주주총회 특별결의사항으로 명시하는 경우가 일반적이다.

정리하면, 리츠의 주주총회 결의사항은 ①법에서 명시적으로 규정한 사항, ②법에서 정하지 않았으나 「상법」에서 규정한 사항으로서 법의 취지에 위반되지 않는 사항, ③법과 「상법」에 규정되지 않았으나 법률에 위배되지 않는 범위에서 정관으로 정한 사항으로 구성된다. 이 중 ②번과 ③번에 해당하는지 여부는 형식적인 법률 규정만으로 판단하기 어려우며, 각 법률의 입법 취지와 전체 체계를 종합적으로 고려하여 개별 규정별로 신중하게 판단할 필요가 있다.

(3) 주주총회 결의사항을 정관으로 추가할 수 있는지 여부

아울러, 법 제12조에도 불구하고, 리츠의 정관으로 주주총회 결의사항을 추가하거나 결의 요건을 강화하는 것이 유효한지에 대한 논의가 있다. 원칙적으로 주주자치의 원칙상 정관으로 그러한 내용을 정하는 것은 가능하다고 보아야 한다. 그러나 그 내용이 법의 강행규정에 위반되는 경우에는 무효로 보아야 할 것이다. 예를 들어, 위탁관리리츠의 정관으로 법 제22조의2제1항에 따른 자산관리회사의 고유한 역할을 본질적으로 축소하거나 형해화하는 내용은 법의 위탁관리리츠 제도 취지에 반하여 무효라고 볼 소지가 크다.

2. 이사 및 이사회

(1) 이사

① 이사의 역할

프로젝트리츠 역시 주식회사로서 업무집행기관인 이사를 두어야 하며, 이사의 선임, 권한, 의무 등에 관해서는 법에서 특별히 정한 사항을 제외하고는 「상법」이 적용되는 것이 원칙이다. 리츠는 집합투자기구인 펀드와 유사한 구조를 가지지만, 기관의 역할에서 결정적인 차이를 보인다.

펀드의 경우 자산운용회사가 투자·운용에 관한 최종적인 의사결정 권한을 갖지만, 리츠는 자산관리회사가 투자·운용을 위탁받아 수행하더라도 그 최종적인 결정과 책임의 주체는 리츠의 이사회(또는 주주총회)이다. 이는 리츠가 단순한 투자 도관체(Conduit)가 아니라 독립된 의사결정주체로서의 지위를 가짐을 의미하며, 이사회는 자산관리회사에 대한 전문적 견제 및 감독 기능을 수행할 의무를 부담한다.

그러나 위탁관리리츠의 경우, 법 제22조의2제1항이 자산의 투자·운용 업무를 자산관리회사에 위탁하도록 강제하고 있어, 「상법」상 일반적인 주식회사의 이사회와 완전히 동일한 역할을 한다고 보기는 어렵다.

이 문제에 있어서는 다양한 견해가 대립한다. ①자산관리회사와 리츠의 관계는 위탁계약의 내용에 따라 자유롭게 정할 수 있으며, 위탁관리리츠의 이사회는 상근이 아닐 뿐 「상법」상 이사회와 동일한 권한을 행사할 수 있다는 견해부터, ②위탁관리리츠의 이사회는 자산관리계약의 해지나 감독과 같이 예외적인 경우를 제외하고는 적극적으로 투자 안건을 발의하거나 주도할 수 없으며, 자산관리회사가 상정한 의사결정에 대해 가부(可否)를 결정하는 소극적·감독적 역할에 한정된다는 견해까지 스펙트럼이 넓다. 이 점에 대해서는 아직까지 명확히 정립된 법리나 실무 관행이 부족하며, 구체적 사안에 대한 해석례도 많지 않은 편이다. 향후 리츠 투자자 보호의 관점에서 이사회의 구체적인 역할과 책임 범위에 대한 기준을 정립하는 것이 중요한 과제로 남아 있다.*

② 이사의 자격

리츠 이사의 자격과 관련하여, 법은 일반 「상법」상 이사의 자격 외에 추가적인 제한을 두고 있다(법 제14조). 이는 리츠 자산 운용의 독립성과 공정성을 확보하기 위한 조치이다. 리츠 이사의 결격사유는 기본적으로 법 제7조의 발기인 결격사유와 동일하다. 이에 더하여, 자산 투자·운용을 위탁한 자산관리회사의 특별관계자, 해당 자산관리회사로부터 계속적으로 보수를 지급받고 있는 사람, 그리고 이들의 배우자 또는 직계존비속은 이해상충의 가능성이 크므로 이사로 선임될 수 없다(법 제14조 및 영 제11조제1항). 만약 이러한 결격사유가 있음에도 이사로 선임되었거나, 선임 후에 결격사유가 발생한 경우에는 그 사유가 발생하거나 밝혀진 날에 당연히 해임된다. 다만, 해임된 이

---

* 이에 대하여 저자들 중에서 일부 저자는 리츠 이사회의 역할을 이원적으로 해석하자는 의견이 있다. 즉, (1) 자산관리회사와의 위탁계약 체결·변경·해지 등 계약 자체에 관한 내용에 대해서는 「상법」상 주식회사의 이사회와 동일한 기능을 수행하되, (2) 계약에 따라 위탁된 자산의 투자·운용에 관해서는 자산관리회사의 전문적 판단을 존중하여 그 결정에 대한 가부를 정하는 감독적 기능에 집중하는 것이 타당하다는 것이다. 이와 같이 역할을 정하더라도, 이사회는 가부 결정권을 통해 자산관리회사에 대한 실질적이고 사전적인 견제가 가능할 것이다. 반면, 리츠의 이사회가 자산의 투자·운용에 대해 주도권을 갖게 되면, 전문성과 독립성을 갖춘 자산관리회사를 통해 투자자를 보호하려는 제도의 취지가 약화되고 사실상 자산관리회사는 자문 또는 실무 보조 역할에 그칠 위험이 있다.

프로젝트리츠로 일하는 법

사가 해임 전에 관여한 행위의 효력은 그대로 유지된다(법 제14조제3항). 법문상 '밝혀진 경우'에 당연 해임된다고만 규정하고 있어 해임의 효력발생시기가 해석상 명확하지 않은 점이 있다. 법문상 해당 사유 발생 시점에 당연히 이사의 자격을 상실한다고 봐야 할 것이지만, 해당 이사의 해임등기가 이루어지기 전까지는, 「상법」 제37조(등기의 효력)에 따라 해당 이사의 이사로서의 행위는 대외적으로 유효하게 취급될 것이다. 입법론적으로는 "해임된다"가 아니라 "지체 없이 해임하여야 한다"가 타당해 보인다.

(2) 법인이사와 감독이사

① 법인이사

위탁관리리츠는 정관으로 정하는 바에 따라 법인이사를 둘 수 있다(법 제14조의3제1항). 따라서 프로젝트리츠가 위탁관리리츠의 형태를 취하는 경우에는 법인이사 제도를 활용할 수 있다. 법인이사는 해당 위탁관리리츠와 자산 투자·운용 위탁계약을 체결한 자산관리회사여야 한다. 이 제도는 투자·운용의 의사결정 주체(리츠 이사회)와 실제 집행 및 책임 주체(자산관리회사)를 일치시켜 책임 소재를 명확히 하고 의사결정의 효율성을 높이기 위해 도입되었다. 법인이사는 자연인이 아니므로, 자연인에게만 적용되는 이사 결격사유에 관한 규정(법 제14조)은 적용되지 않는다(법 제14조의4).

법인이사가 업무를 수행함에 있어 모든 사항을 이사회 결의로 정한다면 제도의 취지가 퇴색될 수 있으므로, 법은 이사회 결의가 필요한 사항을 한정적으로 열거하고 있다. ①자산관리회사 등과의 업무위탁 또는 자산보관계약의 체결, ②투자운용·보관 등에 관한 보수의 지급,

③금전분배 및 주식배당에 관한 사항, ④그 밖에 정관으로 정하는 사항이 그것이다(법 제14조의5제1항). 그 이외의 통상적인 자산운용 관련 업무는 이사회 결의 없이 법인이사가 자신의 책임하에 수행할 수 있다(법 제14조의5제1항 후단).

법인이사는 법인이므로 실제 업무 수행은 그 소속 임직원을 통해 이루어진다. 법인이사는 직무 범위를 정하여 해당 법인에 소속된 임직원 중에서 업무수행자를 선임할 수 있으며(법 제14조의5제3항), 이 업무수행자로 선임된 임직원이 한 행위는 법인이사의 행위로 간주된다(법 제14조의5제4항). 또한, 법인이사는 최소 3개월에 1회 이상 그 업무집행상황 및 자산의 운용 내용을 이사회에 상세히 보고하여야 할 의무를 부담한다(법 제14조의5제5항).

리츠는 펀드와 유사한 집합투자기구이지만, 펀드와 달리 자산관리회사의 투자·운용 결정에 기속되지 않는다. 따라서 최종적인 투자결정은 리츠, 즉 리츠 이사들의 권한이다. 이러한 리츠 이사와 자산관리회사의 관계는 상호 견제를 통해 주주들에게 이익을 주는 장점도 있으나, 현실에서는 위탁관리리츠의 이사가 비상근이고 전문성도 자산관리회사에 비해 낮다는 점 때문에 단순히 거수기 역할에 그치는 경우가 많다. 이러한 점에서 보면, 투자운용의 결정주체와 책임주체를 통일시키는 법인이사제는 나름의 효용성이 있다고 평가할 수 있다.

② 감독이사

리츠가 법인이사를 두는 경우, 일반적인 자연인 이사나 감사를 둘 필요가 없는 대신, 법인이사의 업무집행을 감시하고 견제할 2명 이상의 감독이사를 의무적으로 선임해야 한다(법 제14조의3제2항). 감독

이사는 법인이사에 대한 유일한 내부 감독기구로서 그 역할이 매우 중요하다. 감독이사도 이사의 일종이므로 이사의 자격을 규정한 법 제14조가 적용되며(법 제14조의6제1항), 「상법」상 법인은 이사가 될 수 없으므로 감독이사 역시 자연인이어야 한다.

감독이사는 일반적인 이사의 결격사유에 해당하지 않아야 할 뿐만 아니라, 독립성을 확보하기 위해 더욱 엄격한 자격 요건을 충족해야 한다. ①해당 리츠의 발기인, ②해당 리츠의 이사가 다른 법인의 이사로 있는 경우 그 법인의 상근 임직원, ③해당 리츠의 회계감사인, ④그 밖에 「자본시장법」상 투자매매업자 또는 투자중개업자로서 리츠 주식을 판매하는 사람 및 그 특별관계자는 감독이사가 될 수 없다(법 제14조의6제2항, 영 제12조의2). 또한 감독이사 중 1명 이상은 반드시 공인회계사여야 하며, 공인회계사인 감독이사는 감사의 결격사유(법 제14조의2)에도 해당하지 않아야 한다(법 제14조의6제3항). 이는 재무 및 회계에 대한 전문적 감독을 강화하기 위한 규정이다.

감독이사는 법인이사의 업무집행을 감독할 포괄적인 권한을 가진다(법 제14조의7제1항). 이를 위해 감독이사는 법인이사와 자산보관기관 등에 리츠의 업무 및 재산 상황에 대한 보고를 요구할 수 있다. 나아가 법은 감독이사로 하여금 「상법」상의 감사가 수행하는 대부분의 직무(「상법」 제409조, 제412조, 제412조의3 등)를 수행하도록 하여(법 제14조의7제5항), 사실상 감사의 역할을 대체하도록 하고 있다.

(3) 이사회

법은 리츠의 특수성을 고려하여 이사회 결의사항을 별도로 규정하고 있다(법 제13조). 이는 리츠의 핵심 업무인 부동산 투자 및 운용에 관한 중요 사항을 이사회의 통제 하에 두기 위함이다. 법이 규정하는 이사회 결의사항은 ①부동산의 취득·처분·개발 등 자산 운용에 관한 사항, ②대통령령으로 정하는 일정 금액 이상의 증권 취득이나 처분에 관한 사항, ③차입 및 사채발행에 관한 사항, ④법 제47조에 따른 내부통제기준의 제정·개정 및 준법감시인의 임면에 관한 사항이다. 또한, 이사회 운영의 투명성을 위해 이사는 이사회 개최 7일 전까지 이사회의 개최 일시, 장소 및 안건 등을 감사에게 송부하여야 한다(법 제13조제2항). 그 밖에 이사회의 소집 절차, 결의 방법, 의사록 작성 등 운영에 관한 일반적인 사항은 「상법」에 따른다.

한편, 이사회 결의사항에 관하여도 주주총회의 경우와 마찬가지로 법 제13조가 「상법」에 대한 특칙이므로, 「상법」상의 다른 이사회 결의사항(예: 신주의 발행)은 적용되지 않는다는 견해가 있을 수 있다. 그러나 리츠 또한 「상법」상 주식회사로서의 본질을 가지며, 투자자 보호를 위해서는 이사회의 견제 기능이 충실히 작동해야 한다. 따라서 법 제13조는 리츠의 고유 업무와 관련된 핵심 사항을 명시한 것으로 보고, 법에 위반되지 않는 범위 내에서 「상법」상의 이사회 결의사항도 그대로 적용된다고 해석하는 것이 타당하다.

법인이사 제도를 채택한 경우 이사회 결의사항의 범위는 법 제14조의5제1항에 따라 정해진다. 해당 규정은 법에서 열거한 사항 외에 '정관으로 정하는 사항'을 추가로 이사회 결의사항으로 할 수 있음을 명시하고 있다. 이는 법인이사 제도의 취지가 의사결정의 효율화에 있음에도 불구하고, 정관을 통해 이사회 결의사항을 일반 리츠나 「상법」상 주식회사와 유사한 수준으로 확장할 수 있는 길을 열어두고 있어 해석상 의문이 제기될 수 있다. 현행 규정상 이를 금지하기는 어려워 보이나, 이 경우에도 앞서 살핀 바와 같이 위탁관리리츠의 기관 역할에 관한 법 제22조의2의 취지를 고려하여 자산관리회사의 고유한 업무 영역을 침해하지 않는 범위 내에서 이루어져야 할 것이다.

3. 감사

법인이사 제도를 채택하지 않은 리츠는 「상법」상 주식회사와 마찬가지로 감사를 두어야 한다. 법은 제14조의2에서 감사의 자격, 해임 및 직무에 관한 일부 특칙을 두고 있으며, 이에 정하지 않은 사항은 「상법」의 감사 관련 규정이 적용된다. 다만, 법 제49조제1항은 「상법」상의 감사위원회에 관한 규정의 적용을 명시적으로 배제하고 있으므로, 자산 규모와 무관하게 리츠는 감사위원회를 의무적으로 구성하지 않아도 된다. 법인이사를 두는 경우에는 감독이사가 감사의 역할을 수행하므로 별도의 감사를 두지 않는다.

리츠 감사의 전문성과 독립성을 확보하기 위해 법은 엄격한 자격요건을 요구한다. 리츠의 감사는 반드시 공인회계사여야 하며, ①발기인의 결격사유(법 제7조)에 해당하는 자, ②업무정지 기간 중에 있는 회계법인에 소속된 공인회계사, ③직무정지 기간 중에 있는 공인회계사, ④감사로서의 중립성을 훼손할 수 있는 자로서 대통령령으로 정하는 자는 감사가 될 수 없다(법 제14조의2). 위임 규정에 따라 영 제12조제1항은 해당 리츠의 이사, 주요주주, 해당 리츠와 위탁계약을 체결한 자산관리회사·자산보관기관 등으로부터 계속적으로 보수를 지급받고 있는 사람 등을 결격자로 구체화하고 있다. 이는 감사와 피감사 대상 간의 이해관계를 원천적으로 차단하기 위함이다.

감사의 직무에 관하여 법이 따로 정한 특별한 사항은 없다. 따라서 감사는 「상법」에 따라 이사의 직무 집행을 감사하고, 회사의 업무와 재산상태를 조사하며, 주주총회에 보고하는 등 「상법」상 감사에게 부여된 모든 권한과 의무를 수행한다(「상법」 제412조 등).

프로젝트리츠의 자금 조달

프로젝트리츠는 개발사업을 목적으로 하는 리츠로서, 사업 추진에 필요한 대규모 자금을 안정적으로 확보하는 것이 사업 성공의 핵심 요건이다. 프로젝트리츠의 자금 조달 방식은 기존 리츠와 동일하게 법에 근거하여 타인자본 조달방식인 '차입 및 사채발행'과 자기자본 조달방식인 '증자(주식발행)'로 구분된다. 다만, 개발사업의 특수성을 고려하여 일부 규정에 대한 특례를 적용받는다.

1. 차입 및 사채발행(타인자본 조달)

통상의 리츠는 법에 따라 국토교통부장관의 영업인가를 받거나 등록을 마친 후에 자금을 차입하거나 사채를 발행할 수 있다(법 제29조 제1항). 이는 리츠의 재무 건전성을 확보하고 투자자를 보호하기 위한 최소한의 규제 장치이다. 그러나 신속한 자금 조달이 필수적인 개발사업의 특성을 감안하여, 프로젝트리츠에 대해서는 특례규정을 두고 있다. 즉, 프로젝트리츠는 설립신고가 완료되면 차입 및 사채발행에 한하여 영업인가를 받은 것으로 간주된다(법 제26조의4제6항). 이 특례 덕분에 프로젝트리츠는 영업인가까지 기다릴 필요 없이 설립신고만으로도 즉시 금융기관 차입이나 사채발행을 통해 사업 초기 자금을 조달할 수 있어 사업 추진의 속도를 높일 수 있다.

물론 이러한 특례에도 불구하고, 프로젝트리츠 역시 리츠의 한 종

프로젝트리츠로 일하는 법

류이므로 법에서 정한 일반적인 차입 규제는 그대로 적용받는다. 먼저, 해당 연도의 차입 및 사채발행 계획에 관하여는 사전에 이사회 결의와 주주총회의 일반결의를 거쳐야 한다(법 제12조제1항, 제13조제1항제3호). 또한, 사채를 발행하기 위해서는 정관에 발행 근거가 명시되어 있거나, 정관에 근거가 없는 경우에는 주주총회 특별결의라는 가중된 의사결정 절차를 거쳐야 한다(영 제33조제3항). 한편, 외부 차입이 가능한 금융기관은 영에서 구체적으로 열거하고 있으나, 리츠의 정관이나 주주총회 특별결의를 통해 그 범위를 달리 정할 수 있는 유연성을 부여하고 있다(영 제33조제3항).

　재무 건전성 유지를 위한 차입 규모 제한도 동일하게 적용된다. 원칙적으로 자금차입과 사채발행 총액은 자기자본의 2배를 초과할 수 없다. 다만, 개발사업의 대규모 자금 수요를 고려하여, 「상법」상 주주총회 특별결의 요건을 충족하는 경우에는 예외적으로 자기자본의 10배까지 그 한도를 확대할 수 있다(법 제29조제2항). 이는 엄격한 주주 동의를 전제로 리츠의 레버리지 활용도를 높여 대규모 프로젝트를 원활히 수행할 수 있도록 지원하는 규정이다.

2. 주식발행(자기자본 조달)

(1) 신주발행

　프로젝트리츠는 주식발행, 즉 유상증자를 통해 자기자본을 조달할 수 있다. 법에 따르면 프로젝트리츠는 발기설립 시 3억 원, 설립신고 시 50억 원 이상의 자본금을 확보해야 한다. 그러나 이 최저자본금만으로는 토지 매입, 인허가, 초기 공사비 등 막대한 자금이 소요되는 개발사업을 수행하기에 턱없이 부족하다. 따라서 사업 추진을 위해서는 추가적인 유상증자가 필수적이다. 이와 관련하여 법은 프로젝트리츠가 설립신고를 마친 후에는 기존 주주가 아닌 제3자에게 신주를 배정하는 방식으로 자금을 조달하도록 규정하고 있다(법 제26조의4제5항).

다만, 제3자에게 신주를 발행할 때에는 몇 가지 중요한 제한이 따른다. 첫째, 주식을 불특정 다수에게 청약하는 방식, 즉 공모 방식으로 자금을 모집해서는 안 된다. 둘째, 신규로 참여하는 주주의 수는 「자본시장법」상 사모의 기준인 49인 이하로 제한된다(법 제26조의4제5항, 영 제30조의2제3항). 이는 사업의 불확실성이 높은 개발 단계에서 일반 대중 투자자를 보호하고, 소수의 전문 투자자를 중심으로 사업을 안정적으로 추진하도록 유도하려는 프로젝트리츠의 입법 취지를 반영한 것이다.

또한, 리츠의 운영을 담당하는 자산관리회사와의 이해상충을 방지하기 위한 규제도 존재한다. 신주를 발행할 때, 해당 프로젝트리츠와 자산투자운용 위탁계약을 체결한 자산관리회사 및 그 특별관계자가 발행주식총수의 30% 이상을 취득하거나 최대주주가 되는 행위는 금지된다(법 제22조의4제1항). 만약 자산관리회사가 이 지분 보유 제한을 위반할 경우, 국토교통부장관으로부터 6개월 이내에 초과 보유 주식을 처분하라는 시정명령을 받을 수 있다(법 제22조의4제3항). 이는 자산관리회사가 리츠의 의사결정을 지배하여 전체 주주의 이익이 아닌 자신의 이익을 우선하는 상황을 방지하기 위한 장치이다.

(2) 현물출자를 통한 신주발행

리츠는 금전 외에 부동산이나 부동산 관련 권리를 출자받고 그 대가로 신주를 발행하는 현물출자를 통해서도 자본을 조달할 수 있다. 프로젝트리츠의 경우, 현물출자를 통해 회사를 '설립'하는 것은 금지되지만, 설립신고가 완료된 이후에는 현물출자를 받는 것이 가능하다. 차입과 마찬가지로 현물출자에 관해서도 설립신고를 영업인가로 간주하는 특례(법 제26조의4제6항)가 적용되므로, 영업인가를 전제로 하는 법 제19조의 현물출자 관련 규정이 그대로 적용된다.

따라서 현물출자 대상 자산은 법 제19조에서 정한 부동산, 지상권·임차권 등 부동산 사용권, 신탁 종료 시 신탁재산 전부가 수익자에게 귀속되는 부동산 신탁의 수익권, 부동산 소유권이전등기청구권 등으로 한정된다. 또한, 출자되는 자산의 가액은 공정한 평가를 위해 감정평가법인의 평가를 거쳐야 하며, 「상법」에서 정한 현물출자 검사 절차 등 관련 규정을 모두 준수해야 한다.

(3) 대토보상권 현물출자 인정 여부
① 문제점

프로젝트리츠의 현물출자와 관련하여 '대토보상권'의 현물출자 허용 여부가 문제된다. 대토보상권이란 공익사업으로 인해 토지를 수용당한 소유자가 현금 대신 해당 사업으로 조성된 토지를 받을 수 있는 권리를 말한다. 법은 이미 대토보상권의 현물출자를 기반으로 하는 별도의 리츠 유형(이하 '대토리츠')에 관한 특례를 두고 있다(법 제26조의3).

② 견해의 대립

프로젝트리츠에 대토보상권의 현물출자가 가능하다고 보는 견해는

(i)프로젝트리츠에 대토보상권의 현물출자가 불가능하다고 해석될 직접적인 법률상 근거가 없고, (ii)프로젝트리츠에 현물출자하는 경우 「조세특례제한법」에 따라 양도소득세 과세이연 혜택을 받을 수 있는데, 유독 대토보상권에 대해서만 이를 인정하지 않는 것은 형평에 반한다는 점에 근거한다.

프로젝트리츠에 대토보상권의 현물출자가 허용될 수 없다고 보는 견해는 (i)대토리츠의 경우에는 영업인가를 득하기 전에는 원칙적으로 주식의 양도가 제한되는데 프로젝트리츠로 하게 되면 이러한 제한이 없으므로 대토리츠의 규제를 회피하는 수단이 될 수 있고, (ii)대토보상권을 현물출자하려는 자가 50인 이상이면 프로젝트리츠로 할 수가 없는데, 대토보상권자의 숫자에 따라서 규제가 달라지는 것은 불합리하다는 점에 근거한다. 또한, 프로젝트리츠에도 대토보상권 현물출자를 허용할 경우, 설립 요건이 상대적으로 완화된 프로젝트리츠만 활용되고 정작 대토리츠 제도는 유명무실해질 수 있다는 우려도 제기된다.

③ 저자의 의견

대토보상권의 현물출자의 허용 여부는 「토지보상법」에 근거를 두고 있으므로 「토지보상법」부터 살펴볼 필요가 있다. 「토지보상법」에서는 원칙적으로 대토보상권의 양도를 금지하고 있고, "개발전문 부동산투자회사에 현물출자하는 경우"를 예외로 규정하고 있다(「토지보상법」 제63조제3항). 이 규정은 2010년 4월 5일 「토지보상법」 개정으로 추가된 내용이다. 한편, 법상 개발전문리츠 제도는 2007년 7월 13일 법 개정으로 추가되었다가 2015년 6월 22일 법 개정으로 삭

제되었고, 대토리츠는 2010년 4월 15일 법 개정으로 추가된 내용이다. 그리고, 지금까지 실무상 대토보상권을 당시 법 제26조의2에 따른 개발전문리츠에 출자할 수 있다고 보고 있지 않았고, 법 제26조의3에 따른 대토리츠에만 출자할 수 있다고 보았다.

정리하면, 「토지보상법」상 개발전문리츠는 거의 동일한 시기에 추가된 대토리츠를 의미하는 것으로 보고 운영되어왔으므로, 「토지보상법」상 대토보상권의 현물출자는 대토리츠에게만 허용되는 것이고, 그 후 도입된 프로젝트리츠에까지 허용된다고 해석하는 것이 입법취지에 맞을지는 의문이다. 다만, 「토지보상법」상 용어와 법상의 용어가 명백히 불일치하고, 현물출자 과세이연에 대한 형평의 문제를 고려한다면 대토보상권도 프로젝트리츠에 현물출자할 수 있다고 해석이 변경될 여지도 있다(다만, 「토지보상법」의 개정을 통하여 이 점을 명확히 하는 편이 좋을 것이다).

만약, 대토보상권을 현물출자할 수 있도록 허용한다면, 영 개정을 통하여 일반적인 프로젝트리츠의 설립신고에 비해서는 좀더 엄격한 요건을 요구할 필요가 있을 것이다. 대토리츠는 대토보상권에 따라 보상받기로 한 토지를 개발하는 리츠이므로, 특례 등록 요건으로 "개발사업이 가능한 토지를 공급받을 수 있는 권리를 사업시행자로부터 확보할 것"을 명시하고 있는데(법 제26조의3제1항제4호). 프로젝트리츠의 설립신고 요건에는 이와 같은 요건이 없다. 프로젝트리츠는 사모의 형태로 운영된다는 점에서 투자자 보호의 필요성이 낮지만, 대토보상권의 현물출자자는 프로젝트리츠가 예정하고 있는 일반적인 사모투자자(기관투자자, 시공사, 시행사 등)와 달리 대토보상권을 가진 일반 국민이 될 것이다. 따라서, 이 경우에는 일반적인 프로젝트리츠의 경우보다는 기존 대토리츠 특례등록 수준의 보호가 필요하다고 봄이 타당하고, 이를 영에 반영하는 것이 바람직해 보인다.

결론적으로, 현행법 해석상으로는 대토보상권을 현물출자받는 프로젝트리츠는 곤란할 것으로 보인다. 하지만, 입법론으로는 대토보상권자들의 보호를 위한 안전장치를 마련한다는 전제에서는 프로젝트리츠가 대토보상권을 현물출자받을 수 있도록 허용하는 것이 바람직하다고 생각한다.

3. 증권신고서 등의 제출 의무

「자본시장법」상 '공모'는 50인 이상의 투자자에게 새로 발행되는 증권의 취득 청약을 권유하거나(모집) 이미 발행된 증권의 매도 청약을 하거나 매수 청약을 권유하는 것(매출)을 말한다. 앞서 살펴본 바와 같이, 프로젝트리츠의 신주발행은 신규 주주를 49인 이하로 제한하는 '사모' 방식으로 이루어진다. 따라서 이는 「자본시장법」상 공모에 해당하지 않으므로, 불특정 다수의 투자자 보호를 위해 요구되는 증권신고서 제출 의무가 면제된다. 이로 인해 프로젝트리츠는 복잡한 공시 절차를 생략하고 보다 신속하게 자본을 확충할 수 있다.

프로젝트리츠만 적용하는 세제혜택

프로젝트리츠는 일반적인 리츠의 법적·제도적 틀을 기반으로 하되, 대규모 부동산 개발사업의 특수성을 반영하여 관련 규제를 합리화한 리츠이다. 그 본질은 법에 근거한 리츠이므로, 기존 리츠에 적용되던 일반적인 세제 혜택이 동일하게 적용된다. 대표적으로 대도시 내 부동산 취득 시 부과되는 취득세 중과세율 적용 배제 및 법인 설립·증자

시의 등록면허세 중과 배제(「지방세특례제한법」 제180조의2) 등이 이에 해당한다.

이러한 리츠 일반에 대한 보편적 혜택과 별개로, 오직 프로젝트리츠만을 대상으로 하는 특화된 세제 혜택이 최근 신설되어 시행되었다. 이는 「조세특례제한법」 제97조의9에 규정된 '프로젝트리츠의 현물출자자에 대한 과세특례' 조항으로, 2025년 12월 23일 법률 개정을 거쳐 2026년 1월 2일부터 효력이 발생하였다. 이 제도는 부동산 개발사업의 초기 자본 조달을 원활하게 하고, 개발이익을 토지주 등 다양한 이해관계자와 공유하는 것을 목적으로 한다.

1. 프로젝트리츠의 현물출자 과세이연(「조세특례제한법」 제97조의9)

(1) 도입 배경

리츠에 대한 현물출자 시 발생하는 양도차익에 대한 과세부담을 완화하기 위한 과세이연 제도는 기존에도 존재하였다. 구체적으로 ①「법인세법」 제47조의2는 내국법인이 특정 요건을 갖추어 다른 내국법인에 현물출자하는 경우, 그로 인해 발생하는 양도차익에 대한 법인세 납부를 현물출자로 취득한 주식의 처분 시점까지 이연할 수 있도록 허용하였다. 또한 ②「조세특례제한법」 제97조의8은 내국법인이 영업인가를 받은 공모리츠에 인가일로부터 1년 이내에 현물출자하는 경우, 동일하게 과세이연 혜택을 부여하였다.

그러나 이러한 기존 제도는 현장에서의 활용도가 매우 저조하였다. 그 원인은 다음과 같이 분석된다. 첫째, 출자 주체의 제한이다. 기존 제도는 현물출자자를 '내국법인'으로 한정하여, 부동산을 소유한 다수 주체인 개인이 현물출자를 통해 개발사업에 참여할 유인을 제공하지 못했다. 둘째, 까다로운 적용 요건이다. 「법인세법」상 과세이연은 출자법인이 5년 이상 사업을 계속한 법인이어야 하고, 출자받는 법인(리츠)이 출자된 자산으로 동일한 영업을 계속해야 하는 등 개발사업의 특성과 부합하지 않는 요건을 요구했다. 「조세특례제한법」상 특례 역시 대상을 '공모리츠'로 한정하고 '영업인가 후 1년 이내'라는 시간적 제약을 두어, 사업 초기 단계에서 유연한 자본 조달이 필요한 프로젝트의 현실과 괴리가 있었다. 결과적으로 리츠에 대한 현물출자는 극히 예외적인 경우를 제외하고는 거의 이루어지지 않았다.

프로젝트리츠 제도의 도입은 이러한 한계를 극복하고, 다수의 개인 또는 소규모 법인이 현금뿐만 아니라 토지 등 현물을 출자하여 개발사업의 주체로 참여할 수 있는 길을 열었다. 현물출자는 프로젝트리츠 입장에서 사업 초기 안정적인 자기자본을 확보하고, 다수에게 분산된 도심 내 유휴부지를 단일 사업시행자로 집중시켜 개발을 용이하게 하는 핵심적인 수단이다. 그럼에도 불구하고, 현물출자 시 즉시 과세되는 양도소득세 또는 법인세는 현금 동원력이 부족한 개인 토지주나 소규모 사업체에게는 사실상 넘기 어려운 장벽으로 작용하였다. 이러한 문제점을 해결하여 도심 내 비활성화된 부지를 생산적인 경제활동으로 유도하고, 그 과정에서 발생하는 개발이익을 토지주와 일반국민 투자자가 함께 향유할 수 있는 선순환 구조를 만들기 위해 프로젝트리츠에 특화된 현물출자 과세이연 제도가 도입된 것이다.

(2) 적용 요건
프로젝트리츠 현물출자 과세이연 특례를 적용받기 위해서는 다음의 요건을 모두 충족해야 한다.

① 출자 대상 법인

과세특례의 대상이 되는 법인은 법 제2조제1호나목에 따른 '프로젝트리츠'로서, 법 제22조의3에 따라 국토교통부장관에게 설립신고를 완료한 회사여야 한다. 즉, 일반 리츠나 다른 법인에 대한 현물출자는 이 조항의 적용 대상이 아니다.

② 현물출자자

출자자의 자격에는 개인과 법인을 불문하나, 「소득세법」상 거주자 또는 「법인세법」상 내국법인으로 한정된다. 기존 제도가 내국법인으로 출자자를 제한했던 것과 달리, 개인 토지주 등의 참여를 허용한 것이 이 제도의 가장 큰 특징이자 중요한 개선 사항이다.

③ 현물출자 기한

프로젝트리츠에 대한 설립신고가 수리된 날부터 5년 이내에 현물출자를 완료해야 한다. 다만, 이 특례 조항은 2028년 12월 31일까지 적용되는 일몰규정을 두고 있다. 따라서 현행법상 실제 출자 가능한 기간은 법 시행일(2026. 1. 2.)부터 2028년 12월 31일까지 약 3년에 해당한다. 향후 일몰기한이 연장될 경우 본래의 5년 기한이 의미를 갖게 될 것이나, 현재로서는 2028년 말까지 출자를 마쳐야 혜택을 받을 수 있다. 현물출자의 완료 시점은 출자 대상 재산의 인도와 함께 등기·등록 등 권리 이전에 필요한 서류를 모두 교부한 때로 본다(「상법」 제295조제2항).

위 과세특례를 적용받으려는 현물출자자는 양도소득세 또는 법인세 과세표준 신고 시, 대통령령(추후 제정될 시행령 확인 필요)으로 정하는 바에 따라 과세특례 적용신청서와 관련 증빙서류를 관할 세무서장에게 제출하여야 한다.

(3) 효과: 주식 처분 시점까지 과세이연

상기 요건을 충족하여 현물출자를 한 개인 또는 법인은 출자 시점에 양도차익에 대한 세금{거주자(개인)는 양도소득세, 법인은 법인세)}을 즉시 납부하지 않고, 아래에 명시된 특정 사유가 발생할 때까지 납부를 유예받는다. 이연된 세금은 다음의 사유가 발생했을 때 과세된다.

① 현물출자의 대가로 받은 주식의 일부 또는 전부를 처분하는 경우(증여 및 상속은 제외)

② 현물출자를 받은 프로젝트리츠가 해산하는 경우 (단, 「법인세법」 제44조제2항에 따른 적격합병으로 해산하는 경우는 제외)

③ 프로젝트리츠가 영업인가를 받은 후 5년 이내에 발행주식 총수의 30% 이상을 공모하지 않는 경우 (단, 영업인가 당시 법 제49조의2에 따른 공모예외 요건을 충족하여 공모 의무가 면제된 경우는 제외)

④ 거주자(개인)인 현물출자자가 대가로 받은 주식을 타인에게 증여하거나, 현물출자자가 사망하여 해당 주식이 상속되는 경우

과세 시기가 도래하면, 거주자(개인)는 위 ①, ②, ③의 경우 해당 사유 발생일이 속하는 달의 말일부터 2개월 이내에, ④의 경우 중 증여는 증여일이 속하는 달의 말일부터 3개월 이내, 상속은 상속개시일이

속하는 달의 말일부터 6개월 이내에 이연된 양도소득세를 신고·납부해야 한다. 내국법인은 해당 사유가 발생한 날이 속하는 사업연도의 소득금액을 계산할 때 이연받은 양도차익 상당액을 익금에 산입하여 법인세를 납부한다.

(4) 요건 상실 시: 이자상당액 추가납부(징벌적 과세)

프로젝트리츠의 현물출자자 과세이연 제도는 공모를 통해 부동산 이익을 국민과 공유한다는 공공적 목적을 전제로 부여되는 혜택이다. 따라서 프로젝트리츠가 공모 절차 불이행 등 공공성을 상실하는 행위를 할 경우, 부여했던 세제 혜택을 소급하여 박탈하고 일종의 페널티를 부과한다. 즉, 다음의 사유에 해당하는 경우, 현물출자자는 이연된 세금뿐만 아니라 대통령령으로 정하는 바에 따라 계산한 이자상당가산액을 양도소득세 또는 법인세에 더하여 납부해야 한다.

① 프로젝트리츠가 주식 공모를 이행하기 전에 현물출자자가 주식을 처분한 경우 (단, 영업인가 당시 공모예외 요건을 갖춘 경우는 제외)
② 현물출자를 받은 프로젝트리츠가 법 제22조의4에 따른 설립신고 취소로 인해 해산하는 경우
③ 프로젝트리츠가 영업인가를 받은 후 5년 이내에 발행주식 총수의 30% 이상을 공모하지 않는 경우 (단, 영업인가 당시 공모예외 요건을 갖춘 경우는 제외)

이러한 이자상당액 가산 규정은 현물출자자에게 상당한 재정적 부담을 줄 수 있으므로, 현물출자자는 출자 이후 해당 프로젝트리츠가

공모 의무를 성실히 이행하는지, 설립신고 취소 사유에 해당할 위험은 없는지 등을 면밀히 감독하고 관리할 필요가 있다.

[참고] 리츠 전반에 적용되는 세제 혜택

참고로, 리츠 전반에 공통적으로 적용되는 세제 지원의 주요 내용을 간략히 소개한다. 보다 상세한 내용은 부록(리츠에 적용되는 세제) 부분을 참고하기 바란다.

시간적 순서에 따른 세제혜택

1. 설립 단계: 등록면허세 중과 배제

「지방세법」에 따라 법인이 대도시 내에서 설립되거나 자본금을 증자할 경우, 등록면허세가 표준세율의 3배로 중과된다. 그러나 리츠 산업 육성을 위해 「지방세특례제한법」 제180조의2 제3항은 부동산투자회사(자기관리리츠 제외)에 대해 이러한 중과세율 적용을 배제하도록 규정하고 있다. 이 특례는 2027년 12월 31일까지 한시적으로 적용되며, 리츠의 초기 설립 비용 부담을 크게 완화하는 효과가 있다.

2. 취득 단계: 취득세 중과 배제

리츠는 부동산 취득 시 적용될 수 있는 두 가지 주요 취득세 중과 규정에서 배제 혜택을 받는다.

(1) 과밀억제권역 내 부동산 취득 중과 배제

「지방세특례제한법」 제180조의2에 따라, 리츠가 수도권 과밀억제권역 내에서 부동산을 취득할 때 적용되는 취득세 중과세율(표준세율 + 4%)이 배제된다. 이는 리츠가 도심의 핵심 자산을 매입하는 데 있어 세금 부담을 줄여준다. 단, 법인의 본점 또는 주사무소용 부동산을 신·증축하거나 사치성 재산을 취득하는 경우에는 중과 배제 혜택이 적용되지 않으므로 주의가 필요하다.

(2) 법인의 주택 취득 중과 배제

다주택 법인에 대한 주택 취득세 중과(최대 12%)를 완화하기 위해, 「지방세법시행령」(이하 '영') 제28조의2에서는 특정 요건을 갖춘 리츠가 취득하는 주택을 중과 대상에서 제외한다. 대표적으로 주택도시기금 등이 출자한 공공지원민간임대주택 리츠나 CR리츠가 취득하는 특정 주택 등이 이에 해당하며, 이는 임대주택 공급 활성화 등 정책적 목적 달성에 기여한다.

3. 개발 및 운영 단계: 보유세 및 법인세 혜택

(1) 재산세 분리과세

토지에 대한 재산세는 원칙적으로 소유자별로 합산하여 높은 누진세율이 적용되는 별도합산 또는 종합합산과세 대상이다. 그러나 정책적 목적을 위해 특정 토지는 낮은 단일세율(0.2%)이 적용되는 분리과세 대상으로 별도 규정된다. 「지방세법」 영 제102조에 따라, 공모리츠 및 일정한 요건을 갖춘 공모예외리츠가 목적사업에 직접 사용하는 토지는 분리과세 대상으로 분류된다. 이는 리츠의 보유세 부담을 경감 시켜 안정적인 임대 운영과 장기 투자를 지원하는 혜택이다

(2) 법인세 소득공제(배당소득공제)

리츠는 투자자에게 이익을 배분하는 도관체(Pass-through Entity)로서의 성격이 강하다. 「법인세법」 제51조의2는 이러한 특성을 반영하여, 위탁관리리츠 및 CR리츠가 회계상 배당가능이익의 90% 이상을 주주에게 배당할 경우, 그 배당금액 전액을 해당 사업연도의 소득금액에서 공제할 수 있도록 규정한다. 이 조항은 리츠 단계에서의 법인세 부담을 실질적으로 면제하여 법인 단계와 주주 단계에서 발생하는 이중과세 문제를 해결하고, 투자자에게 높은 배당수익을 제공하는 제도적 기반이 된다.

사업 유형별 세제 혜택

리츠는 투자 대상 부동산의 유형(임대주택, 물류시설, 오피스 등)에 따라 추가적인 맞춤형 세제 혜택을 적용받을 수 있다. 이는 특정 산업 분야의 발전을 유도하기 위한 정책적 지원의 일환이다.

1. 취득 단계: 취득세 감면 및 부가가치세 면세

(1) 취득세 감면

「지방세특례제한법」은 다양한 사업 유형에 맞춰 취득세 감면 규정을 두고 있다. 리츠는 아래와 같은 감면 혜택을 활용하여 초기 투자 비용을 절감할 수 있다. 단, 둘이상의 감면 규정이 동시에 적용될 경우 감면액이 큰 하나만 적용되는 중복 적용 배제 원칙에 유의해야 한다.

주요 사업 유형별 취득세 감면 내용은 다음과 같다.

① 먼저 공통적으로, 「지방세특례제한법」 제47조의2에 따라 녹색건축 인증을 받은 건축물은 인증 등급에 따라 취득세의 5%에서 20%까지 경감받을 수 있으며, 이 혜택은 2026년 12월 31일까지 유효하다.

② 임대주택의 경우, 제31조에 따른 공공임대주택과 제31조의3에 따른 장기일반 민간임대주택은 전용면적 60㎡ 이하 주택 취득 시 취득세가 면제되는 등 혜택이 있으며, 일몰 기한은 2027년 12월 31일이다.

③ 호텔의 경우, 제54조에 의거하여 관광단지 내 부동산을 취득하면 지방자치단체 조례에 따라 10%에서 40%까지 경감받을 수 있고, 이 규정은 2028년 12월 31일까지 적용된다.

④ 물류시설은 제71조 및 제78조에 따라 물류단지나 산업단지 내 부동산 취득 시 지역에 따라 15%에서 50%까지 경감되며,

⑤ 오피스는 제58조의2에 따라 지식산업센터 취득 시 지역별로 15%에서 35%까지 경감된다. 물류시설과 오피스에 대한 감면 혜택의 일몰 기한은 모두 2028년 12월 31일이다.

(2) 부가가치세 면세

국민의 주거 안정과 필수 재화 부담 완화를 위해 「부가가치세법」 및 「조세특례제한법」은 특정 재화·용역 공급에 대해 부가가치세를 면제한다. 리츠 사업과 관련하여 주로 적용되는 면세 항목은 다음과 같다.

① 토지의 공급 (「부가가치세법」 제26조): 토지 매각 시 부가가치세가 면제된다.

② 주택과 부수토지의 임대 용역 (「부가가치세법」 제26조): 주택 임대소득은 부가가치세 면세 대상이다.

③ 국민주택(전용 85㎡ 이하) 및 그 건설용역의 공급 (「조세특례제한법」 제106

조): 국민주택 규모의 주택을 분양하거나 건설할 경우 부가가치세가 면제되어 분양가 인하 효과를 가져온다.

2. 개발 및 운영 단계: 재산세 감면 등

(1) 재산세 과세대상 구분 특례

리츠 전반에 적용되는 분리과세 혜택 외에도, 특정 사업용 토지는 「지방세법시행령」에 따라 별도합산과세 또는 분리과세 대상으로 분류되어 세 부담이 완화된다. 예를 들어, 물류단지 내 토지, 주택건설사업자가 사업계획 승인을 받은 토지, 지식산업센터용 토지 등이 이에 해당한다.

(2) 재산세 감면

「지방세특례제한법」은 임대주택, 물류시설 등 특정 목적의 부동산에 대해 재산세 감면 혜택을 제공한다. 이는 장기적인 보유 부담을 줄여 사업의 지속가능성을 높이는 데 기여한다. 주요 사업 유형별 재산세 감면 내용은 다음과 같다.

① 임대주택의 경우, 「지방세특례제한법」 제31조에 따른 공공임대주택은 임대 기간 및 면적에 따라 재산세의 25%에서 100%까지 감면되며, 제31조의3에 따른 장기일반민간임대주택은 면적 등에 따라 50%에서 100%까지 감면된다. 두 혜택 모두 2027년 12월 31일까지 적용된다.

② 물류시설의 경우, 제71조 및 제78조에 따라 물류단지나 산업단지 내 부동산은 지역에 따라 5년간 재산세의 15%에서 60%까지 경감받을 수 있다.

③ 오피스의 경우, 제58조의2에 의거하여 지식산업센터는 최초 5년간 15%에서 35%의 경감 혜택을 받는다. 물류시설과 오피스에 대한 재산세 감면 혜택의 일몰 기한은 모두 2028년 12월 31일이다.

※ 재산세 감면 적용 시, 취득세와 마찬가지로 중복 감면 배제 원칙 및 지자체 조례 등을 종합적으로 검토해야 한다.

3. 처분 단계: 법인세 및 부가가치세 특례

자산 처분 단계에서도 특정 사업 유형에 대한 세제 지원이 이루어진다. 「법인세법시행령」 제92조의2는 민간임대주택 또는 공공임대주택으로 등록하여 일정 기간 임대한 주택을 양도할 경우, 토지 등 양도소득에 대한 추가과세 대상에서 제외한다. 또한, 국민주택 규모를 초과하는 임대주택을 매각하는 경우에도 부가가치세 면세 대상에 해당한다.

투자자에 대한 과세특례

리츠 투자를 활성화하기 위해, 리츠로부터 배당을 받거나 주식을 처분하는 투자자에게도 다양한 세제 혜택이 제공된다. 과세 방식은 투자자의 유형(법인, 개인 등)에 따라 달라진다.

1. 투자자 유형별 과세 방법

(1) 법인 투자자

법인 투자자가 리츠로부터 수령한 배당소득과 주식 처분 손익은 각 사업연도 소득에 합산되어 법인세가 과세된다. 리츠가 「법인세법」 제51조의2에 따른 소득공제를 적용받았으므로, 해당 리츠로부터 받은 배당금은 법인 투자자 단계에서 수입배당금 익금불산입 규정이 적용되지 않아 이중과세 조정이 배제된다.

(2) 개인 투자자

개인 투자자가 리츠로부터 받는 배당소득은 15.4%(지방소득세 포함)의 세율로 원천징수된다. 연간 금융소득(이자+배당)이 2,000만원을 초과하는 경우 다른 소득과 합산하여 종합소득세로 신고해야 한다. 주식 양도소득은 대주주 여부, 중소기업 여부 등에 따라 10~45%의 차등 세율로 과세된다.

2. 투자자 대상 주요 조세특례

(1) 공모리츠 배당소득 분리과세

개인 투자자의 리츠 투자를 장려하기 위한 가장 대표적인 혜택이다. 「조세특례제한법」 제87조의7에 따라, 거주자가 공모리츠 또는 공모 부동산펀드에 2026년 12월 31일까지 투자하는 경우, 투자금액 5,000만원 한도 내에서 발생하는 배당소득에 대해 3년간 9.9%(지방소득세 포함)의 낮은 세율로 분리과세를 적용받을 수 있다.

(2) 프로젝트리츠 현물출자 과세이연

앞에서 설명하였으므로. 생략한다.

프로젝트리츠의 공모와 주식분산

프로젝트리츠는 특정 부동산 개발사업을 효율적으로 수행하기 위해 도입된 제도로서, 사업 기간 중에는 일반적인 리츠에 적용되는 여러 규제로부터 특례를 인정받는다. 이러한 특례는 프로젝트리츠가 본연의 목적인 개발사업에 집중할 수 있도록 유연성을 부여하기 위함이다. 그러나 이러한 특례는 영구적으로 적용되는 것이 아니며, 개발사업이 완료되는 시점까지만 한시적으로 유효하다. 따라서 프로젝트리츠가 개발사업을 완료하고 영업인가를 득한 이후에는 더 이상 특례 적용 대상이 아니므로, 일반적인 리츠와 동일한 법적 지위에서 각종 의무를 부담하게 된다. 그중 가장 핵심적인 의무가 바로 일반 투자자들을 대상으로 하는 주식의 공모(公募) 의무와 1인 주주의 지분 소유를 제한하는 주식분산(株式分散) 의무이다. 이는 리츠 제도의 근본 취지인 소액 투자자들의 부동산 투자 기회 확대 및 안정적 수익 제공이라는 공익적 목적을 달성하기 위한 필수적인 장치이기 때문이다.

1. 프로젝트리츠의 공모 의무 발생 시기

(1) 개발단계

프로젝트리츠의 공모 의무 발생 시점을 이해하기 위해서는 먼저 개발사업 기간 동안 적용되는 공모 금지 규정을 살펴보아야 한다. 법 및 영에 따르면, 프로젝트리츠는 설립 초기 단계에서 주식을 발행할 때 기존 주주가 아닌 제3자에게 신주를 배정하려는 경우, 불특정 다수를 대상으로 하는 일반의 청약에 제공하는 방식(즉, 공모)이 원천적으로 금지된다(영 제30조의2 제3항). 이는 개발사업의 불확실성이 높은 단계에서 일반 투자자들이 충분한 정보 없이 투자에 참여하여 발생할 수 있는 손실을 방지하고, 사업 초기 단계의 자금 조달을 사모(私募) 방식으로 안정적으로 진행하도록 유도하기 위한 취지이다. 이러한 공모 금지 원칙은 프로젝트리츠가 개발사업을 완료하고 안정적인 운영 단계로 진입하기 전까지 유지된다.

(2) 개발 완료 후 운영단계

개발사업이 완료되면 프로젝트리츠는 새로운 국면을 맞이한다. 법은 설립신고를 한 프로젝트리츠에 대하여 해당 부동산 개발사업의 사용승인·준공검사 등을 받은 날부터 1년 6개월 이내에 영업인가를 받거나 등록을 하도록 의무를 부과하고 있다(법 제26조의4 제4항, 영 제30조의2 제2항). 이 규정은 개발사업이라는 한시적 목적을 달성한 프로젝트리츠가 무기한으로 특례 상태에 머무르는 것을 방지하고, 조속히 일반 리츠로 전환하여 정상적인 규제 체계 내로 편입시키기 위한 장치이다. 영업인가 또는 등록 절차를 통해 국토교통부는 개발사업의 완료 여부, 향후 사업계획의 타당성, 자산가치의 적정성 등을 종합적으로 심사하게 된다.

이처럼 영업인가를 받거나 등록을 마친 프로젝트리츠는 일반 리츠와 동일한 지위에서 공모 의무를 부담하게 된다. 법은 영업인가를 받거나 등록을 한 리츠는 그날부터 5년 이내에 발행하는 주식 총수의 100분의 30 이상을 일반의 청약에 제공해야 한다고 규정하고 있다. 따라서 프로젝트리츠의 공모 의무 이행 기간은 원칙적으로 '영업인가를 받거나 등록을 한 날'부터 기산하여 5년 이내가 된다. 이 기간 내에 리츠는 공모를 통해 주주 구성을 다변화하고 소액 투자자들의 참여를 유도해야 한다.

(3) 법 해석상 논란

그러나 이와 관련하여 법 규정의 해석상 논란의 소지가 있는 부분이 존재한다. 법 제14조의8제2항은 공모 의무 발생 시점의 기산일에 관한 예외 규정을 두면서, "법 제12조제1항제4호의2에 따른 투자비율이 100분의 30을 초과하는 부동산투자회사의 경우에는 그가 투자한 부동산 개발사업에 관하여 관계 법령에 따른 사용승인·준공검사 등을 받은 날"을 공모 의무 발생 시점의 기산일로 규정하고 있다. 이 조항의 문언만 보면, 부동산 개발사업 비율이 30%를 초과하는 모든 리츠, 즉 프로젝트리츠를 포함한 개발 전문 리츠는 영업인가·등록일이 아닌 '사용승인·준공검사일'을 기준으로 공모 의무 이행 기간을 산정해야 한다는 주장이 제기될 수 있다.

하지만 이러한 해석은 법 체계 전반과 입법 취지를 고려할 때 타당하지 않다.

첫째, 해당 규정은 일반적인 리츠가 개발사업에 투자하는 경우를 상정한 것으로, 설립부터 개발사업 완료까지 특례가 적용되는 프로젝트리츠에 관한 별도의 규정(법 제26조의4 등)과 충돌한다. 프로젝트리츠는 개발사업 완료 후 영업인가를 받아야 비로소 일반 리츠로서의 법적 지위를 획득하므로, 영업인가 이전에 공모 의무가 발생한다고 보는 것은 논리적으로 모순이다.

둘째, 입법 취지 측면에서 볼 때, 공모는 불특정 다수의 투자자 보호를 전제로 하므로 국토교통부가 개발사업의 성공적 완료와 향후 사업계획의 적정성 등을 심사하여 '영업인가'라는 공신력을 부여한 이후에 이루어지는 것이 타당하다. 만약 사용승인·준공검사일 직후부터 공모 의무가 발생한다면, 아직 국토교통부의 검증을 거치지 않은 불

완전한 상태에서 일반 투자자에게 주식이 공급될 위험이 있다. 따라서 프로젝트리츠의 공모 의무 기산일은 법문의 형식적 해석에 얽매일 것이 아니라, 제도의 취지와 체계적 정합성을 고려하여 '영업인가 또는 등록일'부터 5년 이내로 해석하는 것이 합리적이다.

2. 공모예외 요건 적용

(1) 공모예외의 두 가지 요건

프로젝트리츠가 개발사업을 완료하고 영업인가 또는 등록을 받아 일반 리츠로 전환되면 원칙적으로 공모 의무를 부담하지만, 모든 경우에 공모가 강제되는 것은 아니다. 법은 일정한 요건을 갖춘 리츠에 대하여 공모 의무를 면제하는 예외 규정을 두고 있으며, 프로젝트리츠에서 전환된 리츠 역시 이러한 예외 요건을 충족하면 공모를 하지 않을 수 있다. 법 제14조의8제3항에 규정된 공모예외 요건은 크게 두 가지로 나뉜다.

첫째, 국민연금공단 등 영으로 정하는 기관 투자자들이 단독 또는 공동으로 인수하거나 매수한 주식의 합계가 해당 리츠의 발행주식 총수의 100분의 50을 초과하는 경우이다. 이는 국민연금, 각종 공제회 등 공적 성격이 강한 기관투자자들이 이미 다수의 국민으로부터 자금을 위탁받아 운용하고 그 이익을 분배하는 주체라는 점에 착안한 규정이다. 즉, 이러한 기관투자자들이 주요주주로 참여하는 리츠는 실질적으로 공모를 통해 소액 주주를 모집한 것과 유사한 공익적 효과를 달성하고 있다고 보아, 별도의 공모 절차를 강제하지 않는 것이다.

둘째, 리츠 총자산의 100분의 70 이상을 임대주택으로 구성하여 운용하는 경우이다. 이는 서민 및 중산층의 주거 안정을 도모하기 위한 정책적 목적으로, 임대주택 공급이라는 공익에 기여하는 리츠에 대해서는 공모 의무를 면제하여 사업의 안정성과 지속성을 지원하려는 취지이다. 따라서 개발사업을 완료한 프로젝트리츠가 이러한 공모 예외 요건 중 하나를 충족하고 있다면, 별도의 공모 절차를 이행할 필요가 없다.

(2) 공모예외 요건 유지 관련 논란

그런데 여기서 실무적으로 매우 중요한 쟁점이 발생한다. 만약 영업인가 또는 등록 당시에는 공모예외 요건을 충족하였으나, 그 이후 주주 구성의 변경(예: 기관 투자자의 지분 매각)이나 자산 구성의 변화(예: 임대주택 매각)로 인해 예외 요건을 더 이상 충족하지 못하게 된 경우, 면제되었던 공모 의무가 다시 부활하는지에 관한 문제이다. 이는 프로젝트리츠에 국한된 문제가 아니라 공모예외를 적용받는 모든 일반 리츠에서 공통으로 발생할 수 있는 법적 공백 상태이며, 이에 대한 명문 규정이 없어 해석상 논란이 지속되고 있다.

이 문제에 대하여는 다음과 같이 여러 견해가 대립한다.

① '영구 면제설'이다. 이 견해는 영업인가 시점 또는 공모 의무 유예기간(5년) 내에 단 한 번이라도 공모예외 요건을 충족했다면, 그 이후 사정 변경이 있더라도 공모 의무는 영구적으로 면제된다고 본다. 법적 안정성을 중시하는 입장이다.

② '의무 부활설'이다. 이 견해는 공모예외의 근거가 소멸하였으므로 면제되었던 공모 의무가 즉시 부활한다고 본다. 다만, 이 견해 내에서도 의무 이행 시점에 관하여는 '요건 미충족 즉시 이행

해야 한다'는 견해와 '일정한 유예기간을 부여해야 한다'는 견해로 나뉜다.

③ '유예기간 경과 후 판단설'이다. 이 견해는 공모 의무 유예기간(5년)이 종료되는 시점까지 공모예외 요건을 유지했다면 의무가 면제된 것으로 확정되고, 그 이후에 요건을 상실하더라도 공모 의무가 발생하지 않는다고 본다. 반면, 유예기간 중에 요건을 상실하면 공모 의무가 부활한다고 해석한다.

현재 실무상으로는 명확한 규정이 부재하다는 점을 고려하여, 일단 공모 의무 유예기간(5년)이 경과한 후에는 사후적으로 공모예외 요건을 충족하지 못하게 되더라도 공모 의무가 다시 발생하지 않는 것으로 처리하는 경향이 있다. 이는 이미 법에서 정한 의무 이행 기간이 지났으므로 새로운 의무를 부과하기 어렵다는 해석에 기반한다.

다만, 이러한 해석이 악용될 소지를 차단하기 위해 국토교통부는 변경인가 심사 시, 향후 주주 구성 변경 등으로 공모예외 요건을 충족하지 못하게 될 것으로 예상되는 경우에는 사전에 국토교통부와 협의하도록 하는 등의 조건을 부가하여 편법적인 운용 가능성을 통제하고 있다.

생각건대, 공모예외 제도의 입법 취지를 중심으로 판단하는 것이 타당하다. 공모예외 리츠는 연기금 등 기관 투자자의 참여를 통해 이미 다수로부터 자금을 모아 운용하고 그 이익을 다수에게 배분하는, 즉 '실질적 공모 효과'를 달성하고 있기에 공모를 강제하지 않는 것이다. 이러한 제도의 근본 취지를 고려할 때, 일단 영업인가 시점에 공모예외 요건을 충족하여 그 정당성을 인정받았다면, 추후 사정 변경으로 요건을 상실하였다고 하여 소급적으로 공모 의무가 부활한다고 해석하기는 어렵다. 법적 안정성과 예측 가능성을 위해서도 한 번 면제된 의무는 확정적인 것으로 보는 것이 바람직할 것이다.

3. 주식분산 의무 발생 시기

(1) 주식분산 의무와 그 예외

주식분산 의무는 공모 의무와 함께 리츠 제도의 공공성을 담보하는 핵심적인 규제이다. 법 제15조제1항은 "주주 1인과 그 특별관계자는 주식의 공모를 한 후에는 발행주식 총수의 100분의 50을 초과하여 주식을 소유하지 못한다"고 규정하여 1인 주주의 지배력 행사를 제한하고 있다. 여기서 '특별관계자'란 본인과 특수한 관계에 있는 개인이나 법인을 포괄하는 개념으로, 실질적인 지배력 확장을 방지하기 위한 장치이다. 또한, 소유 제한의 기준이 되는 '발행주식 총수'는 의결권의 유무와 관계없이 발행된 모든 종류의 주식을 포함하는 개념이므로, 의결권 없는 우선주 등을 통해 규제를 우회하는 것을 막고 있다. 이 의무는 리츠가 공모를 '완료한 후'에 발생하는 것으로, 소유 구조의 건전성을 확보하고 소액 주주들의 권익을 보호하기 위한 사후적 규제 장치이다.

물론 주식분산 의무에도 예외는 존재한다. 공모 의무 예외 사유와 유사하게, 법은 특정 주주나 특정 목적의 리츠에 대해서는 주식분산 의무의 적용을 배제하고 있다. 법 제16조제1항 및 제3항에 따르면, 국민연금공단 등 영(영 제13조제1항)으로 정하는 공적 성격의 기관 주주나, 총자산의 100분의 70 이상을 임대주택으로 보유한 리츠에 대하여는 50% 초과 소유 제한 규정이 적용되지 않는다. 이는 해당 주주나 리츠가 이미 공익적 목적을 수행하고 있음을 감안한 정책적 배려이다.

(2) 위반에 대한 제재

법은 주식분산 의무를 위반했을 경우에 대한 제재 조치도 명확히 규정하고 있다. 만약 주식분산 의무 적용이 배제되는 주주나 리츠가 아님에도 불구하고, 1인 주주와 그 특별관계자가 주식 공모 후 발행주식 총수의 50%를 초과하여 주식을 소유하는 경우, 그 초과분에 대한 의결권 행사가 제한된다(법 제15조제2항). 이는 위법한 지분 보유를 통해 리츠의 의사결정을 왜곡하는 것을 방지하기 위함이다. 또한, 국토교통부장관은 해당 주주에게 6개월 이내의 기간을 정하여 50%를 초과하는 주식을 처분하도록 명할 수 있다(법 제15조제3항). 이는 위법 상태를 시정하기 위한 강력한 행정적 조치이다.

특히, 현물출자(현금 대신 부동산 등 실물자산으로 출자)로 인해 비자발적으로 50%를 초과하는 주식을 취득하게 된 경우에는 일반적인 주식 매수와는 다른 특수성을 고려하여 별도의 규정을 두고 있다. 이 경우 국토교통부장관은 현물출자에 따른 주식 발행일부터 1년 이상 1년 6개월 이하의 기간을 정하여 초과 주식의 처분을 명할 수 있다(법 제15조제4항). 이는 현물출자자가 시장에 급격한 충격을 주지 않으면서 보유 주식을 안정적으로 매각할 수 있도록 충분한 기간을 부여하기 위한 합리적인 조치이다.

(3) 프로젝트리츠에 적용

이러한 주식분산 의무 규정은 프로젝트리츠에도 동일하게 적용된다. 프로젝트리츠의 주주 역시 개발사업 완료 후 영업인가·등록을 받고 공모 절차를 완료하게 되면, 그 시점부터 주식분산 의무를 부담하게 된다. 따라서 공모 완료 후에는 1인 주주와 특별관계자의 지분 합계가 50%를 초과하지 않도록 지분 구조를 조정해야 한다. 다만, 앞서 설명한 바와 같이 해당 프로젝트리츠가 국민연금공단 등을 주요 주주로 두거나 임대주택을 70% 이상 보유하는 등 주식분산 의무의 예외 요건에 해당하게 되면, 50% 초과 소유 제한 규정의 적용이 배제되어 이러한 의무로부터 자유로워질 수 있다.

모자구조 프로젝트리츠의 가능성

리츠는 법에 따라 설립된 주식회사로서, 일반적인 「상법」상 회사와 동일하게 기업 활동의 유연성과 효율성 제고를 위해 자회사를 설립·운영할 수 있다. 「상법」 제342조의2제1항은 "다른 회사(이하 '자회사'라 한다)의 발행주식총수의 100분의 50을 초과하는 주식을 가진 회사"를 모회사로 정의하고 있다. 이 규정에 근거하여, 리츠 역시 다른 회사의 의결권 있는 발행주식 총수의 과반을 취득함으로써 해당 회사를 지배하는 모회사의 지위를 가질 수 있다. 이러한 모자구조는 리츠가 특정 사업 부문을 분리하여 전문적으로 관리하거나, 사업 위험을 분산시키는 등 전략적 목적을 달성하기 위한 유용한 경영 수단이 된다.

1. 리츠의 모자구조

다만, 리츠는 그 공공성과 투자자 보호의 필요성으로 인해 일반 주식회사와는 다른 특별한 규제를 받는다. 법은 리츠가 본질적인 부동산 투자 및 운용 업무에서 벗어나 무분별한 기업 지배나 투기적 증권 투자에 집중하는 것을 방지하기 위해 자회사 소유에 관한 엄격한 제한을 두고 있다. 법 제27조제1항은 원칙적으로 리츠가 다른 회사의 의결권 있는 발행주식 총수의 10%를 초과하여 취득할 수 없도록 규정한다. 이는 리츠의 자산이 부동산 및 부동산 관련 증권에 안정적으로 투자되도록 유도하고, 특정 회사에 대한 과도한 지배력 행사를 통해 발생할 수 있는 이해상충 및 위험 전이 문제를 사전에 차단하려는 입법 취지를 반영한다. 만약 리츠가 이 규정을 위반하여 주식을 취득한 경우, 법 제27조제2항에 따라 그 초과분을 처분해야 할 의무를 부담하므로, 원칙적으로는 영속적인 형태의 자회사를 둘 수 없다.

그러나 법은 리츠의 부동산 개발 및 운용 효율성을 제고하기 위해 필요한 경우에 한하여 예외적으로 자회사 설립을 허용하고 있다. 법 제27조제1항의 단서 조항들(제1호, 제4호의2, 제5호 등)은 주식 취득한도(10%룰)의 적용을 배제하는 경우를 명시적으로 열거한다.

구체적으로, ①특정 부동산을 개발하기 위해 존립기간을 정하여 설립된 회사(「조세특례제한법」에 따른 프로젝트금융투자회사, 즉 PFV), ②리츠가 소유한 부동산을 임차하여 「관광진흥법」에 따른 관광숙박업 등을 영위하는 회사, ③다른 리츠, 부동산펀드, 「사회기반시설에 대한 민간투자법」에 따른 민간투자사업법인 등 부동산 관련 투자기구의 경우에는 10% 주식 취득 한도의 제한을 받지 않는다. 따라서 리츠는 이러한 특정 목적을 가진 회사들의 지분을 50% 초과하여 취득함으로써 합법적으로 자회사로 편입하고, 이를 통해 사업을 영위할 수 있다. 이는 리츠가 부동산 개발, 임대 운영, 간접투자 등 다양한 사업을 보다 전문적이고 효율적으로 수행할 수 있도록 지원하는 제도적 장치이다.

2. 프로젝트리츠의 모자구조(간접 개발)

프로젝트리츠는 부동산 개발사업을 원활히 수행할 수 있도록 기존 리츠에 적용되던 일부 규제를 완화한 특수한 형태의 리츠이다. 법 제26조의4제3항에 따르면, 프로젝트리츠는 국토교통부장관에게 설립 신고를 함으로써 부동산 개발사업의 범위 내에서 증권에 대한 투자가 가능하다. 이는 프로젝트리츠가 단순히 토지를 매입하여 건물을 신축하는 직접 개발 방식에만 국한되지 않음을 의미한다. 상기한 일반 리츠의 모자구조 논리는 프로젝트리츠에도 그대로 적용된다. 즉, 프로젝트리츠는 증권 투자 권한을 활용하여 다른 개발사업 주체(다른 리츠, PFV, 개발사업법인 등)의 지분을 인수하는 간접적 방식으로 개발 사업을 수행할 수 있다. 특히 이들 회사의 지분을 50% 초과하여 취득하는 경우, 해당 회사들을 자회사로 두는 모자구조 형태의 사업 추진이 가능하다.

이러한 간접개발 방식은 프로젝트리츠가 대규모 복합개발사업이나 다수의 프로젝트를 동시에 추진할 때 유용하다. 각 프로젝트별로 특수목적법인(SPC) 형태의 자회사를 설립하여 사업을 진행함으로써, 모회사인 프로젝트리츠는 전체 사업 포트폴리오를 관리하고 자금을 조달하는 역할에 집중할 수 있다. 또한, 각 자회사는 특정 프로젝트에 대한 전문성을 강화하고, 해당 프로젝트에서 발생하는 법적·재무적 위험을 모회사 및 다른 자회사로부터 절연(Ring-fencing)시키는 효과를 얻을 수 있다.

다만, 프로젝트리츠의 증권 투자는 무제한적으로 허용되는 것이 아니다. 법 제26조의4제3항 단서는 그 투자가 "부동산 개발사업에 필요한 범위"로 한정됨을 명확히 하고 있다. 따라서 프로젝트리츠는 부동산 개발과 무관한 일반 상장주식에 투자하거나, 개발사업을 수행하지 않는 일반 회사의 경영권을 인수할 목적으로 지분을 취득할 수 없다. 이는 프로젝트리츠 제도의 도입 취지가 '개발사업 촉진'에 있음을 재확인하는 규정으로, 프로젝트리츠의 자금이 본래 목적에 맞게 사용되도록 통제하는 역할을 한다.

(1) 모회사의 프로젝트리츠 규제 특례 적용

프로젝트리츠가 직접 토지를 매입하여 개발사업을 시행하지 않고, 자회사에 대한 지분투자를 통해 간접적으로 개발사업을 수행하는 경우, 프로젝트리츠에 부여된 규제 특례의 적용 범위와 기간이 중요한 법적 쟁점으로 부상한다. 프로젝트리츠는 개발 기간 동안 공모 의무, 주식분산 의무, 1인당 주식소유 한도 등의 규제에서 유예받는 혜택을 누린다.

이러한 특례는 개발사업의 완료 시점을 기준으로 종료되고, 이후 일반 리츠와 동일한 규제를 적용받게 된다. 따라서 간접개발 구조에서 '개발사업의 완료' 시점을 언제로 볼 것인지가 규제 적용의 기산점을 결정하는 핵심 요소가 된다. 특히 모회사인 프로젝트리츠가 다수의 개발 자회사를 지배하는 복합적인 구조에서는 그 해석이 더욱 복잡해진다.

(2) 자회사가 1개인 경우

모회사인 프로젝트리츠가 단 하나의 개발 자회사를 두고 간접개발을 진행하는 경우, 법리 해석은 비교적 명확하다. 이 구조에서 모회사의 개발사업은 실질적으로 자회사를 통해 구현되므로, 양자의 사업은 운명공동체적 성격을 띤다. 따라서 자회사가 수행하는 개발사업이 준공 등의 절차를 거쳐 실질적으로 완료되면, 이는 곧 모회사인 프로젝트리츠의 개발사업도 완료된 것으로 간주하는 것이 타당하다. 그 결과, 자회사의 개발사업 완료 시점부터 법 제26조의4제4항 및 영 제30조의2제2항에 따라 18개월 이내에 영업인가를 받거나 등록을 마쳐야 하는 의무가 발생한다. 또한, 영업인가·등록일로부터 5년 이내에 공모 의무와 주식분산 의무를 이행해야 한다.

(3) 자회사가 여러 개인 경우

프로젝트리츠가 다수의 자회사(예: 여러 개의 PFV 또는 다른 프로젝트리츠)를 통해 복수의 개발사업을 동시에 또는 순차적으로 진행하는 경우, 모회사의 개발 완료 시점을 언제로 확정할 것인지에 대해 논란이 있을 수 있다. 예를 들어, A, B, C 세 개의 자회사가 각각 다른 개발사업을 수행할 때, A 자회사의 사업이 먼저 완료되었다고 해서 모회사인 프로젝트리츠의 개발사업 전체가 완료되었다고 볼 수 있는지가 문제된다.

이 경우, 프로젝트리츠가 직접 여러 개의 개발사업을 수행하는 상황과 비교하여 해석하는 것이 합리적이다. 만약 프로젝트리츠가 지분투자가 아닌 직접 방식으로 다수의 개발사업을 시행했다면, 모든 개별 사업이 완료된 시점을 기준으로 영업인가·등록 의무가 발생했을 것이다. 이러한 논리를 간접개발 구조에 유추 적용하면, 모회사인 프로젝트리츠의 개발사업 완료 시점은 '모든 자회사의 개발사업이 완료된 때'로 보아야 한다. 따라서, 프로젝트리츠가 기존 자회사의 사업이 완료된 후에도 새로운 개발사업을 수행하는 리츠나 PFV 등에 지속적으로 지분투자를 하는 한, 프로젝트리츠의 '개발사업 기간'은 계속 이어지는 것으로 해석할 수 있다. 이는 프로젝트리츠가 장기적이고 연속적인 개발 플랫폼으로서 기능할 수 있도록 허용하는 해석이며, 제도의 실효성을 높이는 방향이다. 즉, 마지막 자회사의 개발사업이 종료되기 전까지는 프로젝트리츠에 적용되는 규제 특례가 계속 유지된다고 보는 것이 타당하다.

이러한 형태의 프로젝트리츠는 '개발사업 완료 후 개발이익 취득'을 목적으로 하는 투자 플랫폼으로서의 성격이 강하다. 따라서 규제 특례의 종료 시점, 즉 영업인가·등록 의무가 발생하는 시점은 프로젝트리츠가 투자한 '모든' 개발사업이 완료되는 때로 보는 것이 논리적으로 타당하다. 만약 일부 사업이 완료되었다고 해서 의무가 발생한다면, 아직 진행 중인 다른 사업에 대한 투자를 지속하기 어려워져 제도의 활용성이 크게 저하될 것이기 때문이다.

3. 손자회사의 구조

리츠의 지배구조가 더욱 복잡해지는 손자회사 구조의 허용 여부도 실무상 중요한 쟁점이 될 수 있다. 예를 들어, 특정 회사(C)가 직접 개발사업을 수행하고, 그 회사의 지분 50%를 초과하여 소유한 중간지주회사 성격의 회사(B)가 있으며, 다시 이 B회사의 지분 50%를 초과하여 소유한 리츠(A)가 있을 때, 이 리츠 A를 프로젝트리츠로 인정할 수 있는지의 문제가 제기된다.*

이론적으로 볼 때, 이 구조의 핵심 쟁점은 리츠 A가 투자한 대상인 B회사의 지분을 법상 '부동산 개발사업에 필요한 증권 투자'로 볼 수 있는지 여부이다. 프로젝트리츠의 자회사인 B는 직접 개발사업을 하지 않고, 단지 개발 주체인 C회사의 지분을 보유하는 역할만 수행한다. 따라서 A의 B에 대한 투자가 법적 요건을 충족하려면, B가 보유한 C의 지분 역시 법 및 영의 규정에 따라 '부동산' 또는 '부동산 관련 권리'로 의제될 수 있어야 한다. 구체적으로는 영 제27조제1항제4호의2(부동산 개발과 관련된 법인의 지분)에 해당하는지가 관건이다.

그러나 B회사는 리츠가 아니므로, B회사에 대해 법 및 영 제27조를 직접 적용하여 그가 보유한 C회사의 지분을 '부동산'으로 간주할 수 있는지에 대한 법적 해석의 문제가 발생한다. 법규를 엄격하게 문리적으로 해석한다면, 영 제27조는 리츠의 자산 구성을 규율하는 조항이므로 리츠가 아닌 B회사에는 적용될 수 없다고 볼 수 있다. 이 경우, A의 B에 대한 투자는 개발사업과 직접 관련 없는 일반 회사에 대한 지분투자로 취급되어 프로젝트리츠의 요건을 충족하지 못하게 되며, 결과적으로 이러한 손자회사 구조는 불가능하다는 결론에 이르게 된다.

하지만, 제도의 취지와 규정 체계를 종합적으로 고려하면 다른 해석이 가능하다. 법 제25조나 영 제27조는 단순히 '리츠의 자산 기준'만을 정하는 것이 아니라, "법을 적용함에 있어서" 부동산으로 간주되는 자산의 범위를 포괄적으로 규정하고 있는 것으로 볼 수 있다. 즉, 법의 적용 대상이 되는 특정 구조 내에서 실질적으로 부동산 개발이 이루어지고 있다면, 그 중간 단계에 있는 지분 역시 부동산 개발과 관

---

* 「공정거래법」은 손자회사라는 개념을 명시적으로 정의하고 있으며(제2조 제9호), 「상법」은 별도로 손자회사 개념을 두지 않는다. 다만, 「상법」 제342조의2 제2항에 따라 자회사가 다른 회사의 발행주식 총수의 100분의 50을 초과하는 주식을 가지고 있는 경우, 그 다른 회사는 모회사의 자회사로 간주된다. 즉, 「상법」 상으로는 손자회사가 모회사의 자회사 범위에 포함될 수 있으나, 그 개념과 범위가 공정거래법과 반드시 일치하지는 않는다.

련된 자산으로 해석할 여지가 있다. 손자회사 구조를 금지할 명시적인 규정이 없고, 실질적으로 리츠의 자금이 최종적으로 부동산 개발사업(C회사)에 투입된다는 점을 고려할 때, 이러한 구조를 굳이 금지할 실익이 크지 않다. 따라서, 법의 목적론적 해석을 통해 손자회사 구조 역시 일정한 요건 하에 허용될 수 있다는 후자의 견해가 보다 타당하다고 판단된다.

4. 프로젝트리츠가 50% 이하로 지분투자한 경우

프로젝트리츠는 반드시 자회사를 설립하는 방식(50% 초과 지분 투자)으로만 사업을 수행해야 하는 것은 아니다. 피투자회사의 전체 지분의 50% 미만으로 소수 지분을 투자하는 형태의 프로젝트리츠 역시 가능하다. 예를 들어, 하나의 프로젝트리츠가 여러 개의 다른 리츠나 PFV에 각각 30%씩 지분을 투자하여 다수의 개발사업에 참여하는 포트폴리오형 투자 모델을 생각해 볼 수 있다. 이 경우, 프로젝트리츠는 특정 사업을 직접 지배하기보다는 재무적 투자자(FI)로서 참여하여 개발이익을 배당받는 것을 주된 목적으로 한다. 다만, 이러한 지분 투자가 법상 '부동산'으로 의제되어 프로젝트리츠의 자산으로 인정받기 위해서는, 영 제27조제1항제4호의2에 따라 피투자회사 지분의 20%를 초과하여 취득해야 할 것이다.

5. 지주회사 규제 적용 여부

프로젝트리츠가 모자구조 또는 손자회사 구조를 통해 여러 개의 회사를 지배하게 될 경우, 「공정거래법」상 지주회사 규제의 적용 대상이 될 수 있는지 검토가 필요하다. 「공정거래법」상 지주회사는 자산

프로젝트리츠로 일하는 법

총액이 일정 기준 이상이고, 소유하고 있는 자회사의 주식가액 합계액이 자산총액의 50% 이상인 회사로 정의된다. 지주회사로 지정되면 부채비율 제한, 자회사 외 계열사 주식 소유 금지 등 여러 행위 제한 규제를 받게 된다.

　법 제49조제5항은 리츠에 대한 지주회사 규제 적용 배제 특례를 두고 있다. 그러나 이 조항은 "「자본시장법」에 따른 주권상장법인인 부동산투자회사"에 한하여 적용된다. 즉, 상장리츠의 경우에만 공정거래법상 지주회사 규제에서 예외를 인정받을 수 있다. 반면, 프로젝트리츠는 개발 기간 동안 영 제30조의2제3항에 따라 공모가 금지되므로, 그 성격상 상장리츠가 될 수 없다. 따라서 프로젝트리츠는 법 제49조제5항에 따른 규제 적용 배제 혜택을 받을 수 있는 경우를 상정하기 어렵다.

프로젝트리츠
Q&A

■
■
■

Q1.
프로젝트리츠가 보고하거나 공시해야 할 사항은
무엇인가요?

———

　프로젝트리츠의 보고·공시 의무는 규제 특례가 적용되는 개발 단계와 개발사업 완료 및 영업인가 후 임대운영을 하는 운영 단계를 구분하여 달리 적용된다. 이는 각 단계의 사업적 특성과 투자자 구성의 차이를 고려한 입법적 조치이다. 개발 단계에서는 사업의 불확실성이 높고 주로 전문성을 갖춘 기관 투자자 중심으로 자금이 조달되므로, 공모가 제한되어 일반 투자자의 참여가 원천적으로 배제된다. 따라서 투자자 보호를 위한 엄격한 공시 의무의 필요성이 상대적으로 낮아, 법은 보고·공시 의무를 최소화하여 사업 추진의 효율성을 도모한다.

반면, 개발사업이 완료되어 안정적인 임대 수익 창출이 예상되는 운영 단계에서는 영업인가를 받은 후 공모를 통해 일반 투자자의 참여가 가능해진다. 이 시점부터 프로젝트리츠는 정보 비대칭 해소와 투자자 보호라는 공익적 목적을 달성하기 위해 통상의 리츠와 동일한 수준의 보고·공시 의무를 부담하게 된다. 다만, 개발사업 완료 후에도 공모예외 리츠의 요건을 충족하고 있다면, 일반 투자자 보호의 필요성이 낮다고 보아 공모예외 리츠에 적용되는 완화된 보고·공시 의무가 적용된다. 이하에서 각 단계별 의무 사항을 상세히 설명한다.

1. 개발단계: 설립신고 후 영업인가 전

설립신고를 마친 프로젝트리츠는 아직 개발사업을 진행하는 단계로서, 법에서 정한 영업인가를 받기 전의 상태에 있다. 따라서 영업인가를 받은 리츠를 전제로 하는 법상의 각종 보고·공시 의무는 원칙적으로 적용되지 않는다. 그 대신에 법은 프로젝트리츠의 특수성을 감안하여 개발 단계에만 적용되는 별도의 보고·공시 의무를 규정하고 있다. 이는 감독 당국인 국토교통부가 프로젝트의 진행 상황을 최소한으로 모니터링하고, 중대한 금융 위험 발생 시 시장과 이해관계자에게 경고할 수 있는 장치를 마련하기 위함이다. 구체적으로는 사업투자보고서 보고 의무와 금융사고 또는 부실자산이 발생한 경우의 공시 의무가 그것이다(법 제26조의4제7항).

(1) 사업투자보고서 보고 의무

사업투자보고서의 작성 및 보고 의무는 개발 단계에서 프로젝트리츠의 사업 진행 현황과 재무 건전성을 국토교통부가 주기적으로 점검하기 위한 핵심적인 제도이다. 영에 따르면, 프로젝트리츠는 사업연도 개시일부터 매 3개월이 종료되는 날과 회계기간 말일, 즉 매 분기 말을 기준으로 사업투자보고서를 작성하여야 한다(영 제30조의2제4항). 이는 프로젝트의 진행 상황을 적시에 파악하여 잠재적 위험을 조기에 발견하고 관리하기 위함이다. 보고서에는 당초 사업계획 대비 진행률, 자금 집행 내역, 향후 사업 추진 계획, 예상되는 리스크 요인 및 관리 방안 등 프로젝트의 실질적인 내용을 담아야 한다.

작성된 사업투자보고서의 보고 기한은 보고서 작성 기준일에 따라 차등 적용된다. 회계기간 말일(통상 12월 31일)을 기준으로 작성하는 사업투자보고서는 해당 회계기간 말일부터 90일 이내에 국토교통부에 보고해야 한다. 그 외에 분기마다 작성하는 사업투자보고서는 해당 분기 말일부터 45일 이내에 보고해야 한다. 또한, 프로젝트리츠가 해산 또는 합병으로 인하여 소멸할 경우에는 리츠 청산일 또는 합병일부터 45일 이내에 최종 사업투자보고서를 국토교통부장관에게 보고해야 한다(영 제30조의2제5항).

(2) 금융사고 발생 등 공시 의무

프로젝트리츠는 금융사고 또는 부실자산이 발생하거나 그 밖에 공익 또는 투자자 보호를 위해 필요한 경우로서 대통령령으로 정하는 경우에는 지체 없이 그 사실을 공시하여야 한다(법 제26조의4제7항). 이는 비록 일반 투자자가 없더라도, 프로젝트에 참여한 기관 투자자, 대주단 등 채권자 및 잠재적 이해관계자들의 권익을 보호하고 시장의 신뢰를 유지하기 위한 최소한의 안전장치이다. 위 위임규정에 따라 영은 공시해야 할 구체적인 사유를 다음과 같이 규정하고 있다(법 제

26조의3제7항, 영 제30조의2제6항, 제40조의2제2항).

첫째, 직전 분기 말 자기자본의 100분의 2 이상의 금융사고 또는 부실채권이 발생한 경우이다. 이는 회사의 재무 건전성에 미치는 영향이 중대하다고 판단되는 기준 금액을 설정한 것이다. 다만, 투자자 보호와 건전한 거래 질서를 해칠 우려가 크지 않은 사항으로서 그 금액이 10억 원 미만인 경우에는 공시 의무를 면제하여 과도한 규제가 되지 않도록 하였다.

둘째, 발행인의 부도, 「채무자회생법」에 따른 회생 절차 개시의 신청 등 프로젝트의 존속 자체를 위협할 수 있는 중대한 사유로 국토교통부장관이 정하여 고시하는 부실자산이 발생한 경우에도 즉시 공시하도록 규정하고 있다. '지체 없이' 공시하도록 한 것은 사안의 중대성을 감안하여 정보가 신속하게 시장에 전달되도록 하기 위함이다.

2. 운영단계: 영업인가 후 청산까지

부동산 개발사업을 성공적으로 완료(준공 등)한 프로젝트리츠는 개발 단계의 특례 적용이 종료되고, 안정적인 자산 운영 단계로 전환해야 한다. 이를 위해 개발사업 완료일로부터 18개월 내에 법에 따른 영업인가·등록을 하여야 한다(영 제30조의2제2항). 프로젝트리츠에 대한 특례는 리스크가 높은 '개발' 단계에 한정하여 적용되기 때문에, 개발을 전제로 하지 않는 자산의 임대 운용과 같은 통상적인 리츠 활동을 영위하기 위해서는 별도의 영업인가를 득하여야 하는 것이다. 법은 영업인가를 득한 리츠에 대하여 일반 투자자 보호를 목적으로 하는 각종 보고·공시 의무를 폭넓게 부과하고 있다. 따라서, 프로젝트리츠도 영업인가를 받은 경우에는 통상적인 리츠와 동일한 수준의 보고·공시 의무를 원칙적으로 부담하게 된다.

(1) 일반적인 경우

영업인가를 받은 리츠는 투자자에게 정기적으로 자산 운용 및 재무 상태에 관한 정보를 제공하기 위해 투자보고서를 공시하고(법 제37조 제1항), 현물출자, 정관의 변경, 해산 등 경영상의 주요 변동 사항이 발생했을 때에는 수시로 국토교통부장관에게 보고하여야 한다(법 제41조 등). 개발사업을 완료한 프로젝트리츠도 영업인가를 득하게 되면, 이러한 통상적인 리츠의 의무를 그대로 준수하여야 한다. 이는 리츠의 주식이 증권 시장에 상장되어 일반 투자자들에게 거래될 가능성을 염두에 둔 조치로, 정보의 투명성을 확보하여 투자자의 합리적인 투자 판단을 지원하는 데 그 목적이 있다.

(2) 공모예외리츠에 해당하는 경우

통상적인 리츠에 적용되는 광범위한 보고·공시 의무는 정보 접근성과 분석 능력에서 상대적으로 취약한 일반 투자자를 보호하고, 정보 비대칭 문제를 해소하여 투자 판단에 필요한 정보를 충분히 제공하기 위한 것이다. 따라서 일반 투자자가 아닌, 투자의 전문성과 위험 감수 능력을 갖춘 기관 투자자들은 스스로 필요한 정보를 수집하고 평가할 수 있으므로, 이러한 경우까지 동일한 수준의 규제를 적용할 실익이 적다. 이러한 규제 합리화의 관점에서 법은 일정한 요건을 갖춘 리츠에 대해 공모 의무 및 관련 공시 의무를 면제 또는 완화하는 특례를 두고 있다.

이와 관련하여, 법은 국민연금과 같은 연기금 등(공모예외주주)이 단독 또는 공동으로 인수·매수한 주식의 합계가 발행주식총수의 50% 이상이거나, 리츠 총자산의 70% 이상을 임대주택으로 구성한 경우에는 공모 의무의 적용을 배제하고 있다(법 제14조의8 제3항). 전자의 경우, 연기금 등은 이미 다수의 국민으로부터 자금을 모아 운용하는 주체로서 그 자체가 공모의 성격을 가지고 있다는 점이 고려되었다. 후자의 경우는 임대주택 공급 확대라는 공공성이 높은 정책 목표 달성을 지원하기 위해 규제 인센티브를 부여하는 입법 정책적 고려가 작용하였다. 특히 법 및 영에서 규정한 공모예외주주는 대부분 전문성과 자금력을 갖춘 기관 투자자들이므로, 이들로 구성된 공모예외리츠의 경우에는 일반 투자자 보호의 필요성이 현저히 낮다. 투자 운용에 전문성이 있는 기관 투자자 위주로 구성된 리츠는 스스로 위험을 예측하고 감수할 수 있기 때문이다.

프로젝트리츠 역시 개발사업을 완료하고 운영 단계로 전환할 때 이러한 공모예외리츠에 해당할 수 있으며, 이 경우 위 규정에 따라 공모 의무가 배제된다. 즉, 프로젝트리츠가 개발사업을 완료하고 영업인가를 신청하는 시점에 공모예외리츠의 요건(예: 프로젝트리츠의 주주 중 50% 이상이 연기금이거나 총자산의 70% 이상을 임대주택으로 구성한 경우)을 갖춘 경우에는 일반 대중을 상대로 한 주식 공모를 진행할 필요가 없다.

뿐만 아니라, 공모예외리츠에 적용되는 보고·공시에 관한 특례 규정도 동일하게 적용된다. 법은 주식 공모를 하지 않는 리츠(해당 리츠의 투자 운용을 위탁받은 자산관리회사 포함)에 대하여 투자설명서와 투자보고서의 제출, 그리고 금융사고 또는 부실자산 발생의 공시 외에는 대부분의 보고·공시 의무를 적용하지 않는다(법 제49조의8). 공모를 하지 않는 리츠의 경우, 보호해야 할 일반 투자자가 존재하지 않으므로 일반 리츠에 부과되는 복잡한 보고·공시 절차를 면제하여 운용의 자율성과 효율성을 높여주기 위함이다.

다만, 모든 의무가 면제되는 것은 아니다. 국토교통부가 최소한의 행정적 관리와 모니터링을 할 수 있도록 투자자 모집 시 투자설명서와 분기별 투자보고서를 국토교통부장관에게 제출하도록 규정하였다. 또한, 금융사고 발생 등을 공시하도록 하여 리츠의 채권자 및 잠재적 투자자들이 리스크를 인지하고 신중한 판단을 내릴 수 있도록 하는 최소한의 시장 규율은 유지하고 있다. 이는 투자자 구성의 특수성을 인정하면서도 시장의 건전성과 투명성을 담보하기 위한 균형 잡힌 접근이라 할 수 있다.

프로젝트리츠로 일하는 법

Q2.
프로젝트리츠가 하지 말아야 할 사항은 무엇인가요?

––––

프로젝트리츠는 부동산 개발사업에 특화된 리츠로서, 그 설립 및 운용 과정에서 일반 리츠와는 다른 규제 체계의 적용을 받는다. 특히 법은 프로젝트리츠의 고유한 특성과 잠재적 위험을 고려하여 여러 금지사항을 명시하고 있다. 이러한 금지사항은 크게 두 가지 범주로 구분할 수 있다. 첫째는 프로젝트리츠의 본질상 개발 단계의 위험 관리 및 투자자 보호를 위해 특별히 부과되는 금지사항이며, 둘째는 리츠라는 부동산투자기구의 특성상 모든 리츠에 공통적으로 적용되는 금지사항이다.

전자는 주로 법 제26조의4에서 규정하고 있으며, 프로젝트리츠가 설립신고 단계에서부터 개발사업을 완료하고 영업인가를 받기 전까지 적용되는 한시적 규제이다. 후자는 리츠의 건전한 운영과 이해상충 방지, 시장 질서 유지를 목적으로 법 전반에 걸쳐 규정된 사항들로, 프로젝트리츠 역시 리츠의 한 유형으로서 원칙적으로 이를 모두 준수해야 한다.

또한, 법 체계상으로 보면 설립신고를 마친 프로젝트리츠도 영업인가를 득한 것은 아니므로 법 제26조의4에서 달리 규정하지 않은 경우에는 영업인가를 득한 리츠가 가지는 권한과 권리를 가질 수 없다. 이하에서는 이러한 전제에서 위 두 가지 범주의 금지사항을 구체적으로 살펴보고, 그 법적 근거와 취지를 상세히 분석한다.

1. 프로젝트리츠에만 적용되는 금지사항

설립신고를 마친 프로젝트리츠는 본격적인 영업활동을 개시하기 이전 단계로, 부동산 개발사업이라는 고위험·고수익 사업을 추진하는 주체이다. 따라서 법은 이 단계에서 일반 투자자를 보호하고 사업의 안정성을 확보하기 위해 다음과 같은 특별한 제한을 두고 있다.

(1) 공모 금지 및 주주 수 제한

설립신고를 한 프로젝트리츠는 영업인가를 득하기 전에도 주주 이외의 자에게 신주발행이 가능하지만, 주식의 일반 공모는 금지된다(법 제26조의4제5항). 이는 프로젝트리츠가 신주를 발행할 수는 있으나, 불특정 다수인을 대상으로 주식의 청약을 권유하는 방식, 즉「자본시장법」상의 '모집'에 해당하는 행위를 할 수 없음을 의미한다. 따라서, 프로젝트리츠는 사모의 방식으로만 자금을 조달해야 한다.

이에 더하여, 신주 발행의 결과로 총주주 수가「자본시장법」제6조제3항에서 정하는 수를 초과해서는 안 된다(법 제26조의4제5항, 영 제30조의2제3항). 이에 따라 프로젝트리츠의 주주는 결과적으로 49인 이하로만 유지되어야 한다. 이는 프로젝트리츠가 소수의 전문성을 갖춘 기관투자자나 재력 있는 투자자들을 대상으로 자금을 조달하도록 유도하는 규제 장치이다.

이러한 공모 금지 및 주주 수 제한의 핵심적인 이유는 부동산 개발사업에 내재된 높은 불확실성과 위험을 정보 비대칭에 놓이기 쉬운 일반 대중 투자자에게 전가하는 것을 방지하기 위함이다. 개발사업은 인허가 지연, 공사비 상승, 미분양, 시장 침체 등 예측하기 어려운 다양한 변수에 노출되어 있어, 사업 실패 시 투자 원금의 상당 부분을 잃을 수 있다. 따라서 법은 충분한 정보 분석 능력과 위험 감수 능력을 갖춘 소수의 투자자만이 프로젝트리츠에 참여하도록 제한함으로써 투자자 보호의 실효성을 높이고자 한다.

물론 이러한 제한은 영구적이지 않다. 프로젝트리츠가 성공적으로 부동산 개발사업을 완료하고, 법이 정한 요건을 갖추어 국토교통부장관으로부터 영업인가를 받게 되면 일반 리츠와 동일한 지위를 얻게 된다. 이 시점부터는 공모 금지 및 주주 수 제한 규정이 더 이상 적용되지 않으므로, 증권 시장에 상장하여 일반 투자자들을 대상으로 자금을 조달하고 유동성을 확보하는 것이 가능해진다.

(2) 투자·운용 대상의 제한

설립신고한 프로젝트리츠는 그 자산을 오직 '부동산 개발사업'과 관련된 분야에만 투자하고 운용해야 한다(법 제26조의4제3항). 이는 프로젝트리츠의 정체성을 명확히 하고, 설립 목적에 부합하지 않는 자산에 자금이 유용되는 것을 막기 위한 핵심적인 규제이다. 구체적인 내용은 다음과 같다.

① 프로젝트리츠는 부동산 개발사업의 시행과 관련된 투자 및 운용 행위만 할 수 있다. 예를 들어, 개발 대상 토지의 매입, 설계·감리 용역 계약, 건설 공사 도급 계약, 개발사업에 필요한 자금의 차입 및 상환 등이 이에 해당한다. 프로젝트리츠가 직접 사업시행자가 되어 개발사업을 추진하는 것이 일반적이나, 다른 개발사업

법인의 지분을 취득하여 간접적으로 사업을 시행하는 구조(모자(母子)리츠 구조)도 가능하다. 그러나 개발사업과 무관한 기존의 완성된 부동산을 매입하거나, 개발사업과 무관한 상장주식·채권 등 유가증권에 투자하는 행위는 원칙적으로 금지된다.

② 프로젝트리츠의 설립 목적은 '개발'이므로, 기존 건축물을 매입하여 임대 수익을 얻는 방식의 투자·운용은 허용되지 않는다(다만, 기존 건축물의 임대가 개발사업의 목적에 반드시 반한다고는 할 수 없다. 이에 대해서 Q3에서 상술한다). 이는 일반적인 임대형 리츠의 사업 영역에 해당하기 때문이다. 따라서, 프로젝트리츠가 직접 수행한 개발사업이 완료된 후, 해당 자산을 직접 임대·운용하고자 할 경우에는 법적 지위의 전환이 필요하다. 즉, 설립신고 상태에서 벗어나 국토교통부장관의 영업인가를 받거나 등록하는 등의 절차를 거쳐야만 합법적인 임대 운용이 가능하다.

2. 리츠 일반에 대한 금지행위

법은 공익 또는 투자자 보호를 위해 리츠에 대해 각종 금지행위(규제)를 두고 있는데, 프로젝트리츠도 리츠의 일종이므로 이러한 금지행위가 당연히 적용된다. 다만, 이 중에서 영업인가를 전제로 한 규정은 설립신고 상태의 프로젝트리츠에는 적용되지 않을 수 있으나, 영업인가를 전제로 하지 않은 규정은 프로젝트리츠에도 적용된다. 주요한 내용은 다음과 같다.

(1) 거래 제한(법 제30조)

법은 리츠와 그 임직원, 주요주주 및 그 특수관계인 등(이하 '이해관계자')과의 거래를 엄격히 제한한다(법 제30조제1항). 이는 리츠의 자산이 이해관계자의 사적 이익을 위해 부당하게 활용되는 이해상충 상황을 방지하기 위함이다. 예를 들어, 주요주주가 소유한 부동산을 리츠가 시세보다 비싸게 매입하거나, 리츠 소유 자산을 임원에게 헐 값에 매각하는 행위 등이 이에 해당한다.

다만, 법은 모든 거래를 금지하는 것이 아니라, 거래의 공정성과 투명성이 확보되는 예외적인 경우를 허용한다(법 제30조제2항). 구체적으로는 ①일반인을 대상으로 하는 분양, ②경쟁입찰을 통한 거래, ③주주총회 특별결의(출석 주주 의결권의 3분의 2 이상과 발행주식총수의 3분의 1 이상의 수로 한 결의)를 거친 거래, ④회사의 합병·분할 등에 따른 불가피한 거래 등은 예외적으로 허용된다.

(2) 리츠 겸업 제한(법 제31조)

리츠는 법에서 특별히 허용한 업무 외에 다른 업무를 겸업할 수 없다(법 제31조제1항). 이는 리츠가 본연의 목적인 부동산 투자 및 운용에 집중하도록 하고, 문어발식 사업 확장으로 인한 경영 부실 위험을 차단하기 위한 조치이다. 또한, 자기관리리츠의 상근 임원은 다른 회사의 상근 임직원이 되거나 영리를 목적으로 하는 다른 사업을 영위할 수 없다(법 제31조제2항). 이는 임원이 직무에 전념하도록 하고, 겸직으로 인한 이해상충 가능성을 막기 위함이다.

프로젝트리츠 역시 이러한 겸업 제한 규정의 적용을 받는다. 따라서 프로젝트리츠는 설립 목적에 명시된 부동산 개발사업 외의 다른 사업을 영위할 수 없다. 상근 임원의 겸직 제한 규정은 상근 임원을 둘 수 있는 자기관리 형태의 프로젝트리츠에만 적용되며, 자산관리회사에 업무를 위탁하는 위탁관리 형태의 프로젝트리츠에는 해당되지 않는다.

(3) 미공개 자산 운용 정보의 이용 금지(법 제32조)

리츠의 임직원, 주요주주, 자산관리회사의 임직원 등 내부자는 직무와 관련하여 알게 된 미공개 자산 운용 정보를 이용하여 부동산이나 유가증권을 매매하거나 타인에게 이용하게 해서는 안 된다(법 제32조). 여기서 '미공개 자산 운용 정보'란 투자자의 투자 판단에 중대한 영향을 미칠 수 있는 정보로서, 투자설명서나 투자보고서 등을 통해 외부에 공개되지 않은 정보를 말한다. 리츠가 특정 부동산을 매입 또는 매각하려는 계획 등이 대표적인 예이다.

이와 관련하여, 프로젝트리츠는 투자설명서나 투자보고서를 작성하지 않으므로 이 규정의 적용대상이 될 수 없다는 견해가 있을 수 있다. 그러나, 이 규정은 영업인가를 득하지 않은 리츠에도 적용되고, 투자설명서나 투자보고서에 포함된 정보 여부는 미공개 자산 운용 정보에서 배제된다는 것일 뿐 미공개 자산 운용 정보 자체의 범위를 규정짓는 것은 아니다. 따라서, 프로젝트리츠의 경우에도 이 규정은 동일하게 적용된다고 해석된다.

(4) 명의대여의 금지(법 제34조의2)

리츠는 법령에서 별도로 허용하는 경우를 제외하고는 타인에게 자기의 명의를 사용하여 리츠 업무를 수행하게 할 수 없다(법 제34조의

2). 이는 무자격자가 리츠의 명의를 빌려 불법적으로 자금을 모집하거나 투자 활동을 하는 것을 방지하기 위한 규정이다. 리츠는 고도의 전문성과 공신력을 바탕으로 설립된 부동산투자기구이므로, 그 명의와 신용을 엄격하게 관리할 책임이 있다. 이 규정은 프로젝트리츠에도 당연히 적용되어, 프로젝트리츠의 명의가 부당하게 이용되는 것을 금지한다.

3. 영업인가 취소 규정

법은 리츠 또는 자산관리회사가 중대한 법 위반 행위를 하거나 건전한 운영을 기대하기 어려운 상태에 이른 경우, 국토교통부장관이 그 영업인가나 등록을 취소할 수 있도록 규정하고 있다. 이러한 인가·등록 취소 사유는 프로젝트리츠의 경우 '설립신고의 취소' 사유로 준용된다. 법 제42조에서 열거한 주요 취소 사유 중 프로젝트리츠에 적용될 수 있는 경우는 다음과 같다.

① 속임수나 그 밖의 부정한 방법으로 설립신고를 한 경우(법 제42조제1항제1호): 이 경우 국토교통부장관은 재량의 여지없이 설립신고를 '취소하여야 한다'(필요적 취소).

② 법에 따른 국토교통부장관의 업무정지 명령이나 시정명령 등의 조치를 정당한 사유 없이 따르지 않은 경우(법 제42조제1항제5호): 이 경우 설립신고를 '취소할 수 있다'(임의적 취소).

③ 자기자본이 전부 잠식된 경우(법 제42조제1항제6호): 재무 건전성이 극도로 악화되어 사업 수행 능력을 상실했다고 판단될 때 설립신고를 '취소할 수 있다'(임의적 취소).

이 외에도 법 제42조에 규정된 여러 취소 사유가 있으나, '영업인가 또는 등록'을 전제로 하는 사유들(예: 법 제42조제1항제3호 또는 제7호)은 프로젝트리츠가 추후 영업인가를 받거나 위탁관리리츠로 등록한 이후에만 적용될 수 있을 것이다.

4. 벌칙 및 과태료

법 제50조부터 제52조까지 벌칙 조항, 제54조의 과태료 조항도 프로젝트리츠에 적용된다.

프로젝트리츠로 일하는 법

Q3.
프로젝트리츠는 개발 외에
임대 또는 분양하는 것은 아예 불가능한가요?

프로젝트리츠는 그 명칭에서 알 수 있듯이 부동산 개발사업의 수행을 목적으로 설립되는 특수한 형태의 리츠이다. 법은 프로젝트리츠의 자산 투자 및 운용 방법에 대하여 명확한 원칙을 제시하고 있다. 법 제26조의4제3항에 따르면, 국토교통부 장관에게 설립신고를 마친 프로젝트리츠는 "부동산 개발사업에 필요한 범위에서" 부동산, 지상권·임차권 등 부동산 사용권, 부동산신탁의 수익권, 증권, 채권 등을 취득·개발·개량·처분·관리·임대차 및 전대차 등의 방법으로 투자하고 운용할 수 있다.

1. 프로젝트리츠의 투자·운용 원칙

여기서 핵심적인 법률적 해석의 대상이 되는 문구는 '부동산 개발사업에 필요한 범위에서'이다. 이 제한 규정은 프로젝트리츠의 모든 자산 운용 행위가 주된 목적인 개발사업을 위한 것이어야 함을 의미한다. 이는 일반적인 임대리츠나 위탁관리리츠가 준공된 부동산을 매입하여 안정적인 임대수익을 창출하는 것을 주목적으로 하는 것과 근본적인 차이를 보인다. 따라서 프로젝트리츠가 개발사업과 무관하게 독립적인 임대 영업을 하거나, 개발 목적 없이 부동산을 매각하여 시세차익을 추구하는 행위는 원칙적으로 허용되지 않는다.

그러나 개발사업을 수행하는 과정에서 부수적으로 발생하는 임대 또는 분양 행위는 상기한 '필요한 범위'에 포함될 수 있다. 예를 들어, 대규모 복합개발사업에서 일부 시설을 선분양하여 사업 자금을 조달하거나, 공사 기간 중 일시적으로 활용되지 않는 부지를 임대하여 관리 비용을 충당하고 부가 수익을 얻는 행위는 개발사업의 원활한 추진을 위해 필요한 활동으로 해석될 수 있다. 결국, 특정 행위의 허용 여부는 해당 행위가 프로젝트리츠의 본질적 목적인 개발사업을 완수하기 위한 합리적이고 부수적인 수단인지에 따라 개별적으로 판단되어야 한다. 이하에서는 실무에서 빈번하게 발생하는 구체적 사례들을 통해 이러한 법적 쟁점들을 검토하고 설명한다.

2. 개발자산 중 일부 자산의 임대 및 처분

하나의 프로젝트리츠가 단일 사업 구역 내에서 성격이 다른 여러 자산을 동시에 개발하는 경우가 있다. 예를 들어, 'A 신도시 복합용지 개발사업'을 수행하는 프로젝트리츠가 공동주택, 오피스 빌딩, 상업시설, 그리고 공공기여 차원의 환승주차장 등 기반시설을 함께 건설하는 사례를 상정할 수 있다. 이 경우, 프로젝트리츠가 사업 목적에 따라 공동주택은 준공 후 수분양자에게 소유권을 이전(분양)하고, 오피스 빌딩과 상업시설, 환승주차장은 직접 보유하며 임대 사업을 통해 운영할 수 있는지에 대한 문제가 제기된다.

(1) 개발자산의 처분

먼저, 프로젝트리츠가 개발하여 준공한 자산의 일부를 매각(분양)하는 행위는 법 제26조의4제3항에서 규정한 '처분'의 방법에 해당하며, 이는 개발사업의 최종적인 성과 실현 방식이므로 '부동산 개발사업에 필요한 범위' 내의 행위로 보는 것이 타당하다. 개발사업의 목적 자체가 분양을 통한 이익 실현인 경우가 대부분이라는 점을 고려하면 이러한 해석은 당연하다. 국토교통부의 설립신고 실무에서도 이와 같이 분양과 임대가 혼합된 사업구조를 가진 프로젝트리츠의 설립신고를 수리하고 있다.

다만, 이 경우 법 제24조에 따른 부동산 처분 제한 규정의 적용 가능성에 유의해야 한다. 법은 리츠가 투기적 목적으로 부동산을 단기 매매하는 것을 방지하기 위해 부동산을 취득한 후 일정 기간(국내 주택이나 토지의 경우 1년) 동안 처분하지 못하도록 규정하고 있다. 그러나 법 제24조제1항제1호는 "부동산 개발사업으로 조성하거나 설치한 토지·건축물 등"을 처분하는 경우에는 이러한 제한이 적용되지 않음을 명시하고 있다. 따라서 프로젝트리츠가 직접 개발하여 신축한 건축물을 분양하는 것은 처분 제한 기간의 적용을 받지 않는다. 반면, 개발을 위해 매입한 기존 토지나 건물을 개발 행위 없이 그대로 매각하는 경우에는 1년의 처분 제한이 적용될 수 있다. 물론, 영 제26조제2항에 따라 합병·해산·분할 또는 분할합병으로 소유권이 이전되는 경우 등 예외적인 상황에서는 처분이 제한되지 않는다.

(2) 개발자산의 임대

다음으로, 프로젝트리츠가 개발 중인 자산을 임대할 수 있는지 여부가 문제된다. 이는 여러 구체적인 상황으로 나누어 검토할 수 있다.

① 건축물이나 공작물을 순차적으로 착공하는 대규모 사업에서 일시적

으로 발생하는 유휴지를 임대하는 경우

가령, 1단계로 주거시설을, 2단계로 상업시설을 건설하는 프로젝트에서 2단계 부지가 2년간 유휴 상태로 남게 될 수 있다. 이러한 유휴 부지를 임시 주차장, 야적장, 또는 모델하우스 부지 등으로 활용하여 임대 수익을 창출하는 것은 사업의 지연을 초래하지 않고 오히려 사업비를 충당하는 긍정적 효과를 낳으므로 '부동산 개발사업에 필요한 범위' 내의 행위로 폭넓게 허용된다.

② 장차 개발을 위해 철거를 앞둔 기존 건축물을 임대하는 경우

이는 임대 기간과 목적에 따라 허용 여부가 달라질 수 있다. 예를 들어, 프로젝트리츠가 재개발을 위해 기존 상가 건물을 매입하였고, 건축 인허가 및 시공사 선정에 약 1년 6개월이 소요될 것으로 예상된다고 가정하자. 이 기간 동안 기존 임차인들과의 임대차 계약을 승계하여 임대료를 수취하거나, 신규 단기 임차인을 모집하여 건물을 공실로 방치하지 않고 관리하는 행위는 장래의 개발을 위한 잠정적이고 일시적인 성격의 운용이므로 허용될 수 있다. 이는 건물의 유지관리비를 충당하고, 철거 시점까지 자산 가치를 보존하는 합리적인 행위로 평가된다.

그러나 이러한 임대 기간이 어느 정도를 초과하면 '잠정적' 성격을 잃고 주된 영업 활동으로 변질되는지에 대한 명확한 기준은 없다. 이는 일률적으로 정할 수 없는 문제이며, 사안별로 구체적인 사실관계를 토대로 판단해야 한다. 예를 들어, 「도시 및 주거환경정비법」에 따른 재개발사업과 같이 통상 사업시행 기간이 5년을 상회하는 복잡한 프로젝트의 경우, 인허가 지연 등으로 인해 철거 전 임대 기간이 5년을 초과하더라도 이를 부당하다고 단정하기는 어렵다.

반면, 인허가 절차가 6개월 내외로 비교적 단순한 사업임에도 불구하고, 프로젝트리츠가 적극적인 개발 절차를 진행하지 않은 채 2년 이상 임대 영업에만 집중한다면 이는 프로젝트리츠의 본질을 벗어난 행위로 판단될 가능성이 높다. 특히, 시장 상황을 관망하며 개발 착수 시점을 무기한 연기하려는 의도로 건물을 매입하여 임대 운영을 지속하는 방식은 명백히 허용되지 않는다고 보아야 한다.

결국, 허용 가능한 임대 기간은 프로젝트리츠가 해당 부동산을 개발사업을 위해 매입한 후, 합리적인 개발 일정상 철거가 가능한 시점까지로 잠정적으로 설정하고, 개발 의지의 진정성, 인허가 진행 노력 등을 종합적으로 고려하여 판단해야 할 것이다.

③ 개발사업이 완료되기 전에 일부 준공된 자산을 임대할 수 있는지의 문제

앞서 든 복합개발 사례에서, 공동주택과 환승주차장은 준공되었으나 오피스 빌딩은 여전히 공사 중인 상황을 생각할 수 있다. 이 경우, 프로젝트리츠는 전체 사업이 완료되지 않았다는 이유로 영업인가 또는 등록을 할 수 없다(법 제26조의4제4항 참조). 그렇다고 해서 이미 사용 가능한 환승주차장이나 단지 내 상가를 공실로 방치하도록 강제하는 것은 사회경제적으로 상당한 손실을 야기한다. 일부 준공된 자산의 '처분(분양)'이 허용된다는 점을 고려할 때, 그보다 낮은 수준의 권리 변동을 수반하는 '임대'를 금지할 실익은 없다.

따라서 전체 개발사업의 완료 전이라도, 물리적으로 사용이 가능하고 독립적으로 운영될 수 있는 일부 준공 자산을 임대 운영하는 행위

역시 개발사업의 원활한 자금 흐름과 단계적 활성화를 위해 '부동산 개발사업에 필요한 범위'에 포함되는 것으로 해석하는 것이 논리적이고 타당하다.

(3) 개발 전 토지의 매각

프로젝트리츠가 부동산 개발사업을 위하여 다수 필지로 구성된 토지를 취득하였는데, 건축계획상 특정 필지의 일부만 부동산 개발사업에 사용되고 나머지 필지는 불필요하게 된 경우가 있을 수 있다. 이 경우 프로젝트리츠가 해당 토지를 취득한 행위와 매각하는 행위 모두 부동산 개발사업에 필요한 범위로 보는 것이 타당하다.

다만, 이 경우 토지 처분이 법 제24조의 처분 제한에 위반되는지 여부가 문제된다. 법 제24조를 엄격하게 해석하면, 해당 토지에서는 부동산 개발사업이 이루어진 적이 없으므로 처분이 불가능하다고 볼 수 있다. 그러나 법 제24조의 전반적인 취지를 고려할 때, 해당 토지가 원래 속했던 전체 토지에 대해 부동산 개발사업이 시행되었다면 처분이 가능하다고 보는 것이 타당할 것이다.

3. 일부만 리모델링하는 프로젝트리츠의 인정 문제

프로젝트리츠가 수행할 수 있는 부동산 개발사업의 범위에는 신축뿐만 아니라 기존 건축물의 가치를 증대시키는 리모델링 사업도 포함된다(영 제2조제4항제1호). 「건축법」 제2조제1항제10호는 '리모델링'을 건축물의 노후화를 억제하거나 기능 향상 등을 위하여 대수선(大修繕)하거나 건축물의 일부를 증축·개축하는 행위로 정의한다.

이 정의에 따르면, 리모델링은 단순한 내부 인테리어 개보수 수준을 넘어서는 상당한 규모의 건축 행위를 의미한다. 즉,「건축법」제2조제1항제9호에서 정의하는 '대수선'에 해당하여 건축물의 기둥, 보, 내력벽, 주계단 등의 구조나 외부 형태를 수선·변경하거나 증설하는 수준이거나, 건축물의 일부를 증축 또는 개축하는 행위를 수반해야 한다. 예를 들어, 서울 도심의 노후 오피스 빌딩의 외벽 전체를 커튼월로 교체하고, 내부 코어 및 설비 시스템을 전면 재구축하며, 저층부 일부를 증축하여 공개공지를 확보하는 프로젝트는 명백한 리모델링에 해당한다.

실무상 쟁점은 대형 오피스 건물이나 복합 상업시설의 '일부' 구역만 리모델링하는 경우에도, 해당 건물 전체를 프로젝트리츠의 자산으로 편입하여 운용할 수 있는지 여부이다. 예를 들어, 20층 규모의 오피스 빌딩 중 저층부 상업시설(1~3층)과 고층부 오피스(15~20층)만 대수선 및 용도변경을 하고, 나머지 4~14층은 기존 상태 그대로 임대를 계속하는 사업 모델이 가능한가 하는 문제이다.

이에 대하여는 두 가지 상반된 견해가 존재할 수 있다.

첫째, 원칙적으로 허용되지 않는다는 부정적 견해이다. 이 견해에 따르면, 리모델링이 이루어지지 않는 4~14층 부분의 임대 운용은 실질적으로 개발 행위 없이 완공된 건물을 매입하여 임대하는 것과 동일하다. 이는 프로젝트리츠의 본질적 목적을 벗어난 행위이므로, 이러한 사업구조 전체를 프로젝트리츠의 틀 안에서 인정할 수 없다는 것이다. 이 논리에 따르면, 해당 사업을 추진하기 위해서는 리모델링 대상 부분(1~3층, 15~20층)만 프로젝트리츠가 구분소유 형태로 취득하여 개발하고, 개발 완료 후 영업인가를 받아 일반 리츠로 전환한 뒤 나머지 부분(4~14층)을 추가로 매입하여 통합 운용해야 한다. 그러나 이러한 절차는 구분등기의 어려움, 추가 매입 시의 자금 조달 및 세제 문제 등 현실적으로 매우 복잡하고 비효율적일 수 있다.

둘째, 전체 사업을 허용해야 한다는 긍정적 견해이다. 이 견해는 건축물의 일부를 증축하거나 개축하는 행위도 명백한 부동산 개발사업으로 인정되는 것과 마찬가지로, 건물 일부에 대한 대규모 리모델링 역시 동일한 법적 평가를 받아야 한다고 주장한다. 리모델링하지 않는 부분에서 발생하는 임대 수익은 결국 리모델링 공사비와 사업비에 충당되어 전체 프로젝트의 성공적인 완수를 위한 재원이 된다. 따라서 해당 임대 운용 행위는 법 제26조의4제3항의 '부동산 개발사업에 필요한 범위' 내에 있는 부수적 활동으로 해석할 수 있으며, 프로젝트리츠의 투자 운용 범위에 포함시키는 것이 타당하다는 입장이다. 건물 전체를 단일 자산으로 보고, 일부의 가치를 증대시키는 행위가 전체 자산의 가치에 영향을 미치므로, 프로젝트의 범위를 건물 전체로 보는 것이 합리적이라는 논리이다.

결론적으로 양 견해를 비교 검토할 때, 후자의 긍정적 견해가 보다 현실적이고 법의 취지에도 부합한다고 판단된다. 리모델링 사업이 「건축법」상 대수선이나 증축, 개축에 상당하는 명백한 건축 행위인 이상, 비록 그 사업 범위가 건축물의 일부에 한정된다 하더라도 프로젝트의 대상 자산은 건물 전체로 보는 것이 타당하다. 리모델링 기간 동안 발생하는 비(非)리모델링 구역의 임대 수익은 사업의 안정성을 담보하고 재원을 조달하는 필수적인 과정이므로, 이를 개발사업에 필요한 부수적 행위로 인정하여 프로젝트리츠의 운용 자산에 건물 전체를 포함하고, 개발 기간 동안 잔여 부분의 임대를 허용하는 것이 합리적인 해석일 것이다. 이는 부동산 개발을 활성화하고 자본 시장을 통해 자금을 조달하려는 프로젝트리츠 제도의 도입 목적과도 일치한다. 다만, 극히 일부분을 리모델링하면서 나머지 대부분의 공간을 임대운영하는 편법이 남용되지 않도록 관련 지침 등을 보완할 필요는 있다.

Q4.
프로젝트리츠가 해산할 때
제약사항이 있나요?

———

리츠는 해산을 통해 영업활동을 종료하고 법인 소멸 절차에 진입한다. 법 제44조는 리츠의 해산 사유를 구체적으로 열거하고 있으며, 해당 사유가 발생하면 리츠는 청산 절차를 개시하게 된다. 그러나 해산 사유의 발생이 곧바로 법인격의 소멸로 이어지는 것은 아니며, 해산 등기를 거쳐 청산 절차에 돌입해야 한다.

1. 리츠의 해산과 청산

리츠가 해산하더라도 법인격은 즉시 소멸하지 않는다. 해산은 청산 절차의 개시를 의미하며, 리츠는 청산의 목적 범위 내에서 존속하는 '청산 중 회사'가 된다(「상법」 제245조 참조). 이는 청산 과정에서 필요한 법률행위, 즉 자산의 처분, 채무의 변제 등을 수행하기 위함이다. 다만, 모든 해산이 청산 절차를 수반하는 것은 아니다. 합병의 경우, 소멸하는 리츠의 권리·의무는 존속 또는 신설 회사에 포괄적으로 승계되므로 별도의 청산 절차 없이 법인격이 소멸한다. 또한, 파산 선고를 받은 경우에는 「상법」상 청산 절차가 아닌 「채무자 회생 및 파산에 관한 법률」에 따른 파산 절차를 밟게 된다.

(1) 청산 절차

법 제44조 각 호에서 정한 해산 사유가 발생하면 리츠는 청산 중 회사가 되어 청산 절차를 밟는다. 청산 절차가 개시되면 청산 업무를 집행할 청산인이 필요하다. 원칙적으로는 해산 당시의 이사가 청산인이되지만, 정관에 다른 규정이 있거나 주주총회에서 별도의 청산인을선임한 경우에는 그에 따른다(「상법」 제531조제1항). 청산인은 현존사무의 종결, 채권의 추심 및 채무의 변제, 재산의 환가처분, 그리고잔여재산의 주주 분배와 같은 업무를 수행한다(「상법」 제254조).

청산인은 취임한 날부터 1개월 이내에 리츠의 채권자들에게 채권을 신고하도록 최고(催告)해야 한다. 이 최고는 2회 이상의 공고를 통해 이루어져야 하며, 채권 신고 기간은 1개월 이상으로 정해야 한다.또한, 해당 기간 내에 신고하지 않으면 청산에서 제외된다는 사실을명시해야 한다(법 제44조의2). 이는 투자자를 보호하되, 빠른 청산을할 수 있도록 하는 「상법」상 청산 절차(「상법」 제535조)에 대한 특례규정이다.

법인이사제를 채택한 리츠의 경우, 청산인 및 청산감독인으로 구성되는 청산인회를 두어야 한다(법 제44조의3 제1항). 여기서 청산인은기존의 법인이사에, 청산감독인은 감독이사에 각각 대응하는 기관으로 볼 수 있다. 청산인과 청산감독인은 정관이 정하는 바에 따라 선임하는 것이 원칙이나, 정관에 규정이 없다면 주주총회의 결의로 선임한다. 정관상 존립기간 만료, 기타 정관상 해산 사유 발생, 또는 주주총회의 해산 결의로 해산하는 경우에는, 정관이나 주주총회에서 달리정하지 않는 한 기존의 법인이사와 감독이사가 각각 청산인과 청산감독인이 되어 청산 업무를 승계한다(법 제44조의3제2항).

(2) 청산 종결

청산사무가 모두 종결되면 청산인은 지체 없이 결산보고서를 작성하여 주주총회에 제출하고 그 승인을 받아야 한다(「상법」 제540조제1항). 주주총회가 결산보고서를 승인하면, 회사는 청산인에 대하여 책임을 해제한 것으로 간주된다. 이는 청산인의 업무 집행에 대한 최종적인 확인 절차로서, 청산인의 법적 부담을 덜어주는 역할을 한다. 그러나 청산인의 업무 수행 과정에서 부정행위가 있었던 경우에는 이러한 책임 해제의 효력이 미치지 않는다(「상법」 제540조제2항).

주주총회의 승인을 얻은 후, 청산인은 본점 소재지에서는 2주 내에, 지점 소재지에서는 3주 내에 청산종결 등기를 신청해야 한다(「상법」 제542조제1항). 이 등기가 완료되면 리츠의 법인 등기사항증명서는 폐쇄된다. 그러나 형식적으로 청산종결 등기가 이루어졌더라도, 아직 처리되지 않은 청산사무(예: 미처분 자산, 미변제 채무 등)가 남아 있는 경우에는 리츠의 법인격이 완전히 소멸하지 않는다는 것이 확립된 판례의 태도이다(대법원 1982. 3. 23. 선고 81도1450 판결). 이는 청산종결 등기 이후에도 잔여 권리·의무 관계를 처리할 법적 주체가 필요함을 인정한 것으로, 이해관계자 보호에 중요한 의미를 갖는다.

2. 프로젝트리츠의 해산 및 관련 쟁점

프로젝트리츠 역시 일반 리츠와 마찬가지로 법 제44조에서 규정한 해산 사유가 동일하게 적용된다. 다만, 자기관리리츠에 적용되는 '설립등기일 후 6개월 내 영업인가 미신청'(법 제44조제7호) 사유는 프로젝트리츠의 특수성으로 인해 적용되지 않는다. 프로젝트리츠는 개

프로젝트리츠로 일하는 법

발사업을 추진하는 리츠로서, 설립등기 후 6개월 내에 설립신고를 하고, 개발사업 완료 후 18개월 내에 영업인가를 받도록 별도의 절차가 규정되어 있기 때문이다(법 제26조의4제2항, 제4항).

　따라서 프로젝트리츠는 다음의 사유가 발생했을 때 해산한다.
① 정관으로 정한 존립기간의 만료 또는 그 밖의 해산사유의 발생
② 주주총회의 해산 결의(「상법」 제434조에 따른 특별결의 요건 충족 필요)
③ 합병으로 인한 소멸
④ 파산
⑤ 법원의 해산명령 또는 해산판결
⑥ 영업인가·등록·특례등록 또는 설립신고의 취소
⑦ 영업인가·등록·특례등록 또는 설립신고의 수리가 거부된 경우
⑧ 부동산 개발사업의 사용승인·준공검사 등을 받은 날부터 18개월 이내에 영업인가를 받지 못하거나 등록을 하지 못한 경우

　특히, 국토교통부장관이 영업인가나 설립신고를 취소하여 리츠가 해산하는 경우, 장관은 등기원인을 증명하는 서면을 첨부하여 해당 리츠의 소재지를 관할하는 등기소에 직권으로 해산등기를 촉탁해야 한다(법 제46조). 이는 감독기관이 해산 절차를 직접 개시하도록 하여 신속하고 확실한 시장 질서 유지를 도모하는 규정이다.

　이러한 해산 사유와 관련하여 실무상 발생하는 주요 쟁점은 다음과 같다.

(1) 설립신고 후 영업인가 전 해산이 가능한지?

프로젝트리츠는 개발사업을 완료한 후 원칙적으로 18개월 내에 영업인가를 받아야 한다(법 제26조의4제4항, 영 제30조의2제2항). 이 규정 때문에, 개발사업 완료 후 영업인가를 받지 않고 개발 자산을 즉시 처분한 뒤 해산하는 것이 가능한지에 대한 의문이 제기될 수 있다. 이는 외관상 개발사업 완료 후 영업인가를 받도록 한 의무 규정과 상충하는 것처럼 보이기 때문이다.

결론적으로, 프로젝트리츠는 영업인가를 받기 전에도 해산할 수 있다. 법 제26조의4제4항의 취지는 프로젝트리츠가 개발한 자산을 계속해서 임대·운영하고자 할 경우, 일반 리츠로서의 자격을 갖추기 위해 영업인가를 받으라는 의미로 해석해야 한다. 이 규정이 개발 자산 자체의 처분이나 회사의 해산을 금지하는 강행규정으로 보기는 어렵다. 따라서, 프로젝트리츠의 정관에 '개발사업 완료 후 자산 전부 매각'을 해산 사유로 명시한 경우, 이에 따라 자산을 모두 매각하고 청산 절차를 밟는 것은 적법하다. 또한, 정관에 명시되지 않았더라도 주주총회 특별결의를 통해 해산을 결정하고 자산을 처분할 수 있다.

다만, 이 과정에서 「조세특례제한법」상 '현물출자에 대한 과세이연' 혜택과 관련하여 주의가 필요하다. 프로젝트리츠가 현물출자를 통해 과세이연 혜택을 받은 상태에서 해산하면, 과세이연 효과가 소멸한다(「조세특례제한법」 제97조의9제2항제2호 본문). 그러나 예외적으로, 해산의 원인이 합병이고 해당 합병이 조세법상 '적격합병'의 요건을 충족하는 경우에는, 소멸하는 프로젝트리츠의 과세이연 효과가 합병법인(존속회사)에 승계되어 유지될 수 있다(「조세특례제한법」 제97조의9제2항제2호 단서).

(2) 부동산 개발사업을 완료한 후 해산 사유 발생 전에 영업인가를 받지 못한 경우, 그 이후에 영업인가를 받을 수 있는지?

프로젝트리츠는 개발사업 완료 후 18개월 내에 영업인가를 받거나 등록을 해야 하며, 이 기간을 준수하지 못하면 법 제44조제9호에 따라 해산 사유가 발생한다. 이처럼 법정 해산 사유가 발생하여 청산 절차에 돌입한 프로젝트리츠가 뒤늦게 영업인가를 신청하여 다시 정상적인 운영 주체로 전환될 수 있는지 문제될 수 있다. 예를 들어, 당초 영업인가를 받을 계획이었으나 예측하지 못한 내부 사정으로 인해 신청이 지연된 경우가 이에 해당할 수 있다.

법리적으로 볼 때, 기한 내에 영업인가를 득하지 못한 프로젝트리츠는 해산 등기 여부와 무관하게 해산된 상태가 된다. 해산된 법인은 배당을 할 수 없고, 청산의 목적 범위를 벗어나 영업행위를 할 수 없게 된다. 또한, 설령 국토교통부가 영업인가를 해준다고 해도, 해당 프로젝트리츠는 청산 중 회사의 상태를 벗어날 수 없다. 따라서, 이 경우에는 국토교통부도 영업인가를 해줄 수 없을 것으로 보인다.

이러한 경우가 흔히 발생할 수는 없겠지만, 단순한 착오나 일시적인 장애로 인해 법정 기간을 경과한 경우라면, 무조건 청산 절차를 완료하여야 한다는 것은 과도한 면이 있다. 입법론적으로는 기한 내에 영업인가를 설립신고의 임의적 취소 사유로 삼고, 설립신고 취소 시에 해산하도록 하는 것을 고려해볼 수 있을 것이다.

Q5.
프로젝트리츠도
합병할 수 있나요?

합병(Merger)이란 둘 이상의 회사가 계약에 의하여 청산 절차를 거치지 않고 하나의 회사로 합쳐지는 회사법상의 행위를 의미한다. 합병의 형태에는 합병에 참여하는 회사 중 한 회사가 존속하고 나머지 회사는 소멸하는 '흡수합병(Absorption Merger)'과, 합병에 참여하는 회사가 모두 소멸하면서 새로운 회사를 설립하는 '신설합병(Consolidation Merger)'의 두 가지 방식이 있다. 합병은 기업의 성장 전략, 경영 효율화, 시장 지배력 강화 등 다양한 경영상 목적을 달성하기 위한 핵심적인 수단으로 활용된다.

리츠 역시 「상법」상 주식회사이므로, 원칙적으로 「상법」의 합병 관련 규정이 적용된다(「상법」 제174조제1항). 그러나 리츠는 다수의 투자자로부터 자금을 모집하여 부동산에 투자하고 그 수익을 분배하는 것을 목적으로 하는 특수 법인으로서, 투자자 보호와 부동산 시장의 안정을 위해 법에서 별도의 규율을 두고 있다. 따라서 리츠의 합병은 「상법」의 일반 원칙에 더하여 법이 정한 특유의 요건과 절차를 준수해야 한다.

1. 리츠 합병의 요건
법 제43조는 리츠의 합병에 관한 특별 규정을 마련하고 있으며, 이는 일반 주식회사의 합병 요건에 추가되는 요건이다. 이는 리츠의 공공성과 투자자 보호라는 입법 취지를 합병 과정에서도 관철하기 위함이다.

(1) 합병의 대상

리츠는 오직 다른 리츠하고만 합병할 수 있다(법 제43조제1항제1호). 이는 합병 후 존속 또는 신설되는 회사가 리츠로서의 정체성을 유지하도록 강제하는 규정이다. 따라서 상대방 회사가 「상법」상 주식회사라 하더라도 리츠가 아니면 합병 대상이 될 수 없다. 가령, 리츠와 「조세특례제한법」에 따른 프로젝트금융투자회사(PFV) 간의 합병이나, 리츠와 「자본시장법」에 따른 회사형 펀드와의 합병은 현행법상 허용되지 않는다.

이러한 제한은 리츠 고유의 자산운용 규제, 공시 의무, 주주 구성 요건 등을 회피하려는 시도를 원천적으로 차단하는 역할을 한다. 예를 들어, 상대적으로 규제가 덜한 일반 법인과 합병하여 우회적으로 규제 차익을 누리는 것을 방지하는 것이다. 그러나 이는 유망한 투자 기회를 보유한 PFV나 우량 자산을 편입한 펀드와의 전략적 결합을 가로막아 리츠 산업의 성장과 유연성을 저해하는 측면도 존재한다.

(2) 흡수합병의 방법에 의할 것

리츠가 다른 리츠와 합병할 때에는 흡수합병의 방법만이 허용되며, 신설합병은 인정되지 않는다(법 제43조제1항제1호). 즉, A리츠와 B리츠가 있을 때, A리츠가 B리츠를 흡수하는 형태는 가능하지만, A리츠와 B리츠가 모두 소멸하면서 새로운 C리츠를 설립하는 형태의 합병은 불가능하다. 이는 신설합병이 실질적으로 새로운 리츠를 설립하는 효과를 가지므로, 법이 정한 엄격한 리츠 설립 절차(발기설립, 영업인가)를 우회하는 수단으로 악용될 수 있다는 우려에서 비롯된 것으로 해석된다.

그러나 이에 대해서는 비판의 여지가 있다.

첫째, 신설합병을 허용함으로써 발생하는 구체적인 폐해가 무엇인지 명확하지 않다. 리츠가 합병할 경우, 자산 구성, 사업 계획, 재무 구조 등에 중대한 변경을 수반하므로 국토교통부의 변경인가를 받아야 한다(법 제40조제1항제4호). 이 변경인가 절차는 사실상 신규 영업인가에 준하는 수준의 심사를 거치게 되므로, 합병을 통해 인가 절차를 우회한다는 주장은 현실과 부합하지 않는다.

둘째, 법은 리츠 설립 시 전문성을 갖춘 발기인이 자기자본을 투입하여 책임 있는 회사를 만들도록 발기설립의 방법만을 강제한다(법 제10조). 신설합병은 이미 시장에서 검증된 자산과 자본의 실질적 연속성을 전제로 하며, 각 리츠의 주주총회 특별결의라는 민주적 통제 절차를 거치므로, 발기설립의 입법 취지를 훼손하기보다는 오히려 그 취지에 부합하고 투자자 보호 효과도 기대할 수 있다. 이러한 점을 종합할 때, 합병 방식을 흡수합병으로만 제한할 실익은 크지 않다고 판단된다.

(3) 같은 종류의 리츠 간 합병일 것

현행법은 같은 종류의 리츠 사이에만 합병을 허용한다(법 제43조제1항제2호). 즉, 위탁관리리츠는 위탁관리리츠와, 자기관리리츠는

프로젝트리츠로 일하는 법

자기관리리츠와, CR리츠는 CR리츠와만 합병할 수 있다. 이는 각 리츠 유형별로 조직 형태(실체회사 또는 명목회사), 설립 목적, 자산운용 특례 등이 상이하기 때문인 것으로 보인다.

그러나 이 규제 역시 과도하다는 비판이 제기된다.

첫째, 실체회사인 자기관리리츠가 명목회사인 위탁관리리츠를 흡수합병하는 것은 금지할 이유가 없다. 위탁관리리츠는 상근 임직원이 없어 고용승계 문제가 발생하지 않으며, 자산과 부채만 포괄적으로 승계하면 되므로 합병의 난이도가 높지 않다. 반면, 명목회사인 위탁관리리츠가 실체회사인 자기관리리츠를 흡수하는 것은 상근 임직원의 고용 관계 단절 등 복잡한 문제가 발생하여 현실적으로 상정하기 어렵다.

둘째, 위탁관리리츠가 CR리츠를 흡수합병하는 것 또한 막을 이유가 없다. CR리츠는 기업의 구조조정을 지원하기 위해 매각하는 부동산을 주된 투자 대상으로 하는 특수목적리츠일 뿐, 그 기본 형태는 위탁관리리츠와 동일하다. 이러한 CR리츠가 일반 위탁관리리츠에 흡수합병되면 특수목적성이 소멸하고 일반 위탁관리리츠로 전환될 뿐이므로, 이를 금지할 실익이 없다. 다만, 이 경우에는 결과적으로 CR리츠가 위탁관리리츠로 전환하는 것이 허용됨을 전제로 해야 할 것이다.*

반면, CR리츠가 위탁관리리츠를 흡수합병하는 것은 입법정책적으

---

* 위탁관리리츠는 2004년 10월 22일 법 개정으로 도입된 제도이고, 당시 법률(법률 제7243호)에 따르면 부칙에서 제5조에서 개정 법 시행 시에 있던 CR리츠는 위탁관리리츠로 전환할 수 있도록 특례를 두었다. 이 규정의 취지를 고려하면, 현 시점에 CR리츠로 설립된 리츠를 위탁관리리츠로 전환하는 것은 허용되기 어렵다고 볼 가능성이 높다.

로 신중한 접근이 필요하다. CR리츠는 총자산의 70% 이상을 구조조정 관련 부동산으로 구성해야 하는 엄격한 자산구성 규제를 받는다(영 제23조). 만약 일반 자산을 보유한 위탁관리리츠와의 합병을 허용할 경우, 이 자산구성 비율을 희석시켜 규제를 우회할 가능성이 있기 때문이다. 물론 자산구성 비율을 위반하면 벌칙(법 제51조제12호)이 적용되지만, 사후적 제재만으로는 부족하므로 원칙적으로 합병을 제한하는 것이 타당할 수 있다. 다만, 합병 후에도 해당 자산구성 비율(70% 이상)을 충족할 수 있다면 예외적으로 허용하는 방안을 고려할 수 있다.

결론적으로, 리츠 유형 간 합병을 일률적으로 금지하기보다는, 성질상 불가능하거나(예: 위탁관리리츠가 자기관리리츠를 흡수) 입법목적상 바람직하지 않은 경우(예: CR리츠의 규제 우회)를 제외하고는 유연하게 허용하는 방향으로 제도를 개선하는 것이 타당하다.

(4) 공모리츠와 미공모리츠 간 합병 불허

법은 공모를 완료한 리츠가 합병하려는 경우, 상대방 리츠 역시 공모를 완료했을 것을 요구한다(법 제43조제1항제3호). 즉, 공모리츠는 공모리츠와, 공모하지 않은 리츠는 공모하지 않은 리츠와만 합병하도록 대상을 제한한 것이다. 이는 주식분산 의무 및 공모 의무를 이행하지 않은 리츠(이하 '미공모리츠'라 함)가 공모리츠와의 합병을 통해 상장되는 효과를 누리면서 공모 의무를 회피하는 것(소위 '우회상장')을 방지하려는 취지로 판단된다.

그러나 이 제한 역시 비판의 소지가 있다.

첫째, 공모 의무 회피가 우려된다면 합병 자체를 막을 것이 아니라, 합병 후 존속하는 리츠에 대해 일정 기간 내에 총발행주식의 30% 이상을 일반의 청약에 제공하도록 의무를 부과하는 방식으로 해결할 수 있다. 예를 들어, 합병 전 공모 비율이 30%였던 리츠가 미공모리츠와 합병하여 공모 비율이 16%로 하락했다면, 부족분 14%만큼 구주매출 또는 신주발행을 통해 공모 비율을 다시 30% 이상으로 맞추도록 강제하는 것이다.

둘째, 현행법상 국민연금 등 주요 연기금이 발행주식 총수의 50% 이상을 소유한 리츠는 공모 의무가 면제된다(영 제14조제2항). 이는 연기금 자체가 공적 성격을 가지며 다수 국민의 자금을 운용하여 공모와 유사한 기능을 수행한다고 보기 때문이다. 이러한 공모 예외 리츠가 단지 형식적으로 '공모' 절차를 거치지 않았다는 이유만으로 우량 공모리츠와의 합병을 통한 성장 기회를 원천적으로 차단하는 것은 제도의 취지에도 맞지 않고 불합리한 면이 있다.

(5) 리츠는 영업인가를 득하기 전에 합병할 수 있는가?

법에서는 모든 리츠에 대하여 적용되는 규정과 영업인가를 득한 리츠에 대한 규정을 구분하여 규정하고 있다. 합병에 관한 규정에서는 영업인가를 득한 리츠만을 대상으로 하고 있지 않고, 법 제40조의 변경인가에 관한 규정을 보더라도 영업인가를 득하지 않은 리츠의 합병이 가능함을 전제로 한 것으로 해석된다. 하지만, 리츠가 다른 리츠를 흡수합병을 하게 되면 소멸법인의 주주에게 신주를 발행하게 되는데, 이는 영업인가를 받지 않은 리츠가 주주 외의 자에게 신주발행을 금지하는 규정에 위반된다고 볼 수 있다. 또한, 자산의 투자·운용을 한 적이 없는 리츠의 합병을 인정해야 할 실익도 크지 않다. 따라서, 일반적으로 리츠는 영업인가를 득해야 합병할 수 있다고 봄이 타당하다.

다만, 설립신고한 프로젝트리츠는 합병이 가능하다고 봄이 타당하다. 앞서 살핀 바와 같이 법상 합병에 관한 규정 자체에서는 영업인가를 요건으로 하고 있지 않고, 문제가 되는 것은 주주외의 자에 대한 신주발행금지 규정인데, 프로젝트리츠에 대해서는 설립신고 후에는 주주외의 자에게 신주발행이 가능하기 때문이다. 다만, 프로젝트리츠의 주주 숫자의 제한규정은 이 경우에도 적용되므로 합병으로 인하여 주주의 숫자가 49인을 초과하는 경우라면 합병이 불가능하다고 해석될 것이다.

2. 리츠 합병 절차

법은 리츠 합병의 특별 요건만을 정하고 있으므로, 그 외 일반적인 합병 절차는 「상법」의 규정에 따른다. 합병 절차는 다수의 이해관계자에게 중대한 영향을 미치므로, 이사회 결의부터 합병 등기에 이르기까지 복잡하고 엄격한 단계를 거친다. 이하에서는 「상법」 규정을 토대로 리츠 합병의 절차를 개략적으로 설명한다.

(1) 자산 취득을 위한 이사회 결의

합병은 자산을 취득하는 행위이므로 이사회 결의가 필요하다(법 제13조제1항제1호). 이사회 결의로 합병업무가 개시된다.

(2) 자산실사 및 평가

합병 당사자인 리츠들은 상대방 리츠에 대한 자산실사(Due

Diligence) 및 가치평가를 진행한다. 실사는 재무, 세무, 법률 등 다방면에 걸쳐 이루어지며, 우발채무나 법적 분쟁 가능성 등 잠재적 위험을 파악하는 데 중점을 둔다. 특히 리츠의 경우, 보유 부동산의 물리적 상태, 임대차 계약 현황, 권리관계 등을 확인하는 부동산 실사가 핵심이다. 이 실사 결과를 바탕으로 감정평가법인 등이 자산과 부채에 대한 공정한 가치평가를 실시하며, 이는 합병비율을 산정하는 기초 자료가 된다.

(3) 이사회 결의

자산실사 및 평가 결과를 이사회에 보고하면, 이사회가 심의한 후 결의한다. 합병을 위한 내부적 의사결정은 여기서 끝나고, 합병계약을 체결하는 단계로 이행한다.

(4) 합병계약 체결

실사 및 평가 결과를 바탕으로 합병 당사자 간 협상을 통해 최종적인 합병비율과 합병교부금 등을 확정하고 공식적인 합병계약을 체결한다. 합병비율은 합병의 공정성을 담보하는 가장 중요한 요소이다.

특히 법은 리츠 합병 시 소멸회사 주주를 보호하기 위해 존속회사가 발행하는 신주의 발행가액 산정 방법을 특별히 규정하고 있다(법 제43조제2항, 영 제43조의3, 영 제15조). 이에 따르면, 합병리츠가 발행하는 주식의 발행가액은 청약일 전 제3거래일부터 제5거래일까지의 가중산술평균주가(그 기간 동안 증권 시장에서 거래된 해당 종목의 총거래금액을 총거래량으로 나눈 가격을 말한다)의 100분의 70 이상이어야 한다. 다만, 해당 부동산투자회사의 주식이 증권 시장에 상장되지 않은 경우에는 아래 ①에 따라 산정된 금액 및 ②의 사항을 고려하여 이사회가 정한다(영 제15조).

> ① (증자를 결의한 이사회 개최일 전일을 산정기준일로 하여 다음
> 각 목의 방법에 따라 자산의 종류별로 산정한 개별자산의 가치
> 합계액 – 산정기준일 현재의 부채) / 발행주식총수
> – 부동산: 「감정평가 및 감정평가사에 관한 법률」에 따른 감정평
> 가법인 등(이하 '감정평가법인등'이라 한다)이 제16조에 따라 산
> 정하는 방법. 다만, 취득 후 1년 이내의 경우에는 취득가액을 기
> 준으로 할 수 있다.
> – 증권: 「자본시장과 금융투자업에 관한 법률 시행령」 제260조
> 를 준용하여 산정하는 방법. 이 경우 '평가기준일'은 '산정기준
> 일'로 본다.
> – 금융기관 예치금의 경우: 원금과 산정기준일까지의 이자를 가
> 산하는 방법
> – 그 밖의 자산: 재무상태표에 표시된 금액에 의하는 방법
> ② 발행되는 주식의 종류 및 발행조건

(5) 합병계약서 등 사전공시

각 회사는 주주총회일의 2주 전부터 합병 등기를 한 날 이후 6개월
까지 합병계약서, 소멸회사의 주주에게 발행하는 주식의 배정에 관하
여 그 이유를 기재한 서면, 각 회사의 최종 대차대조표와 손익계산서
등을 본점에 비치하고 공시하여야 한다(「상법」 제522조의2). 주주와
채권자는 영업시간 내에 언제든지 해당 서류를 열람하거나 등사할 수

있으며, 이를 통해 합병에 관한 정보를 충분히 검토하고 의사결정을 할 수 있다.

(6) 합병승인을 위한 주주총회 특별결의

합병계약서는 주주총회의 승인을 얻어야 효력이 발생한다(「상법」 제522조제1항). 합병은 회사의 조직과 주주의 권리에 중대한 변경을 초래하는 행위이므로, 보통결의가 아닌 특별결의사항이다(「상법」 제522조제3항). 특별결의는 출석한 주주의 의결권의 3분의 2 이상의 수와 발행주식총수의 3분의 1 이상의 수로써 이루어져야 한다(「상법」 제434조). 이는 합병에 대한 주주들의 폭넓은 동의를 확보하기 위한 장치이다.

(7) 반대주주 주식매수청구

합병을 승인하기 위한 이사회 결의에 반대하는 주주는 주주총회 전에 회사에 서면으로 반대 의사를 통지하고, 총회 결의일부터 20일 이내에 자신이 소유한 주식의 매수를 청구할 수 있다(법 제20조의2제1항제2호). 이는 합병에 동의하지 않는 소수주주에게 투자 자금을 회수할 기회를 보장하여 주주의 권익을 보호하기 위한 제도이다. 매수 청구를 받은 리츠는 매수청구기간 종료일부터 20일 이내에 해당 주식을 매수해야 한다. 다만, 리츠가 매수 자금 부족으로 매수에 응할 수 없는 경우에는 국토교통부장관의 승인을 받아 매수를 연기할 수 있다(법 제20조의2제2항).

(8) 채권자 보호 절차

합병은 채무의 승계와 책임재산의 변동을 가져오므로, 회사의 채권자에게도 중요한 영향을 미친다. 따라서 주주총회에서 합병을 승인한 회사는 결의일로부터 2주 내에 채권자들에게 합병에 이의가 있으면 1개월 이상의 기간 내에 이의를 제출할 것을 공고하고, 알고 있는 채권자에게는 개별 통지해야 한다(「상법」 제527조의5제1항). 채권자가 이의를 제출하면 회사는 그 채무를 변제하거나 상당한 담보를 제공해야 한다. 이 절차를 거치지 않은 합병은 무효 사유가 될 수 있다.

(9) 국토교통부장관의 변경인가

리츠가 합병하는 경우, 법에 따라 국토교통부장관의 변경인가를 받아야 한다(법 제40조제1항제4호). 변경인가의 구체적인 시점에 대해 명확한 규정은 없으나, 합병의 법적 효력이 발생하는 합병 등기 전까지는 인가를 받아야 할 것이다. 행정청 입장에서도 주주총회 결의, 반대주주 주식매수청구, 채권자 보호 절차 등 주요 법적 절차가 모두 완료되었는지 확인한 후 인가를 내주는 것이 행정의 효율성 측면에서 바람직하다. 실무적으로는 합병 계획 초기 단계부터 감독기관인 국토교통부와 사전 협의를 진행하고, 법적 절차를 이행한 후 합병 등기 직전에 변경인가를 신청하는 것이 좋을 것이다.

다만, 프로젝트리츠의 경우에는 그 발전 단계에 따라 변경인가 적용 여부가 달라질 수 있다. 설립 신고만 하고 아직 영업인가를 받지 않은 개발 초기 단계의 프로젝트리츠 간 합병이라면, 변경인가 대상에 해당하지 않을 수 있다. 그러나 영업인가를 받은 리츠가 프로젝트리츠를 흡수합병하는 경우에는 당연히 변경인가를 받아야 한다.

(10) 합병등기

모든 절차가 완료되면, 합병기일로부터 존속회사는 2주 내에 본점 소재지에서 변경등기를, 소멸회사는 2주 내에 해산등기를 함으로써 합병의 모든 법적 절차가 마무리된다(「상법」 제528조). 합병의 효력은 이 변경등기를 함으로써 발생하며, 존속회사는 소멸회사의 모든 권리와 의무를 포괄적으로 승계한다.

3. 입법동향

앞서 검토한 바와 같이, 현행 리츠 합병 규제는 리츠 산업의 성장과 시장의 자율적인 구조조정을 저해하는 불합리한 제한을 다수 포함하고 있다. 이러한 문제점을 개선해야 한다는 업계와 학계의 의견이 지속적으로 제기되었고, 마침내 리츠 합병 규제를 합리화하는 내용의 「부동산투자회사법」 일부개정법률안이 국회에서 발의되었다(2024. 12. 24. 박용갑 의원 대표발의).

개정안의 핵심 내용은 다음과 같다.

첫째, 현행 흡수합병 외에 신설합병 및 분할·분할합병을 허용하여 합병 방식의 선택지를 확대하였다. 둘째, 원칙적으로 다른 종류의 리츠 간 합병 및 공모리츠와 사모리츠 간 합병을 허용하여 M&A를 통한 리츠의 대형화와 전문화를 촉진하고자 하였다. 다만, 합병의 남용을 방지하기 위한 안전장치도 마련하였다. 즉, 성질상 불가능하거나 리츠의 건전한 발전을 저해할 우려가 있는 유형의 합병은 대통령령으로 정하여 제한할 수 있도록 위임 근거를 두었다. 앞서 논의한 바와 같이, 명목회사인 위탁관리리츠가 실체회사인 자기관리리츠를 흡수합병하는 경우나, CR리츠가 자산구성비율 규제를 회피할 목적으로 일반 리츠를 합병하는 경우가 이러한 제한 대상이 될 것으로 예상된다.

또한, 개정안은 합병계약 체결 전에 합병계획의 타당성, 합병가액의 적정성 등을 심의하기 위해 국토교통부 내에 '합병계획심의위원회'를 설치하도록 하였다. 이는 규제 완화에 따른 부작용을 최소화하고 합병 과정의 공정성과 투명성을 확보하기 위한 보완 장치로 평가된다. 이러한 입법적 노력이 결실을 맺는다면, 리츠 시장은 보다 활발한 M&A를 통해 질적·양적 성장을 도모하고, 투자자에게는 더욱 다양한 투자 기회를 제공하는 선진화된 시장으로 발전할 수 있을 것이다.

[참고] 가상의 합병사례

현행법의 한계와 개정안의 필요성을 이해하기 위해 예를 들어 본다. '(주)알파위탁관리리츠'는 서울 중심업무지구(CBD)의 프라임 오피스 빌딩 3개를 보유한 상장 공모리츠이다. 한편, '베타CR리츠'는 A기업의 구조조정 과정에서 매각된 경기도 소재 물류센터 2개를 보유한 비상장 공모예외리츠이다. 베타리츠는 설립 목적을 달성하여 안정적인 임대수익을 창출하고 있으나, CR리츠라는 특성상 추가적인 자산 편입이나 성장에 한계가 있다. 알파리츠는 포트폴리오를 오피스에서 물류 자산으로 다각화하여 위험을 분산하고 성장 동력을 확보하고자 한다.

이 경우, 알파리츠가 베타리츠를 흡수합병하는 것이 양사 주주 모두에게 이익이 되는 전략일 수 있다. 그러나 현행법 체계에서는 ①다른 종류의 리츠(위탁관리리츠 vs CR리츠) 간 합병 금지, ②공모리츠 미공모리츠 간 합병 금지라는 두 가지 규제에 막혀 합병이 불가능하다. 양사는 합병 대신 자산 양수도라는 복잡하고 비효율적인 방식을 택할 수밖에 없으며, 이 과정에서 추가적인 거래 비용과 세금이 발생한다. 만약 개정안이 통과된다면, 양사는 합병계획심의위원회의 심의를 거쳐 공정하고 투명한 절차에 따라 합병을 추진할 수 있게 되어, 리츠 산업 전체의 효율성과 경쟁력을 높이는 데 기여할 수 있을 것이다.

Q6.
프로젝트리츠가 법령을 위반했을 경우
어떤 처벌을 받나요?

———

　리츠 및 그 자산의 투자·운용을 위탁받은 자산관리회사 등이 법 및 관련 법규를 위반하는 경우, 그 위반 행위의 성격과 중대성에 따라 다양한 법적 제재를 받게 된다. 이러한 제재는 크게 ①벌칙(행정형벌), ②과태료(행정질서벌), ③영업인가·등록·설립신고의 취소 또는 업무정지 등 행정조치의 세 가지 유형으로 구분된다. 프로젝트리츠 역시 리츠의 한 종류로서, 법령상 의무를 위반할 경우 예외 없이 이러한 제재의 대상이 된다.

　이 중 '벌칙'은 징역 또는 벌금과 같은 형사적 책임을 부과하는 것으로, 행정형벌에 해당한다. 국토교통부장관은 위반 혐의를 인지한 경우 검찰이나 경찰 등 수사기관에 고발하거나 수사를 의뢰하는 역할을 수행하며, 최종적인 처벌 여부와 그 수위는 사법부의 재판을 통해 결정된다. 따라서 국토교통부장관은 벌칙 부과의 직접적인 처분청이 아니다.

　반면, '과태료'는 형벌이 아닌 금전적 제재로서 행정질서 유지를 목적으로 부과되는 행정질서벌이다. 또한 '영업인가 취소'나 '업무정지'와 같은 '행정조치'는 리츠의 영업 활동 자체를 제한하거나 박탈하는 강력한 제재 수단이다. 이 두 가지 제재는 모두 국토교통부장관이 직접적인 처분의 주체가 되어 부과 및 집행한다. 따라서 프로젝트리츠가 법령을 위반하면, 위반 행위의 내용에 따라 국토교통부장관으로부터 직접적인 행정처분을 받거나, 사법 절차를 통해 형사처벌을 받을 수 있다.

1. 벌칙: 행정형벌

법은 시장 질서에 미치는 영향과 투자자 보호의 필요성 등을 고려하여 위반 행위의 경중에 따라 벌칙의 수준을 세 단계로 차등하여 규정하고 있다. 이는 리츠 제도의 건전성을 훼손하는 중대한 위법행위에 대해 엄중한 형사적 책임을 묻기 위함이다

(1) 5년 이하 징역 또는 1억 원 이하 벌금(법 제50조)

이는 법에서 규정하는 가장 중한 수준의 벌칙으로, 방치할 경우 리츠 제도의 근간을 심각하게 훼손할 우려가 있는 행위에 적용된다.

① 설립신고나 영업인가를 받지 않고 리츠 영업행위를 하거나 신주를 발행하는 행위(제1호): 이는 무인가 영업행위로서, 국토교통부의 통제를 벗어나 투자자를 모집하고 자산을 운용함으로써 시장 질서를 심각하게 교란하고 투자자에게 예측 불가능한 손실을 끼칠 수 있는 중대 범죄이다.
② 속임수나 그 밖의 부정한 방법으로 설립신고나 영업인가(변경인가 등 포함) 등을 받는 행위(제2호): 자본금 규모를 허위로 부풀리거나, 사업계획서의 수익성을 조작하는 등 기망적인 수단을 사용하여 인허가를 취득하는 행위이다. 이는 인허가 제도의 공정성과 신뢰성을 정면으로 훼손하는 행위에 해당한다.

③ 최저자본금(프로젝트리츠는 50억 원) 이상을 갖추기 전에 현물출자를 받는 행위(제3호): 법은 리츠의 재무적 안정성을 확보하기 위해 영업인가 후 6개월 이내에 최저자본금을 갖추도록 규정하고 있다. 이 기준을 충족하기 전에 현물출자를 받는 것은 불안정한 재무 상태에서 자산을 편입하여 리츠의 부실을 초래할 위험이 크므로 엄격히 금지된다.

④ 법 제21조에서 허용한 투자·운용 방법을 위반하여 자산을 투자·운용하는 행위(제4호): 예를 들어, 특정 개발사업을 목적으로 설립된 프로젝트리츠가 설립신고 목적과 달리, 기존에 건축된 상업용 빌딩을 매입하여 임대 사업을 영위하는 경우가 이에 해당한다. 이는 리츠의 정체성을 왜곡하고 투자자의 신뢰를 저버리는 행위이다.

⑤ 리츠의 미공개 자산 운용 정보를 이용하여 부동산이나 증권을 매매하거나 타인에게 이용하게 하는 행위(제5호): '미공개 자산 운용 정보'란 투자자의 판단에 중대한 영향을 미칠 수 있는 정보로서, 투자설명서 및 투자보고서 등을 통해 외부에 공개되지 않은 정보를 말한다. 예를 들어, 리츠가 대규모 복합 쇼핑몰 개발을 위해 특정 지역의 토지를 매입할 계획이라는 내부 정보를 미리 알고, 그 임직원이나 관계자가 개인적으로 인근 토지를 매입하여 시세차익을 노리는 행위가 대표적인 사례이다. 이는 자본 시장의 공정성과 신뢰를 심각하게 훼손하는 내부자거래에 해당한다.

⑥ 속임수나 그 밖의 부정한 방법으로 자산관리회사가 설립인가(변경인가 포함)를 받은 행위(제6호): 자산운용 전문인력 요건을 허

위로 꾸미거나 재무 건전성 기준을 충족한 것처럼 서류를 조작하여 인가를 받는 경우이다.

⑦ 자산관리회사가 설립인가를 받지 않고 위탁관리리츠로부터 자산의 투자·운용을 위탁받는 행위(제6호의2): 무자격 업체가 리츠의 자산을 운용하는 것을 방지하여 투자자를 보호하기 위한 규정이다.

⑧ 영업인가·등록(설립신고 포함)을 하지 않은 리츠가 리츠라는 명칭을 사용하면서 차입하거나 사채를 발행하는 행위(제7호): 이는 투자자들에게 정식 인가받은 리츠인 것처럼 오인하게 하여 자금을 조달하는 기망 행위로 간주된다.

(2) 3년 이하 징역 또는 5,000만 원 이하 벌금(법 제51조)

이 단계의 벌칙은 리츠의 운영 및 자산 관리의 투명성과 건전성을 저해하는 주요 위반 행위들을 대상으로 한다.

① 자기관리리츠가 설립보고서 또는 회사현황보고서를 제출하지 않거나 부정한 방법으로 제출하는 행위(제1호): 이는 국토교통부의 감독 기능을 무력화하고 시장의 투명성을 저해하는 행위이다.

② 자기관리리츠의 주요주주가 부적격 판정을 받아 국토교통부장관으로부터 5% 초과 주식에 대한 처분명령을 받았음에도, 5%를 초과하는 주식의 의결권을 행사하는 행위(제1호의2): 부적격 주주의 지배력 행사를 차단하여 리츠의 건전한 지배구조를 유지하기 위한 조치이다.

프로젝트리츠로 일하는 법

③ 영업인가·설립신고 등을 하기 전에 주주가 아닌 자에게 신주를 배정하는 행위(제2호): 다만, 「자본시장과 금융투자업에 관한 법률」(이하 「자본시장법」)상 50인 이상의 투자자에게 신주 취득의 청약을 권유하는 '모집'에 해당하는 경우에는 법 제50조제1호가 적용되어 더 무겁게 처벌된다.

④ 영업인가를 받기 전에 리츠 주식을 공모하는 행위(제3호): 사업계획의 타당성 등이 검증되지 않은 상태에서 불특정 다수의 일반 투자자를 상대로 자금을 모집하는 것을 금지하여 투자자를 보호하기 위함이다.

⑤ 법에 따른 평가를 받지 않고 현물출자를 하거나 현물출자를 받는 행위(제4호): 현물출자 자산의 가치를 부풀려 리츠에 손해를 끼치는 것을 방지하기 위해 감정평가법인 등의 객관적인 평가를 의무화하고 있다.

⑥ 속임수나 그 밖의 부정한 방법으로 리츠자문회사를 등록하는 행위(제5호)

⑦ 최저자본금 준비기간 후에 총자산 중 부동산 구성 비율을 70% 미만으로 운용하는 행위(제6호): 이는 리츠가 명칭과 달리 부동산이 아닌 다른 자산에 과도하게 투자하여 정체성을 상실하는 것을 막기 위한 규정이다.

⑧ 리츠로부터 투자·운용을 위탁받은 자산관리회사(특별관계자 포함)가 해당 리츠와 거래하는 행위(제8호): 이는 자산관리회사가 자신의 이익을 위해 리츠에 불리한 조건으로 거래를 체결하는 등 이해상충 문제를 야기할 수 있으므로 원칙적으로 금지된다.

⑨ 대토리츠의 주주가 주식 처분 제한 요건을 위반하여 주식을 처

분하는 행위(제9호): 대토리츠는 공익사업으로 토지를 수용당한 원주민에게 개발이익을 공유하기 위한 제도로, 투기 목적의 주식 거래를 막기 위해 일정 기간 주식 처분을 제한하고 있다.

⑩ 자금차입 및 사채발행 규제(법 제29조 등)를 위반하여 자금을 차입하거나 사채를 발행하는 행위(제10호): 과도한 부채는 리츠의 재무 건전성을 악화시키므로, 자기자본의 2배(주주총회 특별결의 시 10배) 이내로 차입 한도를 엄격히 규제하고 있다.

⑪ 리츠가 거래제한 규정(법 제30조)을 위반하여 거래하는 행위(제11호): 대주주 등 특수관계인과의 거래를 통해 리츠의 이익이 부당하게 침해되는 것을 방지하기 위한 규정이다.

⑫ 명의대여 행위(제11호의2): 자산운용 전문인력 등의 자격증이나 명의를 대여하여 부실한 운용을 초래하는 것을 금지한다.

⑬ CR리츠가 자산구성 비율을 위반하여 자산을 운용하는 행위(제12호): CR리츠는 총자산의 70% 이상을 구조조정 대상 기업의 부동산으로 구성해야 하는 의무를 위반한 경우이다.

(3) 1년 이하 징역 또는 1,000만 원 이하 벌금(법 제52조)

주로 투자자 보호를 위한 정보 제공 의무, 공시 의무, 배당 의무 등 리츠 운영의 절차적·실무적 규정을 위반한 행위들이 이에 해당한다.

① 주식청약서 또는 투자설명서를 제공하지 않거나 거짓으로 작성하여 제공하는 행위(제1호): 투자자가 충분한 정보를 바탕으로 합리적인 투자 결정을 내릴 권리를 침해하는 행위이다.

② 주식분산 의무(1인당 주식소유 한도 50% 초과 금지) 위반으로

인한 처분명령에 따르지 않는 행위(제2호): 소수 주주에 의한 지배를 방지하고 소유 분산을 유도하기 위한 규정이다.

③ 자산관리회사의 주식소유 취득 제한 규정(법 제22조의4) 위반으로 인한 처분명령에 따르지 않는 행위(제2호의2): 자산관리회사가 자신이 운용하는 리츠의 주식을 과도하게 소유하여 이해상충이 발생하는 것을 막기 위함이다.

④ 부동산의 처분 제한 규정(법 제24조제1항, 제2항)을 위반하여 부동산을 처분하는 행위(제3호): 리츠가 단기 시세차익을 노리고 부동산을 빈번하게 매매하는 투기적 행태를 방지하고, 장기적이고 안정적인 임대수익 창출을 유도하기 위해 일정 기간 부동산 처분을 제한하고 있다.

⑤ 실사보고서를 작성하지 않거나 거짓으로 작성하는 행위(제4호): 부동산 취득 또는 개발사업 투자 시 자산의 상태, 권리관계, 예상 수익성 등을 면밀히 분석한 실사보고서 작성을 의무화하여 부실 투자를 방지하기 위함이다.

⑥ 위탁관리리츠·CR리츠가 이익배당 한도의 90% 이상을 배당하지 않거나, 상장리츠가 총자산의 10% 이상을 차지하는 부동산 매각 이익을 배당할 때 절차를 위반하는 행위(제4호의2): 리츠는 발생한 이익의 대부분을 주주에게 배당해야 하는 '도관체(Conduit)'로서의 성격을 가지며, 이 배당 의무를 이행하지 않는 것은 리츠 제도의 본질을 훼손하는 행위이다.

⑦ 자기관리리츠가 이익배당 한도의 50% 이상을 배당하지 않는 경우(제4호의3)

⑧ 임직원 행위준칙(법 제33조 이익보장 금지, 부당한 이익 제공 금

지 등)을 위반하는 행위(제5호)

⑨ 자산보관기관이 증권을 한국예탁결제원에 예탁하지 않는 행위
(제6호): 리츠 자산의 안전한 보관 및 관리를 위한 의무 위반이다.

⑩ 자산보관기관이 리츠 자산과 고유자산을 구분하여 관리하지 않
는 행위(제7호): 리츠 자산의 독립성을 보장하고, 자산보관기관
의 파산 등 위험으로부터 투자자 자산을 보호하기 위한 핵심적
인 의무이다.

⑪ 투자보고서를 공시하지 않거나 거짓으로 공시하는 행위(제8호):
투자자가 리츠의 운용 성과와 재무 상태를 정기적으로 파악할
수 있도록 보장하는 공시 의무를 위반한 경우이다.

⑫ 법 제37조제3항에 따른 주요 사항(자산운용 전문인력 변경, 금
융사고 발생, 주주총회 결의 내용, 행정조치 등)을 공시하지 않거
나 거짓으로 공시하는 행위(제8호의2)

⑬ 변경인가·등록 없이 영업 양수도, 합병, 인가·등록사항을 변경하
는 행위(제9호)

⑭ 자산관리회사가 변경인가 없이 주요 사항(주주 변경, 겸영 업무
범위 등)을 변경하는 행위(제9호의2)

⑮ 보고사항에 따른 국토교통부장관의 시정명령 또는 보완명령을
이행하지 않는 행위(제10호)

(4) 양벌규정(법 제53조)

위와 같은 행정형벌 규정을 해석함에 있어서는 과연 누가 처벌대상
인가도 문제된다. 법문상의 표현을 보면 마치 리츠 자체가 처벌대상
인 것처럼 보인다. 예를 들면 법 제19조제4항에 따른 평가를 받지 아

니하고 현물출자를 받은 자를 형사처벌하도록 정하고 있는데, 현물출자를 받은 자는 리츠이기 때문이다. 하지만, 형사처벌의 대상은 아래에서 보는 양벌규정의 특례를 제외하고는 모두 자연인을 대상으로 한다. 따라서, 이 규정에 따라 처벌되는 자는 리츠가 아니라 리츠로 현물출자를 받도록 행위를 한 자연인을 말한다.

법에서는 이러한 자연인이 처벌대상인 경우에 이와 동시에 법인(또는 개인 기업이라면 해당 개인도 포함된다)에 대해서도 벌금으로 처벌하는 규정을 두고 있다.

법인의 대표자나 법인 또는 개인의 대리인, 사용인, 그 밖의 종업원이 그 법인 또는 개인의 업무에 관하여 앞서 설명한 벌칙 조항에 해당하는 위반행위를 하면, 그 행위자를 벌하는 것 외에 그 법인 또는 개인에게도 해당 조문의 벌금형을 부과한다. 이를 양벌규정이라 하며, 법인에 대한 관리·감독 책임을 묻는 것이다.

다만, 법인 또는 개인이 그 위반행위를 방지하기 위하여 해당 업무에 관하여 상당한 주의와 감독을 게을리하지 아니한 경우에는 벌금형이 면제될 수 있다. 여기서 '상당한 주의와 감독'이란, 단순히 형식적인 내부통제 규정을 마련하는 것을 넘어, 실질적으로 위법행위를 예방하기 위한 컴플라이언스 교육, 상시 모니터링 시스템 구축, 내부고발제도 운영 등 구체적이고 효과적인 노력을 다했음을 입증해야 함을 의미한다.

2. 과태료

과태료는 형벌과 달리 전과기록이 남지 않는 행정질서벌로서, 비교적 경미한 의무 위반 행위에 대해 부과된다. 벌칙과 달리, 과태료는 위반 행위자뿐만 아니라 리츠나 자산관리회사와 같은 법인 자체에도 직접 부과될 수 있다(「질서위반행위규제법」 제2조제3호).

(1) 1,000만 원 이하 과태료

① 리츠가 아닌 자가 상호에 '부동산투자회사'라는 명칭을 사용하는 행위(제1호): 일반 대중이 인가받은 리츠로 오인하는 것을 방지하기 위함이다.

② 자기관리리츠의 부적격 주요주주가 주식처분명령(5% 초과 소유 주식 처분)을 이행하지 않는 행위(제3호)

③ 법정 기한(일반리츠는 영업인가 후 3년, 프로젝트리츠는 5년) 내에 주식 공모 의무를 이행하지 않은 경우(제4호): 리츠는 다수의 투자자로부터 자금을 조달하는 공모를 원칙으로 하므로, 사모 형태로 장기간 운영되는 것을 방지하기 위한 규정이다.

④ 주식 청약 정보를 리츠정보시스템에 공개하지 않는 행위(제4호의2): 청약 과정의 투명성을 확보하기 위함이다.

⑤ 상장 요건을 갖추었음에도 정당한 사유 없이 주식을 증권 시장에 상장하지 않는 행위(제5호): 투자자의 환금성을 보장하고 시장의 감시를 받도록 하기 위함이다.

⑥ 자산운용 전문인력을 상근으로 두지 않는 행위(제6호): 전문적인 자산운용을 담보하기 위한 핵심 요건이다.

⑦ 자산관리회사가 법령에서 허용하지 않은 다른 업무를 겸영하는 행위(제7호): 자산운용 업무에 집중하고 이해상충을 방지하기 위함이다.

⑧ 리츠투자자문회사가 아닌 자가 '부동산투자자문회사' 명칭을 사

용하는 행위(제8호): 프로젝트리츠에는 직접 적용되지 않는다.

⑨ 회계처리기준을 위반하여 회계처리를 하는 행위(제9호): 재무 정보의 신뢰성과 투명성을 훼손하는 행위이다.

⑩ 자산보관업무를 신탁업자 등에게 위탁하지 않는 행위(제11호): 투자자 자산의 안전한 분리·보관을 위한 의무이다.

⑪ 국토교통부의 자료제출, 보고 또는 검사를 거부·방해·기피하거나 거짓으로 자료를 제출 또는 보고하는 행위(제12호): 감독기관의 정당한 감독권을 침해하는 행위이다.

⑫ 자기관리리츠가 변경사항을 신고하지 않는 행위(제12호의3)

⑬ 내부통제기준을 마련하지 않는 행위(제13호): 법규 준수 및 위험관리를 위한 최소한의 내부 시스템 구축 의무 위반이다.

⑭ 준법감시인을 상근으로 두지 않는 행위(제14호)

(2) 500만 원 이하 과태료

① 자기관리리츠가 설립보고와 관련된 국토교통부장관의 시정 또는 보완명령을 이행하지 않는 행위(제1호)

② 자기관리리츠가 주요주주 적격성 심사와 관련된 자료 제출 요구에 불응하거나 거짓 자료를 제출하는 행위(제2호)

③ 위탁관리리츠가 지점을 설치하거나 직원을 고용하거나 상근임원을 두는 경우(제3호): 위탁관리리츠는 서류상 회사(Paper Company)로서, 모든 자산운용 및 관리 업무를 외부에 위탁해야 하므로 직접적인 영업조직을 둘 수 없다.

④ 법인이사가 직무를 수행할 자를 위탁관리리츠에 서면으로 알리지 아니한 행위(제4호)

⑤ 주식의 발행 조건을 주주 간에 균등하게 정하지 아니한 행위(제5호): 주주평등의 원칙 위반이다.

⑥ 정당한 이유 없이 자산운용 전문인력이 사전교육 또는 보수교육을 이수하지 않는 경우(제5호의2)

⑦ 일반리츠가 부동산 개발사업에 투자하면서 리츠투자자문회사의 평가를 거치지 않거나, 평가서를 국토교통부장관에게 제출하지 않은 행위(제6호)

⑧ 자기관리리츠의 상근임원이 다른 회사의 상근임직원이 되거나 다른 사업을 영위하는 등 겸업·겸직 금지 의무를 위반하는 행위(제7호)

⑨ 국토교통부장관의 업무정지, 임직원 해임·징계 요구, 시정명령 등을 이행하지 않는 행위(제10호)

⑩ 각종 보고의무를 이행하지 않는 행위(제11호)

위 ⑦번 항목과 관련하여, 부동산 개발사업을 주된 목적으로 하는 프로젝트리츠도 일반리츠처럼 법 제26조제3항에 따라 리츠투자자문회사의 사업계획서 평가를 거쳐야 하는지에 대한 논의가 있다. 결론적으로, 프로젝트리츠에는 해당 규정이 적용되지 않는다고 해석하는 것이 타당하다.

그 이유는 다음과 같다. 법 제26조제3항은 명시적으로 규정하고 있지 않으나, 자산의 투자운용에 대한 규정으로써 영업인가를 득한 리츠에 대한 규정으로 봄이 타당하다. 프로젝트리츠는 법 제26조의4에서 달리 정하지 않는 한, 설립인가 등을 받은 리츠에 관한 규정은 적용되지 않는다. 또한, 법 제26조제3항의 입법 취지는 일반 투자자 보호에 있다. 일반리츠는 공모가 의무화되어 불특정 다수의 일반 투자자가 참여하므로, 전문성이 부족한 이들을 보호하기 위해 개발사업의 사업성, 타당성 등에 대해 외부 전문기관(리츠투자자문회사)의 객관적인 평가를 받도록 한 것이다. 반면, 프로젝트리츠는 개발 단계에서는 사모를 원칙으로 하여 주로 전문성을 갖춘 소수의 기관투자자가 참여하며, 공모는 개발사업이 완료된 후에 허용된다. 따라서 일반 투자자 보호의 필요성이 상대적으로 낮으므로, 해당 평가 의무를 면제하는 것으로 보아야 한다. 그러므로 프로젝트리츠가 리츠투자자문회사의 평가 없이 개발사업을 추진하더라도 이를 이유로 과태료를 부과할 수는 없다.

3. 영업인가 취소(법 제42조)

영업인가의 취소는 리츠의 법인격을 소멸시키는 가장 강력한 행정처분이다. 법은 리츠 및 자산관리회사에 대한 영업인가·설립신고 등의 취소 사유를 구체적으로 열거하고 있다. 프로젝트리츠 역시 법 제42조제1항 각 호의 취소 사유에 해당하면 설립신고가 취소되고, 이는 곧 해산 사유가 된다(법 제44조제6호).

(1) 영업인가 취소 사유

취소 사유는 그 성격에 따라 반드시 취소해야 하는 '필요적 취소 사유'와 재량에 따라 취소할 수 있는 '임의적 취소 사유'로 나뉜다.

① 속임수나 그 밖의 부정한 방법으로 영업인가, 설립신고 등을 한 경우(제1호): 이는 인허가 행정의 기초가 되는 신뢰를 근본적으

로 훼손한 행위이므로, 재량의 여지없이 반드시 취소해야 하는 필요적 취소 사유에 해당한다.

② 자본금이 최저자본금(설립자본금 3억 원, 영업인가 후 6개월 내 50억 원)에 미달하는 경우(제2호): 리츠의 재무적 기초가 부실하여 정상적인 사업 수행이 어렵다고 판단되는 경우이다. (임의적 취소)

③ 자산관리회사가 최근 3년간 법에 따른 자산의 투자·운용업무를 위탁받은 실적이 없는 경우(제2호의2): 사실상 영업 활동이 없는 휴면 회사로 간주될 수 있다. (임의적 취소)

④ 자산의 구성 비율(총자산 중 부동산 70% 이상 등)을 준수하지 않는 경우(제3호): 리츠의 정체성을 유지하지 못하는 경우이다. (임의적 취소)

⑤ 영업인가·설립신고 등 요건에 미달하는 경우(제4호): 인가 시점뿐만 아니라 영업 기간 중에도 인가 요건을 지속적으로 유지해야 할 의무를 위반한 경우이다. (임의적 취소)

⑥ 국토교통부장관의 업무정지, 임직원 해임·징계 요구, 시정명령 등을 정당한 사유 없이 이행하지 않는 행위(제5호): 감독기관의 명령을 불이행하여 감독 질서를 심각하게 훼손한 경우이다. (임의적 취소)

⑦ 자기자본이 전부 잠식된 경우(제6호): 회사의 자산보다 부채가 많아져 재무 상태가 극도로 악화된 경우이다. (임의적 취소)

⑧ 최저자본금 준비 후 현금 등 운영자금이 2개월 이상 계속하여 5,000만 원 이하인 경우(제7호): 최소한의 운영자금조차 확보하지 못해 정상적인 영업이 불가능하다고 판단되는 경우이다. (임

의적 취소)

⑨ 납입 및 현물출자 이행을 가장하는 행위(제8호): 소위 '가장납입'
으로, 실질적인 자본 충실화 없이 서류상으로만 자본금을 부풀
리는 행위이다. (임의적 취소)

⑩ 대토리츠가 영업인가를 받지 않고 차입 및 사채발행을 하는 행
위(제9호): (임의적 취소)

(2) 절차

국토교통부장관은 리츠의 영업인가·설립신고 등을 취소하고자 하
는 경우에는 「행정절차법」에 따라 반드시 청문(聽聞)을 실시해야 한다
(법 제48조). 청문은 처분의 상대방에게 의견을 진술하고 증거를 제출
할 기회를 부여하여, 처분의 신중함과 공정성을 확보하기 위한 중요
한 절차이다. 만약 이러한 청문 절차를 거치지 않고 이루어진 취소 처
분은 절차적 하자가 있는 위법한 처분으로, 행정소송을 통해 다툴 수
있다.

(3) 효과

법률 용어상으로는 '취소'라고 표현되어 있지만, 그 효과가 과거로
소급하여 인가 행위 자체를 무효로 만드는 것이 아니라 장래를 향하
여 효력을 상실시키는 것이므로, 행정법 이론상으로는 '철회'에 해당
한다. 따라서 취소 처분 이전에 리츠나 자산관리회사가 행한 법률행
위(예: 부동산 매매계약, 임대차 계약 등)는 원칙적으로 유효하다. 다
만, 취소 처분이 확정되면 해당 리츠는 법 제44조제6호에 따라 해산
한 것으로 간주되며, 이후에는 새로운 영업활동을 할 수 없고 오직 청

산 절차에만 들어갈 수 있다. 프로젝트리츠의 경우, 설립신고 후 영업인가를 받기 전이라면 설립신고(수리)가 취소(철회)될 것이고, 영업인가를 받은 후라면 영업인가가 취소(철회)될 것이다.

4. 제재적 행정조치(법 제39조제2항)

영업인가 취소 외에도, 국토교통부장관은 위반 행위의 경중에 따라 다양한 제재적 행정조치를 취할 수 있다. 이는 리츠의 위법·부당한 행위를 시정하고 재발을 방지하기 위한 감독 수단이다. 이러한 조치 역시 프로젝트리츠에 동일하게 적용될 수 있다.

(1) 요건

국토교통부장관은 리츠나 자산관리회사 등이 다음 중 하나에 해당하는 경우 제재조치를 부과할 수 있다(법 제39조제2항).

① 법 및 법에 따른 명령이나 처분을 위반한 경우
② 사모펀드에 해당하지 않는 리츠 등이 「자본시장법」 및 그 법에 따른 명령이나 처분을 위반한 경우
③ 「금융소비자 보호에 관한 법률」에 따른 주요 판매 원칙을 위반한 경우: 이는 리츠가 일반 투자자에게 주식을 판매할 때 적용되는 규정들로, ▲투자자의 재산 상황, 투자 경험 등을 고려하여 적합한 상품을 권유해야 하는 '적합성 원칙'(제17조), ▲투자자가 스스로 판단하여 상품을 선택할 때 그 상품이 투자자에게 부적합한 경우 이를 고지해야 하는 '적정성 원칙'(제18조), ▲상품의 중요 사항을 투자자가 이해할 수 있도록 설명해야 하는 '설명의

무'(제19조), ▲부당한 재산상 이익 제공을 약속하는 등의 '불공정영업행위 금지'(제20조), ▲투자자의 의사에 반하여 투자를 강요하는 등의 '부당권유행위 금지'(제21조) 등이 포함된다.

(2) 효과

위와 같은 위반 요건에 해당하면, 국토교통부장관은 위반의 정도, 동기, 결과 등을 종합적으로 고려하여 다음의 조치를 취할 수 있다.

① 6개월 이내의 범위에서 업무의 전부 또는 일부를 정지하는 조치 (업무정지)
② 위법행위에 책임이 있는 임직원의 해임 또는 징계를 요구하는 조치
③ 해당 회사에 대한 기관 경고 또는 주의 조치
④ 위법행위의 시정, 위법행위로 인한 이익의 변상, 위법하게 취득한 자산의 처분 등을 명령하는 조치

또한, 위반사항이 비교적 경미하다고 판단되는 경우에는 시정명령이나 경고·주의 대신 개선을 요구하거나 재발방지 확약서 제출을 요구할 수 있으며, 필요에 따라 현장에서 즉시 시정 조치를 할 수도 있다(「부동산투자회사 등에 관한 검사규정」 제19조의2, 제19조의3).

이러한 제재조치의 구체적인 기준은 국토교통부 훈령인 「부동산투자회사 등에 관한 검사규정」(이하 '검사규정')에서 정하고 있다. 그러나 이 검사규정은 행정청 내부의 사무처리 기준을 정한 재량준칙에 해당하므로, 법규명령과 같은 대외적 구속력은 없다. 따라서 검사규

정에 특정 위반행위에 대한 제재 기준이 명시되어 있지 않다고 해서 행정청이 처분을 할 수 없는 것은 아니다. 예를 들어, 현행 검사규정에는 자산관리회사에 대한 업무정지 기준(제21조)은 있으나, 리츠 자체에 대한 업무정지 기준은 별도로 마련되어 있지 않다. 그렇다고 해서 법률(법 제39조제2항)에 근거가 명백한 리츠에 대한 업무정지 처분을 할 수 없다고 해석하는 것은 타당하지 않다. 행정청은 상위 법령인 법에 근거하여 재량권을 행사할 수 있다. 다만, 입법론적으로는 제재 대상자의 예측 가능성을 높이고 처분의 투명성을 확보하기 위해, 이러한 제재 기준을 법률이나 대통령령(영) 등 상위 법규에 보다 세밀하게 규정하는 것이 바람직하다.

[참고] 검사규정상 주요 제재처분 기준

① 리츠 관련
- 리츠 등에 대한 경고 또는 주의 기준: 검사규정 제19조
- 리츠의 임직원에 대한 해임·징계 요구 기준: 제20조
- 리츠 등에 대한 개선요구 및 재발방지 확약서 제출: 제19조의2
- 리츠 등에 대한 현장조치: 제19조의3

② 자산관리회사 관련
- 자산관리회사에 대한 업무정지·경고·주의 기준: 제21조
- 자산관리회사의 임직원에 대한 해임·징계 요구 기준: 제22조

③ 자산보관기관 및 사무수탁회사 관련
- 자산보관기관에 대한 업무정지 기준: 제23조
- 사무수탁회사의 업무정지 기준: 제25조

Q7.
프로젝트리츠에 대한 관리·감독은
어떻게 이루어지나요?

법에 따른 리츠에 대한 포괄적인 감독 권한은 국토교통부장관에게 귀속된다. 따라서 특정 개발사업을 목적으로 설립되는 프로젝트리츠 역시 국토교통부장관의 관리·감독 대상에 포함되며, 국토교통부장관은 필요한 경우 감독·조사권을 발동할 수 있다(법 제39조제1항). 프로젝트리츠는 일반 리츠와 달리 개발사업의 신속한 추진을 위해 진입 규제가 완화된 특수성을 지닌다.

이러한 제도적 특수성을 고려하여, 법은 국토교통부장관의 일반적인 감독·조사권 외에도 프로젝트리츠가 제출한 사업투자보고서의 내용에 대한 적정성을 심사하고, 문제가 발견될 경우 시정이나 보완을 명할 수 있는 특별한 감독 권한을 규정하고 있다(법 제26조의4제8항). 이는 프로젝트리츠의 설립 단계에서의 규제 완화를 영업 행위 단계에서의 실질적 감독 강화를 통해 보완함으로써, 투자자 보호와 시장 건전성을 확보하기 위한 입법적 장치이다.

1. 사업투자보고서의 보고 내용과 관련한 시정·보완 명령권

(1) 내용

프로젝트리츠는 일반 리츠가 영업인가 또는 등록 절차를 거쳐야 하는 것과 달리, 설립등기를 마치고 자본금 50억 원을 확보하는 등 법에서 정한 형식적 요건만 충족하면 국토교통부장관에게 설립신고를 하는 것만으로 개발사업을 수행할 수 있다. 이러한 설립신고는 행정청의 수리를 요하는 신고로서, 수리를 통해 그 법적 효력이 발생한다.

그러나 설립 요건에 사업계획의 타당성이나 자금 조달 능력의 확실성 등과 같은 재량적 판단 사항이 포함되어 있지 않으므로, 행정청의 수리 행위는 요건 충족 시 반드시 수리해야 하는 기속행위(覊束行爲)에 해당한다. 따라서 재량행위(裁量行爲)인 영업인가나 등록 심사 시 사업의 공익성 등을 고려하여 조건을 부가할 수 있는 것과 달리(법 제9조제3항,「부동산투자회사 인가 등 지침」제8조), 프로젝트리츠의 설립신고 수리 시에는 행정청이 별도의 조건을 붙일 수 없다.

이처럼 프로젝트리츠의 시장 진입 규제를 대폭 완화한 것은 부동산 개발사업의 특수성을 반영하여 신속하고 유연한 사업 추진을 지원하기 위함이다. 그러나 이는 동시에 부실한 사업 계획이나 불건전한 운영으로 인한 투자자 피해의 위험을 증대시킬 수 있다.

이러한 감독 공백을 보완하고 실질적인 건전성을 확보하기 위해, 법은 프로젝트리츠의 영업 행위에 대한 사후적 관리·감독의 필요성을 강조한다. 그 핵심적인 수단이 바로 사업투자보고서 제출 의무와 이에 연계된 시정·보완 명령권이다. 법은 프로젝트리츠로 하여금 사업투자보고서를 의무적으로 제출하도록 하고, 국토교통부장관이 그 내용을 검토하여 관계 법령에 위배되거나 부동산투자회사 주주의 권익을 현저히 침해한다고 인정하는 경우에는 해당 프로젝트리츠 또는 그 자산을 운용하는 자산관리회사에 시정이나 보완을 명할 수 있도록 명시적으로 규정하였다(법 제26조의4제7항, 제8항).

가령, 사업투자보고서에 기재된 사업 내용이 법에서 정한 개발사업의 범위를 벗어나거나, 자금 조달 계획이 비현실적이어서 사업의 실현 가능성이 희박한 경우, 또는 투자자에게 불리한 불공정한 계약 조건이 포함된 경우 등이 시정·보완 명령의 대상이 될 수 있다. 또한, 신고된 개발사업이 아닌 다른 사업으로 무단으로 변경하거나 추가하는 경우에도 이를 시정하거나 보완하도록 명할 수 있다.

다만, 이러한 사업투자보고서 및 관련 시정·보완 명령 제도는 프로젝트리츠가 영업인가를 받기 전 단계에 한정하여 적용된다. 프로젝트리츠가 영업인가를 받은 이후에는 일반 리츠와 동일하게 법 제37조에 따른 투자보고서 제출 등 통상적인 공시 규정이 적용되므로, 위 시정·보완 명령은 영업인가 전 단계의 프로젝트리츠에 대한 특수한 감독 수단으로서의 의미를 가진다.

(2) 효과

프로젝트리츠 또는 자산관리회사가 국토교통부장관의 시정·보완 명령을 받고도 정당한 사유 없이 이에 응하지 아니하는 경우, 이는 법에 따른 명령이나 처분을 위반한 행위에 해당한다. 국토교통부장관은 이를 근거로 단계적인 제재 조치를 취할 수 있다.

첫째, 법 제39조제2항에 따라 해당 프로젝트리츠에 대하여 업무의 전부 또는 일부를 정지시키는 업무정지 명령 등 제재 조치를 할 수 있다. 이는 위법 상태를 시정할 기회를 부여하는 동시에 추가적인 위법 행위를 방지하기 위한 조치이다.

둘째, 프로젝트리츠가 이러한 업무정지 등 제재 조치에도 불구하고 정당한 사유 없이 계속하여 시정·보완 명령을 이행하지 아니하는 경우에는, 법 제42조제5호에 근거하여 설립신고 자체를 취소할 수 있다. 설립신고가 취소되면 해당 프로젝트리츠는 존립의 법적 근거를 상실하게 되며, 법 제44조제6호에 따라 해산 사유에 해당하여 청산 절차를 밟아야 한다. 이는 프로젝트리츠에 대한 가장 강력한 행정 제재이다.

셋째, 이러한 행정 제재와는 별도로, 시정·보완 명령 불이행 행위 자체에 대하여 법 제54조제2항제10호에 따라 500만 원 이하의 과태료를 부과할 수 있다. 과태료는 행정벌로서 다른 제재 조치와 병과하여 부과될 수 있다.

2. 프로젝트리츠 등에 대한 감독·조사권

(1) 내용

프로젝트리츠도 법상 리츠의 한 종류이므로, 리츠에 대한 일반적인 감독·조사 규정의 적용을 받는다. 즉, 국토교통부장관은 공익을 보호하거나 주주의 권익을 지키기 위하여 필요하다고 인정하는 경우, 리츠(프로젝트리츠 포함), 자산관리회사, 부동산투자자문회사, 자산보관기관 또는 일반사무수탁회사 등 관련 기관에 대하여 법에 따른 업무 또는 재산 상황에 관한 자료의 제출이나 보고를 명할 수 있다. 또한, 소속 공무원 및 외부 전문가로 하여금 해당 기관의 사무실이나 사업장에 출입하여 업무 또는 재산 상황을 직접 검사하게 할 수 있다(법 제39조제1항). 따라서 프로젝트리츠는 이러한 규정에 따라 국토교통부장관의 요구가 있을 시 관련 자료를 제출하거나 보고해야 하며, 업무 및 재산에 대한 검사를 받아야 할 의무가 있다.

이러한 일반적인 감독·조사권은 프로젝트리츠의 설립신고 시점부터 해산 시까지 전 과정에 걸쳐 적용되므로, 앞에서 설명한 영업인가 전 단계의 시정·보완 명령권과 병행하여 행사될 수 있다. 즉, 국토교통부장관은 영업인가를 받기 전의 프로젝트리츠에 대하여 사업투자보고서의 내용을 토대로 시정·보완을 명령하는(법 제26조의4제8항) 동시에, 보고서 내용의 진위 여부나 추가적인 사실관계 확인이 필요하다고 판단될 경우 일반 감독·조사권을 발동하여(법 제39조제1항) 심층적인 조사를 진행할 수 있다. 실무적으로는 제출된 서류만으로 의문이 해소되지 않거나 위법 혐의가 구체적일 경우, 시정·보완 명령에 그치지 않고 직접적인 감독·조사권을 행사하여 사실관계를 명확히 하는 방향으로 운용될 것이다.

감독·조사의 구체적인 방법으로서 국토교통부장관은 리츠 등에 자료의 제출이나 보고를 명하는 서면 조사를 할 수도 있고, 소속 공무원 등이 직접 현장에 나가 장부나 서류 등을 검사하는 현장 검사를 할 수도 있다. 검사는 그 성격에 따라 종합검사와 특별검사로 구분되며, 두 가지 모두 현장 검사를 원칙으로 한다(영 제41조제1항, 제2항).

종합검사는 부동산투자회사 또는 자산관리회사의 업무 및 재산 상황 전반에 대하여 정기적으로 실시하는 검사를 말한다. 국토교통부장관은 매년 검사 대상 기관, 검사 방법, 검사 기간 등의 내용을 포함하는 종합검사계획을 수립하고 그 계획에 따라 검사를 실시한다. 실무에서는 이를 '정기검사'라고 부르기도 한다.

특별검사는 법 위반 혐의가 있거나, 공익 또는 주주 보호 및 리츠의 건전한 경영을 유도하기 위해 긴급하거나 특정한 사안에 대하여 비정기적으로 실시하는 검사를 말한다. 투자자의 민원, 시장의 풍문, 감독 과정에서 포착된 이상 징후 등이 특별검사의 계기가 될 수 있으며, 실무에서는 '수시검사'로 통칭된다.

(2) 효과

종합검사 또는 특별검사와 같은 감독·조사 활동을 통해 프로젝트리츠 등의 위법·부당 행위가 밝혀질 경우, 국토교통부장관은 그 위반의 내용과 정도에 따라 다양한 제재 조치를 취하게 된다.

첫째, 위반 행위가 법 제50조부터 제52조까지에 규정된 벌칙(징역 또는 벌금)에 해당하는 범죄를 구성한다고 판단될 경우, 수사기관에 수사를 의뢰하거나 직접 고발 조치를 한다.

둘째, 범죄에 이르지 않는 비교적 경미한 법규 위반 사항에 대해서는 법 제54조에 따라 과태료를 부과한다.

셋째, 위반의 정도가 중대하여 리츠의 존속을 허용할 수 없다고 판단되는 경우, 법 제42조에 따라 영업인가를 취소하거나 (프로젝트리츠의 경우) 설립신고를 취소할 수 있다.

넷째, 즉각적인 취소가 과도하다고 판단되거나 시정이 가능한 위반 행위의 경우, 법 제39조제2항에 따라 일정 기간 업무의 전부 또는 일부를 정지시키는 명령을 내릴 수 있다.

한편, 벌칙 적용과 관련하여 법은 양벌규정(兩罰規定)을 두고 있다. 즉, 법인의 대표자나 법인 또는 개인의 대리인, 사용인, 그 밖의 종업원이 그 법인 또는 개인의 업무에 관하여 벌칙에 해당하는 위반행위를 하면, 실제 행위를 한 자를 벌하는 것 외에 그 업무의 주체인 법인 또는 개인에게도 해당 조문의 벌금형을 부과한다. 이는 법인이나 사업주에게 소속 임직원에 대한 지휘·감독 책임을 부과하여 위법 행위를 사전에 방지하도록 유도하기 위한 것이다. 다만, 법인 또는 개인이 그 위반행위를 방지하기 위하여 해당 업무에 관하여 상당한 주의와 감독을 게을리하지 아니하였음을 입증하는 경우에는 벌금형을 면제받을 수 있다(법 제53조). 이 면책 조항은 기업이 실효성 있는 내부통제 시스템을 구축하고 운영하도록 하는 중요한 동기가 된다.

사례로 보는
프로젝트리츠 설립

제물포 도심복합개발사업 사례

인천도시공사(iH)가 주도하는 '제물포역 북측 도심 공공주택 복합 사업'은 국내 최초로 리츠 방식을 도입하여 추진되는 대규모 도심 재 생 프로젝트이다. 이 사업은 국토교통부가 2021년 발표한 '공공주도

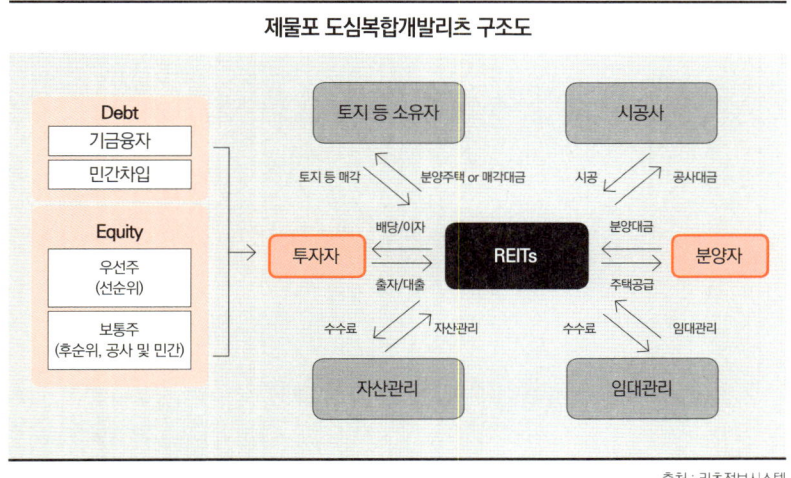

제물포 도심복합개발리츠 구조도

출처 : 리츠정보시스템

프로젝트리츠로 일하는 법

3080+ 주택공급 확대 방안'의 일환으로, 노후화된 원도심 지역에 3,497세대 규모의 주택을 공급하여 주거 환경 개선과 균형 발전을 도모하는 것을 목표로 한다. 이 사업은 기존 리츠 방식에서 프로젝트리츠로 전환하고, 운영 안전화 단계에서는 지역상생리츠를 통해 지역 주민과 개발 이익을 공유하는 모델로 구조화되어 있다.

1. 리츠의 사업시행자 지정 배경 및 역할

인천도시공사는 2025년 7월 '제물포역 북측 도심 공공주택 복합사업'의 사업시행자를 단독 시행에서 인천도시공사 및 리츠(제물포역도심복합사업 위탁관리 부동산투자회사) 공동 시행으로 변경하였다. 이는 사업의 공공성과 자본 운용 효율성을 동시에 확보하기 위한 구조 개편이다. 리츠 방식을 통해 물가 상승 및 금리 인상 등 거시경제 지표 변동에 따른 재무 리스크를 통제하고 사업 효율성을 제고한다.

인천도시공사는 당해 리츠의 자산관리회사를 겸영하며, 자산운용을 위탁받아 자금 조달 및 부동산 매입·관리·처분·청산 업무를 수행한다. 민간 사업자로는 DL이앤씨와 현대건설 컨소시엄이 참여한다. 총 사업비 약 2조 원 중 자기자본 1,002억 원은 인천도시공사 현금 출자(18.95%) 및 민간 건설사, 금융기관 출자로 구성된다. 외부 차입금은 주택도시보증공사(HUG) 보증 기반의 민간 프로젝트 파이낸싱(PF) 대출 7,200억 원과 주택도시기금 융자 2,986억 원 등으로 조달될 계획*이다.

---

* iH 제물포역 복합사업, 프로젝트리츠 전환 '속도', 더벨, 2026년 1월 8일

2. 지역상생리츠로의 전환 및 지역 주민 참여

제물포역 복합사업은 개발 사업 수익을 지역상생리츠를 통해 원주민에게 배분하는 구조를 채택하였다. 지역상생리츠는 개발 이익을 지역 주민에게 우선 배당하기 위해, 리츠 주식 공모 자격을 특정 지역 주민으로 제한하는 형태이다. 이는 2025년 5월 관련 법률 개정으로 근거가 신설되어 11월부터 시행되었으며, 국토교통부장관이 공익 목적상 필요하다고 인정하는 사업에 적용된다.

(1) 매각 계획 및 지역 주민 참여 방식

지역상생리츠는 특정 지역 주민에게 리츠 지분 투자 우선권을 부여한다. 제물포역 복합사업은 토지 등 소유자에게 리츠 공모 참여 우선권을 제공할 계획이다. 이에 따라 토지 소유자는 종후 자산(주택 및 상가)의 취득 권리 확보와 더불어 리츠 주주로서 배당 수익을 수취할 수 있다. 인천도시공사는 굴포천역 남측 도심 공공주택 복합사업에 대해서도 동일한 지역상생리츠 방식 적용을 검토하고 있다.

(2) 지역상생 효과 및 정책적 지원

지역상생리츠 제도는 개발 이익의 지역 주민 배분을 통해 사업의 공공성을 확보하고, 원도심의 주거 환경 개선을 목적으로 한다. 이는 원주민 재정착률 제고 및 지역 경제 유발 효과를 창출할 것으로 분석된다. 해당 제도는 실물 부동산에 집중되는 투자 수요를 증권화된 간접투자로 분산하고, 개발 이익을 대중과 배분하는 구조로 기획되었다. 서울 용산국제업무지구 및 경기도 3기 신도시 등 주요 개발 구역에서도 지역상생리츠 도입을 검토 중이므로, 제물포 복합사업의 실무

프로젝트리츠로 일하는 법

구조가 선행 지표로 작용할 전망이다.

(3) 기존 토지 등 소유자에 대한 자산 취득 구조: 선납 및 잔금 방식

제물포 도심복합사업의 기존 토지 등 소유자는 리츠가 건설한 종후 자산을 취득할 시, 종전 자산 가액을 매매대금의 선납분으로 회계 처리하고 잔금은 자산의 최종 취득 시점에 정산한다. 해당 현물 선납 구조는 사업시행자가 종전 자산 매입을 위한 대규모 현금 보상 재원을 외부에서 조달할 필요성을 제거하여, 초기 금융비용 및 자금 조달 리스크를 통제하는 실무적 핵심 기제이다.

① 자산 가치 산정 기준: 종전 자산 가액은 「공익사업을 위한 토지 등의 취득 및 보상에 관한 법률」(이하 「토지보상법」)을 준용하여 산정한다. 3인 이상의 감정평가법인 등이 보상 평가를 수행하며, 대상 토지와 유사한 표준지 공시지가를 기준으로 현실 이용 상황 및 개별 요인을 반영한다. 당해 공익사업으로 인한 개발이익은 보상액에서 배제하는 것이 원칙이나, 사업 외의 거시적 지가 변동분은 산정에 반영된다.

② 현물 선납의 재무적 효과: 종전 자산에 대한 감정평가 산출 보상금은 현물보상계약에 근거하여 종후 자산 매매대금의 선납 처리로 갈음된다. 전액 현금 보상 방식의 경우 사업시행자가 보상금 지급을 위한 외부 브릿지론 등 추가 자본 조달을 실행해야 하나, 현물 보상 및 선납 방식은 조달 필요 금액 자체를 감축시켜 사업 전반의 재무 건전성을 확보하는 효과가 있다.

(4) 사업 추진 일정 및 기대 효과

본 사업은 2025년 12월 철거를 시작으로 2031년 하반기 준공 예정이다. 자산의 처분 및 리츠 청산 시점은 2041년으로 계획되어 있다. 노후 원도심의 고밀 복합 개발을 통해 신규 주택을 공급하고 도시 기능을 개편한다. 프로젝트리츠 구조를 통한 초기 자본 조달 리스크 통제 및 지역상생리츠를 연계한 수익 배분 모델은 향후 유사 도심 재생 사업의 표준 구조로 적용될 것으로 분석된다.

동탄 헬스케어리츠 사례

1. 사업 개요 및 구조

본 사업은 경기도 화성 동탄2지구 내 오피스텔, 시니어 주택, 의료 및 상업시설이 결합된 복합 단지를 개발하는 프로젝트이다. 총사업비 약 2조 원 규모로, 개발 단계에서 오피스텔 분양을 통해 투입 자본을 회수하고, 준공 후 헬스케어 관련 시설(노인복지주택, 병원 등)을 10

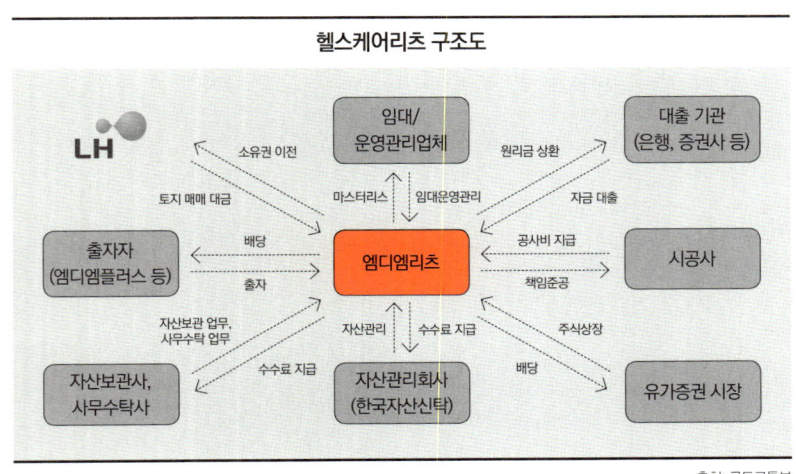

헬스케어리츠 구조도

출처: 국토교통부

프로젝트리츠로 일하는 법

년간 임대 운영한 후 매각하여 투자 수익을 실현하는 사업 구조로 기획되었다.

본 사업을 위해 설립된 '엠디엠동탄헬스케어리츠'(이하 '대상리츠')는 한국토지주택공사로부터 부지를 매입하여 약 5년간의 개발 기간을 거쳐 복합 시설을 준공하는 것을 목표로 하고 있다. 이후 10년간의 운영 기간을 포함하여 총 15년(180개월)의 사업 기간으로 구조화되어 있다.

(1) 사업 내용 및 대상 물건

사업 대상지는 화성동탄2지구 의료복지시설용지이며, 대지면적 186,487.00㎡, 연면적 587,156.23㎡ 규모의 복합단지를 조성하는 프로젝트이다. 당해 단지는 분양 목적의 오피스텔 및 근린생활시설과, 임대 후 매각 목적의 노인복지주택 및 의료시설 등으로 구성된다.

(2) 사업 구조 및 주요 참여자

본 건 리츠의 발기인 및 주요 출자자인 ㈜엠디엠플러스가 사업 구도를 기획하며, 자산의 투자 및 운용은 자산관리회사인 한국자산신탁㈜가 수행한다. 개발 사업에 필요한 시공사 선정의 과정이 예정되어 있으며, 자금 조달 관련한 금융기관이 참여할 예정이다.

2. 재무 계획 및 자금 조달 구조

본 사업은 개발 기간과 운영 기간의 현금흐름 특성에 따라 이원화된 자본 조달 계획을 수립하였다. 개발 단계에서는 브릿지론 및 프로젝트 파이낸싱(PF) 대출을 통해 외부 차입을 실행한다. 운영 단계에서는 유가증권 시장에 일부 주식을 상장하고, 분양 수익금 유입을 바탕으로 차입금을 상환하여 재무구조를 재편하는 방식이다.

(1) 개발 기간 자금 조달 및 운용 계획

개발 기간(5년) 소요 자금은 자기자본, 외부 차입금, 그리고 분양 및 임대에 따른 선수금(임대보증금 등)으로 조달한다. 총 조달 규모는 약 2조 원이며, 해당 자금은 토지 매입, 건설 공사, 리츠 운영비 및 금융 비용 용도로 집행된다.

(2) 운영 기간 자금 조달 및 공모 계획

운영 기간(10년) 진입 시 개발 단계의 차입금을 전액 상환할 목적으로, 준공 이후 2,000억 원 규모의 일반 공모 증자를 실행할 계획이다. 이를 통해 총 자기자본을 4,000억 원으로 확충하며, 오피스텔 분양 잔금 및 헬스케어 시설 임대보증금을 재원으로 운영 자금을 충당할 계획이다.

3. 사업 추진 일정 및 기대 효과

대상리츠는 2026년 착공 및 2029년 준공 예정이다. 본 사업은 단순 분양형 개발 방식에서 탈피하여 개발, 임대, 운영을 통합 수행하는 운영형 디벨로퍼 모델을 도심형 시니어 주택 사업에 적용하였다. 이는 향후 프로젝트리츠 기반 복합개발사업의 실무적 선례로 작용할 것으로 분석된다. 인구 고령화 추세에 따라 시니어 주택은 장기적인 배후 수요가 존재하므로, 운영 기간 중 지속적인 임대 영업현금흐름 창출이 가능한 대체투자 자산군으로 분류된다.

Ⅲ

정책형 리츠의
확장

지역상생리츠는 무엇인가?

지역상생리츠, 왜 도입되었나?

리츠는 법 제1조에 명시된 바와 같이, 일반 국민에게 부동산 투자 기회를 확대하고 부동산 시장의 건전한 발전을 도모하는 것을 주된 목적으로 한다. 이러한 목적 달성을 위해 법 제14조의8제2항은 리츠가 발행주식 총수의 30% 이상을 일반 대중의 청약에 제공(공모)하도록 규정하고 있다.

그러나 최근 인공지능(AI) 산업의 급격한 성장으로 데이터센터 수요가 급증하고, 탄소중립 목표 달성을 위해 풍력·태양광 등 재생에너지 시설의 설치가 확대되는 과정에서 새로운 사회적 갈등이 부상했다. 고부가가치 산업시설은 국가 경제적으로 필수적이지만, 정작 시설이 입지한 지역의 주민들이 체감하는 고용 창출이나 경제적 효익은 미미한 경우가 많았다. 즉, 지방자치단체가 지역 발전을 위해 신산업 시설을 유치하더라도 그 개발이익이 지역 공동체에 충분히 환원되지 않는 '이익의 외부화' 문제가 발생한 것이다. 따라서, 특정 지역 주민 등에게 우선적으로 투자 기회를 부여하는 투자방식에 대한 필요성이 생겼다.

프로젝트리츠로 일하는 법

1. 지역상생리츠의 기대 효과

지역상생리츠는 바로 이러한 문제의식에서 출발한 제도이다. 데이터센터, 발전소와 같이 공공의 편익을 위해 특정 지역에 설치되는 시설의 개발 및 운영 과정에서 발생하는 이익을 해당 지역 주민들이 우선적으로 향유할 수 있도록, 리츠를 통해 이익을 공유하는 구조를 마련한 것이다. 이는 개발 과정에서 소외될 수 있었던 지역 주민을 단순한 수동적 수혜자가 아닌, 사업의 성과를 공유하는 '능동적 투자자'로 변모시키는 효과를 가진다.

이러한 접근은 다음과 같은 긍정적 효과를 기대할 수 있다.

첫째, 주민 수용성 제고이다. 지역 주민들이 사업의 주체로 참여함으로써, 산업시설 설치에 대한 관심과 지지를 유도하고 '님비(NIMBY, Not In My Back Yard)' 현상을 '핌피(PIMFY, Please In My Front Yard)' 현상으로 전환하는 계기를 마련할 수 있다.

둘째, 정책적 활용 가능성 확대이다. 지방자치단체가 보유한 유휴부지(공유지)를 활용하여 지역상생리츠 사업을 추진할 경우, 안정적인 사업 모델 구축이 용이하다. 예를 들어, 지방자치단체가 공유지에 데이터센터를 유치하면서 부지를 제공하고 안정적인 임차를 보장하는 대신, 사업 시행을 지역상생리츠 방식으로 진행하도록 유도할 수 있다.

셋째, 사회적 가치 실현이다. 리츠의 우선 청약 기회를 특정 지역 주민뿐만 아니라, 청년, 신혼부부, 저소득층 등 정책적 지원이 필요한 계층에게 부여함으로써, 사회기반시설 구축과 그로 인한 이익의 재분배를 동시에 달성하는 포용적 금융 모델로 기능할 수 있다.

[참고] 지역상생리츠를 활용한 데이터센터 사례

지방자치단체 A시가 소유한 도심 외곽 유휴부지에 민간기업 B사가 데이터센터 건립을 추진하는 경우, A시는 용적률 상향 등 행정적 지원을 제공하는 조건으로 사업을 'A시 지역상생리츠'를 통해 진행하도록 협약한다. 이 리츠는 발행 주식의 30%를 공모하되, 이 중 절반(총 발행 주식의 15%)을 'A시에 1년 이상 거주한 청년 및 신혼부부'에게 우선 배정한다. 이를 통해 기업은 안정적으로 부지를 확보하고, A시는 지역 내 정책 대상 계층에게 새로운 자산 형성 기회를 제공할 수 있다.

이처럼 지역상생리츠는 일반 국민의 투자 기회 확대라는 리츠 본연의 목적을 넘어, 지역 균형 발전과 사회적 가치 실현이라는 더 높은 차원의 공익을 달성하는 효과적인 정책 수단이 될 수 있다. 다만, 우선 청약 기회 제공이 특정 소수에게 이익이 편중되는 부작용을 낳을 수 있으므로, 법은 "지역발전 등 공익을 위하여" 필요한 경우에만 제한적으로 운영하도록 규정하고 있다.

2. 지역상생리츠 도입의 쟁점

리츠의 공모는 법과 「자본시장법」의 중첩적인 규율을 받는다. 법에서 정한 '일반의 청약'이란 불특정 다수를 대상으로 하는 것으로 해석하여, 과거 국토교통부는 특정 지역 주민 등으로 청약 대상을 한정하는 것을 허용하지 않았다(2022. 11. 28. 부동산산업과-5249). 반면, 「자본시장법」 체계에서는 특정 지역이나 계층에 대한 공모 가능 여부가 상대적으로 유연하게 다루어져 왔다. 과거 「증권거래법」 시절부터 '기업공시 실무안내서'를 통해 특정 지역으로 투자자를 제한하는 '조

건부 일반공모'의 가능성을 인정했으며, 금융상품의 '계약 자유 원칙'
과 투자자 보호의 실익을 고려할 때 특정 지역 주민 대상의 모집이 법
리적으로 반드시 금지되는 것은 아니라는 관점이 있었다. 실제로 최
근 지역 신재생에너지 발전사업 등에서 주민 참여형 금융 모델이 시
도되며 이러한 해석도 입증된 바 있다.

그럼에도 불구하고, 법의 엄격한 '불특정 다수' 원칙 및 국토부의
해석과 「자본시장법」상의 실무적 유연함이 충돌하면서 현장에서는
혼선이 지속되었다. 특히 지역상생리츠와 같이 정책적 목적이 뚜렷한
경우에도, 공모 대상 제한이 법 위반이나 「자본시장법」상 증권신고서
수리 거부 사유가 될 수 있다는 우려가 제도도입의 발목을 잡았다.

결국 지역상생리츠의 성공적인 안착을 위해서는 '지역 주민'이나
'특정 계층'을 대상으로 하는 타겟팅 공모가 법과 「자본시장법」 양측
에서 모두 정당성을 인정받을 수 있도록 법적 명확성을 확보하는 것
이 최우선 과제였다.

그리고 특정 지역 투자자를 일반적으로 모두 허용할 경우 제도의
도입취지와 다르게 악용될 수 있고, 특정 지역 주민에게만 가입권을
부여할 경우 해당 지역에 거주하지 않는 국민은 수익성이 높은 사업
에서 배제되는 '기회의 불평등' 문제가 발생하여 불특정 다수의 소액
투자자에게 우량 부동산 투자 기회를 제공하는 리츠 본연의 원칙에
위배될 수 있다는 우려도 제시되었다. 따라서 공익성 등 국토교통부
장관이 인정하는 경우로 그 대상을 제한할 필요가 요구되었다.

3. 지역상생리츠의 요건

지역상생리츠는 특정 지역 주민에게 리츠 주식의 우선 청약 기회를

부여하는 리츠이다. 법은 "지역발전 등 공익을 위하여 특정 지역 주민에게 청약을 제공할 필요가 있다고 국토교통부장관이 인정하는 경우에는 청약의 자격을 따로 정할 수 있다"라고 표현한다(법 제14조의8 제4항). 법문에 따르면, 지역상생리츠를 운영하려면 ①지역발전 등 공익성, ②특정 지역 주민에 대한 우선 청약 기회 제공, ③국토교통부장관의 인정이 필요하다.

(1) 지역발전 등 공익성

특정 지역 주민에게 청약 기회를 우선 제공하는 것은, 다른 투자자에 대한 차별이자 특정 지역 주민에 대한 특혜가 될 수 있다. 따라서 그러한 차별 또는 특혜를 정당화할 사유가 있어야 하는데, 그것이 바로 지역상생리츠가 갖추어야 할 요건인 '지역발전 등 공익성'이다. 지역발전은 공익성의 대표적인 예시로, 공익성은 '지역발전'에 국한되지 않고, 저소득계층 투자기회 확대, 도심 내 유휴부지 활용을 통한 도시민 경제활동 증진 등 중앙정부 또는 지방자치단체가 추구하는 정책적 목적도 여기에 해당할 수 있다. 관련 인가지침은 "국토교통부장관은 주민소득의 증대, 개발사업으로 인한 편익의 증대, 지역 고용의 창출 또는 세수 증대의 효과 등을 종합적으로 고려하여야 한다"고 규정하여 공익성의 요건을 아주 넓게 인정하고 있다(「부동산투자회사 등에 관한 인가 및 등록지침」 제19조의3제2항).

(2) 특정 지역 주민에 대한 우선 청약 기회 제공

상기한 바와 같은 공익성을 갖춘 경우, 특정 지역 주민에 대한 우선 청약 기회를 제공할 수 있다. 그런데 '특정 지역 주민'의 범위를 어디

프로젝트리츠로 일하는 법

까지 한정할지 문제된다. 행정구역 단위와 같은 공간적 범위로만 제한할 것인지, 여기에 더하여 신혼부부, 청년층, 고령층 등과 같은 계층적 범위도 추가할 수 있는지 문제된다.

우선 '특정지역'이라는 표현이 있으므로, 지역적 제한은 필요하다. 따라서 '대한민국 국민 전체' 또는 '대한민국 내 70세 이상'인 자와 같이 사실상 지역적 제한이 없는 경우는 지역상생리츠가 아니다.

다음으로 지역적 제한 외에 계층적 제한과 같은 추가 자격 제한도 가능하다고 본다. 리츠 주식의 청약 자격을 별도로 정하는 목적은 "특정지역 주민에게 청약을 제공할 필요가 있다고 국토교통부장관이 인정하는 경우"이지만, 이러한 자격을 정하는 주체는 국토교통부장관이므로, 목적에 맞게 추가적인 자격 제한을 것도 가능하다고 봄이 타당하다. 가령 "A시 내 60일 이상 거주하고 있는 신혼부부(혼인신고 후 5년을 경과하지 않는 부부)"와 같이 장소적 제한 외에 자격요건도 추가할 수 있을 것이다.

(3) 국토교통부장관의 인정

지역상생리츠는 그 구조상 사모펀드와 같이 소수에 의해 이익이 독점되는 폐쇄적 투자기구로 변질될 위험성을 내포하고 있다. 이러한 부작용을 방지하고 제도가 공익적 목적에 부합하게 운영되도록 담보하는 장치가 바로 국토교통부장관의 심사 및 인정 절차이다. 국토교통부장관은 해당 리츠가 추진하는 사업이 지역발전 등 공익성을 충분히 갖추었는지, 그리고 공익 실현을 위해 설정한 우선 청약 대상자의 범위가 적정한지를 심사하게 될 것으로 보인다.

심사 시점과 관련하여 명시적인 규정은 없으나, 통상적으로 리츠의 영업인가 단계에서 이루어지는 것이 바람직하다. 우선 청약은 공모 방식의 변형된 형태이며, 공모 계획(신주발행계획의 적정성)은 영업 인가 시의 주요 심사 대상이기 때문이다(법 제9조제2항제3호). 다만, 리츠의 공모 의무는 영업인가 후 3년 이내에 이행하면 되므로, 최초 영업인가 시에는 일반 공모로 계획을 제출했다가 공모 기한인 3년 내 에 지역상생리츠 방식으로 공모 계획을 변경하고 변경인가를 받는 것 또한 가능할 것이다.

(4) 우선 청약 제공 대상이 되는 주식 수

지역상생리츠 역시 공모리츠의 일종이므로, 발행주식 총수의 30% 이상을 일반에 공모해야 한다는 원칙(법 제14조의8 제2항)을 준수해 야 한다. 우선 청약은 이 30% 이상의 공모 물량 범위 내에서 그 전부 또는 일부에 대해 자격을 제한하는 방식으로 이루어진다.

따라서, 발행주식의 20%만 특정 지역 주민에게 우선 청약으로 배

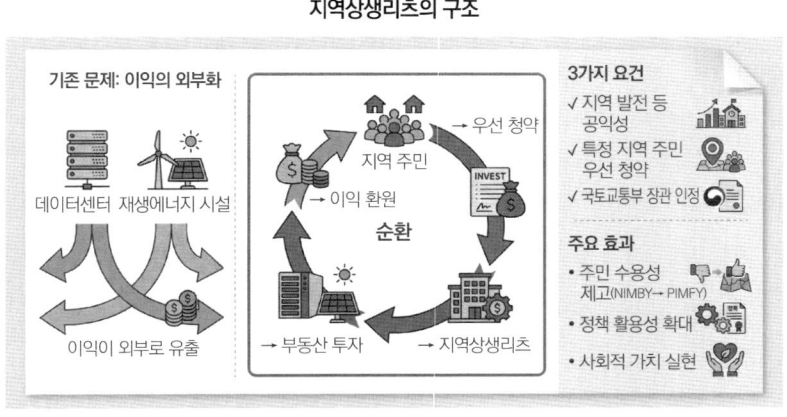

지역상생리츠의 구조

기존 문제: 이익의 외부화

데이터센터 재생에너지 시설

이익이 외부로 유출

지역 주민
→ 우선 청약
→ 이익 환원
순환
INVEST

→ 부동산 투자 → 지역상생리츠

3가지 요건
✓ 지역 발전 등 공익성
✓ 특정 지역 주민 우선 청약
✓ 국토교통부 장관 인정

주요 효과
• 주민 수용성 제고(NIMBY→ PIMFY)
• 정책 활용성 확대
• 사회적 가치 실현

* 이미지 출처: 저자가 AI를 활용하여 생성

정하고, 나머지 80%는 공모 자체를 진행하지 않는 방식은 허용되지 않는다. 이는 공모 의무를 회피하는 결과가 되기 때문이다. 지역상생리츠는 공모 의무를 면제하는 제도가 아니라, 공모의 방식을 일부 변형하는 제도임을 명확히 이해해야 한다.

4. 유의할 점

지역상생리츠는 공모의 방식이 '불특정 다수'에서 '특정 지역 주민'으로 범위가 좁혀지는 것일 뿐, 공모라는 점에는 차이가 없다. 따라서 공모가 금지되는 프로젝트리츠는 지역상생리츠로 운용할 수 없다.

다만, 지방정부, 지방공사 등이 주민들의 투자를 받아 지역상생리츠를 설립하고, 해당 지역상생리츠가 프로젝트리츠에 직접 투자하여 그 이익을 지역상생리츠 주주인 주민들에게 배당하는 간접 투자방식은 가능하다.

또한 지역상생리츠로 인정받기 위해서는 공익성 요건을 충족하기 위한 사업 계획을 구체적이고 실증적으로 제시해야 한다. 단순히 지역 주민에게 이익을 배분한다는 선언적 수준을 넘어, 해당 사업이 지역 경제에 미치는 파급 효과(고용, 세수 등), 정책적 필요성 등을 객관적인 데이터와 함께 준비해야 한다.

지방 미분양 CR리츠는
무엇이고 왜 도입되었나?

지방 미분양 CR리츠

정부는 지방 부동산 시장의 미분양 주택 문제를 해소하고 건설사 및 시행사의 유동성 리스크를 완화하기 위해 지방 미분양 CR리츠에 대한 취득세 및 종합부동산세 합산 배제 제도를 도입하였다.

지방 미분양 CR리츠는 사업 참여자가 재원 조달 구조에 직접 참여하며, 주택도시보증공사(HUG)의 모기지보증에 기반한 부채 조달 구조를 취한다. CR리츠는 설립 후 지방 소재 미분양 주택을 매입하고, 시장 회복 시점에 자산을 매각하여 투자 수익을 실현하는 방식으로 운용된다.

1. 정책적 도입 배경 및 목적

지방 미분양 CR리츠의 도입은 심각한 지방 미분양 주택 문제와 이에 따른 건설 산업의 위기 상황에 뿌리를 두고 있다. 2024년 12월 기준 전국 미분양 주택은 7만 173가구에 달하며, 특히 '악성 미분양'으로 분류되는 준공 후 미분양 주택은 2만 1,480가구로 한 달 새 15.2% 급증하여 10년 5개월 만에 2만 가구 이상으로 늘어났다*.

이러한 악성 미분양의 80% 이상이 지방에 집중되어 있으며, 이는 건설사의 재무건전성을 심각하게 악화시키는 주요 원인으로 지목된다. 실제 2024년 외부 회계법인 감사를 받은 건설사 중 이자보상배율이 1 미만인 종합건설업체는 685개 사로, 2020년 대비 49.2% 증가하였다**. 이는 영업이익으로 대출이자조차 갚지 못하는 기업이 늘어나고 있으며, 건설경기 불황이 지속될 수 있음을 의미한다.

2. 법적 근거 및 세제 혜택

지방 미분양 CR리츠의 운영을 활성화하기 위해 정부는 2024년 관련 세법을 개정하여 특례 세제 혜택을 제공하고 있다. 이러한 세제 혜택은 2024년 3월 28일부터 2025년 12월 31일까지 취득하는 수도권 밖의 미분양 주택에 한시적으로 적용되었다. 다만, 정부가 2026년 경제정책방향에서 세제 혜택을 2026년 12월 31일까지 연장하기로 발표한 만큼 법령개정을 통해 적용되는 기한이 1년 연장될 예정이다***.

(1) 종합부동산세 합산 배제

「종합부동산세법」 시행령 제4조에 따라, CR리츠가 2024년 3월 28일부터 2025년 12월 31일까지 직접 취득하는 수도권 밖의 미분양 주택은 종합부동산세 과세표준 합산 대상에서 제외된다. 적용 기간은

---

* 국토교통부, 2024년 12월 주택통계 (2025년 2월 5일 발표)
** 대한건설정책연구원, '건설 외감기업 경영실적 및 한계기업 분석' (2025년 12월 언론 보도 인용)
*** 2026년 경제성장전략, 2026. 1. 9

해당 주택 취득일 이후 주택분 재산세 납세의무가 최초로 성립한 날부터 5년 이내로 한정된다.

(2) 취득세 중과 배제

「지방세법」 시행령에 따라, CR리츠가 위 동일 기간 내 수도권 외 지역 소재 미분양 아파트를 최초로 유상승계취득하는 경우 취득세 중과가 배제된다. 이에 따라 법인 취득세 중과세율(12%) 대신 기본세율(1~3%)이 적용된다.

(3) 「법인세법」상 양도소득 추가 과세 배제

「법인세법」 시행령 개정안에는 2025년 1월 1일부터 12월 31일까지 CR리츠가 매입한 비수도권 미분양 주택에 대한 양도소득의 추가 과세를 배제하는 내용이 포함되었다. 이는 자산 매각 단계에서의 세 부담을 경감하여 투자 수익성을 제고하기 위한 조치이다.

3. 기존 리츠와의 차별점

CR리츠는 일반 위탁관리리츠와 기본 구조가 유사하나, 기업 구조조정이라는 정책 목적에 따라 다음의 특례가 적용된다.

(1) 투자 대상

일반 리츠는 오피스, 상가, 주거시설 등 다양한 부동산을 투자 대상으로 하는 반면, CR리츠는 지방 미분양 주택을 포함하여 기업 구조조정용 부동산으로 투자 대상이 한정된다. 이는 부실 자산 해소라는 명확한 정책 목표에 부합하기 위함이다.

(2) 공모 의무 예외

일반 리츠는 영업인가를 받거나 등록을 한 날부터 3년 이내에 발행하는 주식 총수의 30% 이상을 일반의 청약에 제공해야 하는 공모 의무가 있지만, CR리츠는 공모 의무가 면제된다. 이에 따라 사모 방식으로 신속하게 자금을 조달하고 자산을 매입할 수 있다.

(3) 주식 소유 한도 예외

일반 위탁관리리츠는 1인당 주식 소유 한도가 50% 이내로 제한되지만, CR리츠에는 이 규정이 적용되지 않는다. 따라서 소수의 기관투자자 또는 건설사가 대규모 지분을 보유하는 구조가 허용된다.

지방 미분양 CR리츠의 실제 사례

정부의 CR리츠 재도입 발표 이후, 2025년 12월 기준으로 총 9개의 CR리츠가 영업등록을 완료하였으며, 합산 매입 가구 수는 약 2,956가구로 집계된다.

1. JB자산운용 사례

(1) 제이비와이에스케이 제2호 기업구조조정 부동산 투자회사

2025년 4월 21일 국토교통부로부터 영업등록을 완료한 CR리츠이다. 대구 수성구 파동 소재 '수성레이크 우방아이유쉘' 미분양 주택 288가구를 매입하였으며, 공시된 투자설명서 기준 총사업비는 467억원이다. 우방건설이 대주주로 참여하여 리츠를 설립하였으며, 매입 주택은 전세로 운영 중이고 시장 상황에 따라 매각 및 청산할 예정이다.

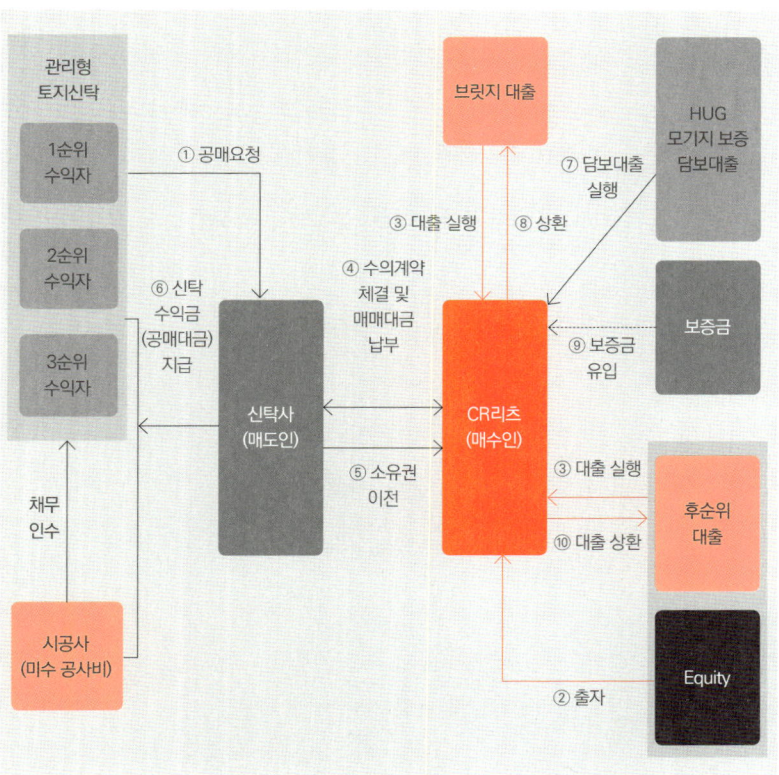

출처: 제이비와이에스케이제2호 CR리츠 투자설명서 일부 수정

(2) 제이비와이에스케이 제3호 기업구조조정 부동산 투자회사

이 리츠는 2025년 8월 4일 영업등록을 완료하였으며, 경남 양산시 평산동 소재 '양산 한신더휴' 공동주택 약 200세대를 매입하여 운용 중이다.

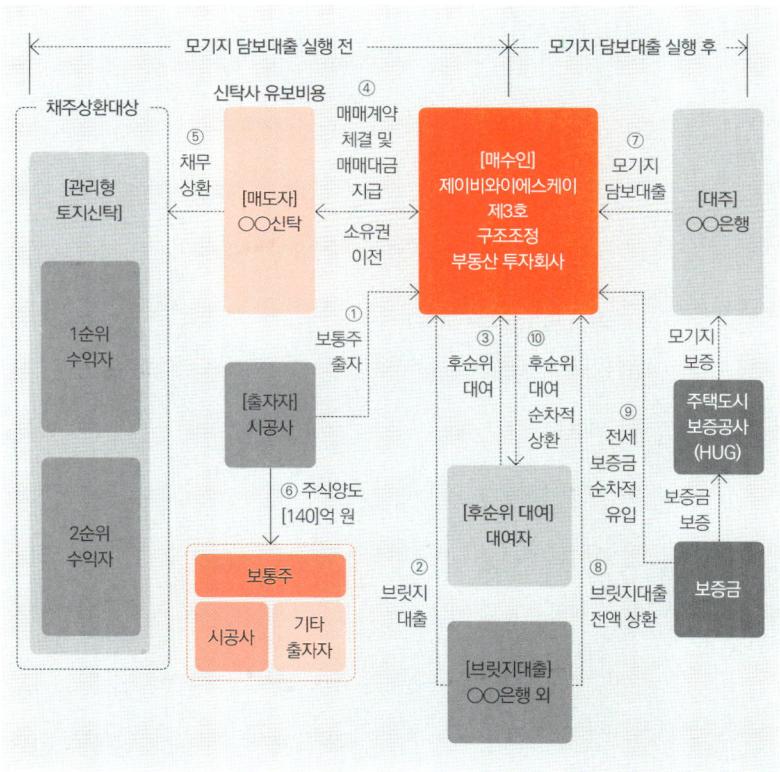

출처: 제이비와이에스케이 제3호 CR리츠 투자설명서 일부 수정

(3) 제이비 제1호 기업구조조정리츠

이 리츠는 2025년 8월 5일 영업등록을 마쳤으며, 전남 광양시 광영동의 '가야산 한라비발디 프리미어' 미분양 물량 275세대를 매입하였다.

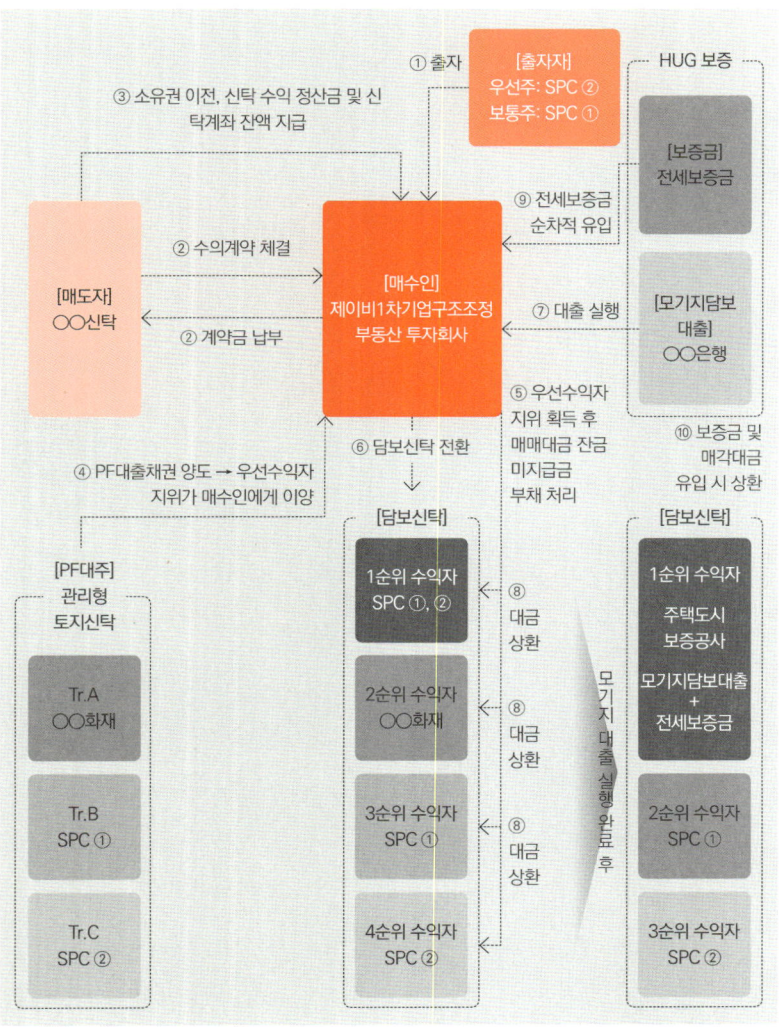

출처: 제이비제1호 CR리츠 투자설명서 일부 수정

(4) 제이비유보라 제1호 기업구조조정리츠

2025년 8월 말 영업등록을 완료하였으며, 경북 경주시 건천읍에 위치한 '신경주 유보라 아이비파크' 미분양 가구 163세대를 기초자산으로 한다. 공시된 투자설명서에 따르면, 반도건설이 해당 CR리츠에 162억 원을 출자하여 자금 조달에 직접 참여하였으며, 매입한 주택은 전세 운영을 통해 유동성을 확보하고 리스크를 줄일 계획이다.

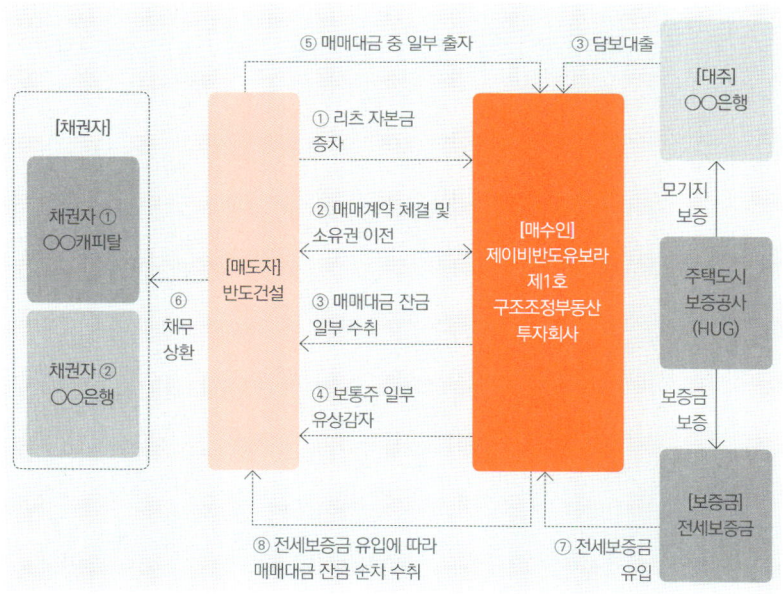

출처: 제이비유보라제1호 CR리츠 투자설명서 일부 수정

2. 기타 운용사 참여 사례

(1) 신세계프라퍼티투자운용

대구 달서구 본동 소재 '빌리브 라디체' 미분양 아파트 222세대를 매입 대상으로 하는 에스밸류기업구조조정리츠가 2025년 10월 23일

영업등록 및 자산 취득을 완료하였다. 해당 단지는 신세계건설 시공으로 총 606가구(아파트 520세대, 오피스텔 86실) 규모이다. 투자설명서에 따르면 총사업비 1,270억 원 중 자기자본은 600억 원이며, 시공사인 신세계건설이 자기자본의 90% 수준을 출자하였다. 일정 기간 임대 운영 후 분할 매각을 통해 투자금을 회수할 계획이다.

(2) 교보자산신탁

'밸류트러스트제1호CR리츠'를 통해 경남 사천 소재 '리아츠센텀포레' 미분양 188세대를 370억 원에 매입할 계획으로 영업등록 신청서를 제출하였다. 투자설명서에 따르면, 매입 비용은 리츠 투자금 140억 원(종류주 50억 원, 보통주 90억 원), 임대보증금 33억 원, HUG 보증부 담보대출 219억 원을 통해 조달한다. 자산관리회사에 따르면 매수가격은 주변 시세 대비 85% 수준으로 설정되었다.

(3) 하나대체투자자산운용

전남 광양시 마동 소재 '중마 스마트시티 1·2차 아파트'(도시형 생활주택 및 상가 구성)를 기초자산으로 하는 '하나대체광양기업구조조정부동산투자회사'를 등록하였다. 투자설명서에 따르면 매입가는 총 217억 원으로, 감정가 287억 원 대비 약 75% 수준이다. 자산 보유 기간은 5년을 기준으로 설정하였으며, 반기 배당을 통해 임대수익을 분배하고 보유 종료 시점에 자산 매각을 통한 차익을 실현하는 구조이다. 공시 자료 기준 연간 운영배당률은 9.02%, 매각 포함 총배당률은 11.36%로 제시되어 있다.

3. CR리츠의 실제 운영 과정

CR리츠는 미분양 주택 매입 후 임대 운영을 통해 수익을 창출하고*, 부동산 경기 회복 시 자산 매각을 통한 투자금 회수 및 추가 수익을 실현하는 절차를 거친다.

(1) 임대 운영 방식 및 임차인 모집

매입한 미분양 주택을 전세 또는 임대주택으로 전환하여 운영한다. 예를 들어, 제이비와이에스케이제2호리츠는 대구 수성구의 미분양 주택을 전세 임대주택으로 운영하며, 임차인에게 에어컨 설치, 입주 청소 등 다양한 혜택을 제공하여 임차인 확보에 주력한다. 임대 기간은 2년 기본 계약 후 2년 추가 연장 방안도 마련하여 주거 안정을 돕는다.

(2) 자산 매각 절차

CR리츠는 일정 기간 임대 운영을 통해 현금 흐름을 확보한 후, 부동산 시장이 회복되는 시점에 자산을 매각하여 투자금을 회수한다. 매각 시점은 리츠의 정관과 사업계획서에 따라 결정되며, 시장 상황을 면밀히 분석하여 최적의 매각 시점을 포착한다. 매각 전에는 해당 부동산의 현황, 거래가격, 거래비용 등이 포함된 실사보고서가 작성된다.

(3) 투자자 수익 실현 구조

CR리츠 투자자의 수익 실현 경로는 두 가지이다. 첫째, 임대 운영

---

* 임대운영기간 수익이 발생하더라도 비용이 더 크게 발생하여 일반적으로 운영기간에 이익은 발생하지 않는다.

기간 중 수익이 발생하는 경우 운영 기간 배당을 통해 현금 수익을 수취한다. 둘째, 자산 매각 시 매입가 대비 차익이 발생하면 이를 배당 형태로 분배한다. 실무적으로는 운영 기간 배당 가능성은 희박하고, 매각 차익이 총수익에서 차지하는 비중이 더 크다.

정책적 성과와 향후 전망

지방 미분양 CR리츠는 지방 건설사의 유동성 부담을 완화하고, 동시에 임대 운영을 통해 일정 기간 뒤 자산 매각까지 연결하여 주택 시장 안정화에 기여할 수 있다는 긍정적인 평가를 받는다.

1. 정책적 성과

(1) 건설사 유동성 완화

CR리츠는 미분양 주택을 시장가보다 낮은 가격에 매입함으로써 건설사의 현금 흐름을 개선하고 프로젝트 파이낸싱(PF) 채무 부담을 경감하는 기능을 한다. 특히 시공사가 책임준공 기한을 초과하여 PF 채무를 떠안은 상황에서, CR리츠를 통한 미분양 매입은 기존 고금리 PF 대출을 낮은 금리의 리츠 대출로 전환하는 효과가 있다.

(2) 미분양 해소 및 주택 시장 안정화

CR리츠를 통한 미분양 주택 매입은 시장에 누적된 과잉 재고를 흡수하여 대규모 할인 분양에 따른 주변 시세 하락 압력을 완화하는 역할을 한다. 또한 준공 후 미분양 주택을 전세 물량으로 전환함으로써 지방 임대 시장의 수급 안정에도 부분적으로 기여한다.

(3) 민간 자금 유입 촉진

취득세 중과 배제 및 종합부동산세 합산 배제 등의 세제 혜택은 민간 자본이 미분양 주택 시장에 참여하는 유인으로 작용한다. 이를 통해 정부의 직접 재정 지출을 최소화하면서 민간 투자를 유도하는 간접 지원 구조가 작동한다.

2. 향후 전망

(1) 세제 혜택 연장 및 요건 정비

한국리츠협회 등 업계의 요청에 따라 CR리츠 과세특례 적용 기한이 2026년 말까지 연장될 예정이다. 행정안전부의 지방세제 개편안에도 취득세 중과 배제 기한의 동일한 연장이 포함되어 있다.

(2) 시장 회복 여건과 정책의 연계

CR리츠의 투자 수익 실현은 자산 매각 시점의 지방 부동산 시장 회복 여부에 의존한다. 지방 미분양 문제는 수도권과 지방의 구조적 인구 불균형에 기인하는 측면이 크므로, 단기적 세제 혜택만으로는 근본적 해결에 한계가 있다. 건설원가 구조 개선, 지방 주택 수요 기반 확충 등 수급 측면의 정책과 함께 추진될 때 CR리츠의 정책적 효과가 온전히 발휘될 수 있는 것으로 생각된다.

IV

리츠 실무
체크포인트

리츠에서 세금과
회계 쟁점은 무엇인가?

리츠로 구조화할 때 고려되는 세법 관련 쟁점

리츠로 부동산개발사업을 구조화할 때는 법인 설립부터 자산 취득, 운영, 매각 및 청산에 이르기까지 각 단계에서 관련 세법을 검토해야 한다. 적용되는 세목과 근거 법령이 복수의 법에 분산되어 있어, 구조화 단계에서의 세법 검토는 단순한 절차적 확인이 아니라 사업성 분석의 핵심 구성요소다. 자산관리자로서는 세법의 세부 내용을 세무사·회계사 수준으로 숙지하기 어려운 측면이 있으나, 구조화 시점에서 핵심 쟁점을 사전에 파악하고 세법 전문가와 협력하는 체계를 갖추는 것이 실무상 요구된다.

1. 리츠에 세법 적용하기

부동산개발사업을 영위하는 법인은 일반적으로 회사 설립, 토지 취득, 건물 착공, 건물 준공, 자산 운영, 자산 매각, 회사 청산의 순서로 사업을 진행하며, 각 단계마다 조세가 부과된다. 리츠에 적용되는 세법은 부동산개발사업의 일반적인 세법 체계와 다르지 않다. 리츠라는 사유만으로 부여되는 별도의 세제 혜택은 현재 거의 없다*.

구분	적용세목**	검토세법	추가검토세법
리츠설립	등록면허세	「지방세법」	「지방세특례제한법」
토지취득	취득세	「지방세법」	「지방세특례제한법」
건물착공	재산세	「지방세법」	「지방세특례제한법」
	종합부동산세	「종합부동산세법」	「조세특례제한법」
건물준공	취득세	「지방세법」	「지방세특례제한법」
자산보유	재산세	「지방세법」	「지방세특례제한법」
	종합부동산세	「종합부동산세법」	「조세특례제한법」
이익	법인세	「법인세법」	「조세특례제한법」
리츠청산	법인세	「법인세법」	「조세특례제한법」

세법의 내용을 리츠에 적용하기 어려운 이유 중 하나는 규정이 복수의 법령에 분산되어 있다는 점이다. 예를 들어 자산 취득의 경우, 「지방세법」은 원시취득과 유상취득을 구분하여 과세표준 및 세율을 정하고 있으며, 취득에 따른 감면 특례는 주로 「지방세특례제한법」에 규정되어 있다.

---

* 과거 「조세특례제한법」 제120조 제4항에서는 다음과 같은 조문이 있었다.
　④ 다음 각 호의 어느 하나에 해당하는 부동산(「지방세법」 제13조제5항 각 호의 어느 하나에 해당하는 부동산은 제외한다)을 2014년 12월 31일까지 취득하는 경우에는 취득세의 100분의 30(제3호의 경우에는 100분의 50)에 상당하는 세액을 감면한다. 이 경우 「지방세법」 제13조제2항 본문 및 제3항의 세율을 적용하지 아니한다. 〈개정 2011. 5. 19., 2013. 1. 1.〉
　1. 「부동산투자회사법」에 따른 부동산투자회사가 취득하는 부동산
　2. 「자본시장과 금융투자업에 관한 법률」에 따른 부동산집합투자기구의 집합투자재산으로 취득하는 부동산
　3. 프로젝트금융투자회사가 취득하는 부동산

** 각각의 본세에는 지방교육세, 지방소득세, 농어촌특별세 등의 부가세가 있다. 일반적으로 본세의 세율과 부가세의 세율을 합친 세율을 실효세율 산정의 근거로 한다.

취득세에는 일반 감면 규정 외에 중과세 규정이 별도로 존재한다. 대도시에서의 자산 취득(「지방세법」 제13조) 또는 법인의 주택 취득(「지방세법」 제13조의2)에 해당하는 경우 고율3의 취득세가 부과된다. 리츠 입장에서 중과 배제 근거는 서로 다른 법에 분산되어 있다. 대도시 취득세 중과 배제는 「지방세특례제한법」 제180조의2에, 법인이 취득하는 주택에 대한 중과 배제는 「지방세법 시행령」 제28조의2에 각각 규정되어 있다. 취득세의 부과, 감면, 중과, 중과 배제가 서로 다른 법령에 나뉘어 있으므로, 이를 통합하여 적용하려면 체계적인 법령 검토가 필요하다.

이 책의 세부 세법 내용은 별첨으로 수록하였다. 이하에서는 실무에서 실제로 발생한 세법 이슈를 중심으로 자산관리자가 유의해야 할 사항을 검토한다.

2. 취득세와 관련한 세무조사 이슈

과거 「조세특례제한법」 제120조가 유효하던 시기에는 리츠가 자산을 취득하는 경우 자산의 종류와 무관하게 리츠라는 이유만으로 취득세 감면이 적용되었다. 실무적으로 감면 등의 조세특례가 적용되는 법인은 우선 세무조사 대상이 되는 경향이 있으며, 이에 따라 해당 조문이 적용되던 시기에는 리츠에 대한 세무조사가 빈번하였다. 자산관리회사 입장에서는 관리 중인 다수의 리츠 가운데 적어도 하나는 세무조사 대상이 되는 경우가 흔했기 때문에, 취득세 세무조사 대응은 담당자들이 일상적으로 경험하는 업무였다.

「조세특례제한법」 제120조가 일몰된 이후로는 상황이 달라졌다. 취득세 감면 특례가 소멸하면서 리츠에 대한 취득세 세무조사 빈도가 감소하였고, 이에 따라 자산관리회사 내부의 대응 경험도 축적되지 않게 되었다. 세무조사 빈도가 낮아진 환경에서 취득세 세무조사가 나올 경우, 담당자 입장에서 대응에 어려움을 겪는 사례가 늘어났다.

취득세 세무조사에서 주된 쟁점이 되는 것은 「지방세법」상 취득세 과세표준이다. 자산 취득에 수반되는 부대비용(그 중 대표적인 것이 자산 취득 관련 부채 조달 시 발생하는 금융자문수수료)은 회계상 취득원가를 구성한다. 세무조사 시 과세관청은 이 취득부대비용의 항목과 금액이 과세표준에 적정하게 반영되었는지를 우선적으로 검토하며, 관련 위탁수수료 계약서의 문언도 검토 대상이 된다.

계약서에 '토지 취득에 부수하는 기타 업무' 등의 문구가 포함된 경우, 해당 수수료가 토지의 취득원가를 구성하는 것으로 판단되는 경우가 있다. 취득세의 과세표준은 개별 거래 행위만을 기준으로 산정하는 것이 아니라, 그 거래를 위해 수반된 다양한 활동을 복합적으로 고려하여 결정된다. 따라서 사업성 검토 단계에서의 취득세 추정과 실제 납부 시 모두 이 점에 주의해야 한다.

실무적으로 취득세 납부 업무는 법무사가 수행하는 경우가 많다. 취득세 납부 영수증이 부동산 등기의 필수 첨부 서류이기 때문에, 등기 업무를 담당하는 법무사가 취득세 납부를 함께 처리하는 관행이 형성된 것이다. 해당 지역의 업무 경험이 풍부한 법무사를 통해 취득세 납부를 진행하면, 추후 세무조사가 발생하였을 때 필요한 조력을 받을 가능성이 높다.

3. 리츠의 법인세 이슈

리츠가 법인세를 부담하지 않는 면세 법인이라는 인식이 있으나,

법인세 세액 계산 과정

구분	세액 산출 흐름	리츠 관련 내용
	회계상 당기순이익	
+	익금산입손금불산입	감가상각비 한도, 기부금, 접대비 등
−	손금산입익금불산입	
=	각 사업연도 소득	
−	이월결손금	
−	비과세소득	특정 산업을 영위할 경우 해당 가능
−	소득공제	배당결의를 통한 소득공제
=	과세표준	
×	세율	
=	산출세액	
−	세액공제	특정 산업을 영위할 경우 해당 가능
+	가산세	
=	결정세액	
−	기납부세액	이자 및 배당 등 원천징수 세액
=	고지세액	

이는 정확하지 않다. 리츠는 「법인세법」상 과세 대상 법인이며, '소득공제'를 통해 법인세 부담을 영(零)으로 만들 수 있는 구조다. 이를 이해하려면 「법인세법」상 산출세액의 계산 구조를 파악해야 한다. 「법인세법」상 산출세액 계산은 회계상 당기순이익에서 출발한다. 리츠에 적용되는 회계기준이 「법인세법」상 소득 계산 방식과 일치하는 경우, 별도의 세무조정 없이 각 사업연도 소득이 회계상 당기순이익과 일치하게 된다. 「상법」상 배당가능이익은 일반적으로 회계상 당기순이익과 동일하므로, 해당 금액을 배당결의하면 「법인세법」 제51조의2에 따라 동액을 소득공제로 차감하여 과세표준이 0원이 된다.

이처럼 리츠가 「법인세법」상 산출세액이 발생하지 않기 위해서는 「상법」상 배당가능이익(일반적으로 회계상 당기순이익*)이 세법상 각 사업연도 소득과 일치해야 한다. 이를 위해서는 세무조정 사항이 없어야 하는데, 일반적인 리츠 거래에서는 세무조정이 발생하는 경우가 드물다. 다만 특수관계자와의 거래가 고가양도 또는 저가양도에 해당하여 거래가 부인되는 경우** 또는 감가상각비 계산에 오류가 있어 「법인세법」상 금액과 차이가 생기는 경우 세무조정이 발생할 수 있다.

대출형 리츠를 운용하는 경우에는 미수이자 관련 세무조정***이 발생할 수 있다. 회계에서는 발생주의에 따라 기간 이자를 수익으로 인식하지만, 세법에서는 원천징수 기간을 일치시키기 위해 실제 이자금액이 원천징수되어 입금된 시점에 이익을 인식한다. 이로 인해 회계상 이자수익 인식 시기와 세법상 인식 시기가 다를 수 있고, 결과적으로 「상법」상 배당가능이익과 「법인세법」상 각 사업연도 소득 간의 차이가 발생한다.

「법인세법」상 각 사업연도 소득과 회계상 당기순이익 간 차이에서 실무적으로 가장 큰 비중을 차지하는 항목은 감가상각비다. 리츠는 「부동산투자회사법」 제25조의2제1항에 따라 금융위원회가 정하는 회계처리기준, 즉 한국채택국제회계기준(K-IFRS) 또는 일반기업회계기준(K-GAAP)을 적용해야 한다. 두 기준 모두 주식회사는 감가상각비를 계상하도록 규정하고 있다.

그런데 리츠는 「부동산투자회사법」 제28조제3항에 따라 「상법」상

---

* 「상법」상 배당가능이익 산정 방식의 회계상 당기순이익과 다른 경우가 있다. 예를 들어 「상법」상 자본준비금을 감액하게 되는 경우 회계상 배당가능이익과 「상법」상 배당가능이익은 다르게 된다.
** 「법인세법」상 부당행위계산부인에 해당
*** 「법인세법」 등에서 원천징수 대상이 되는 소득의 경우 발생하게 된다.

배당결의 시 해당 연도 감가상각비를 초과하여 배당할 수 있다. 이 규정은 부동산 펀드와의 배당가능금액 격차를 해소하기 위한 것이다. 펀드는 감가상각비를 계상하지 않으므로, 동일 사업을 펀드로 운용할 경우 회계적 배당가능이익이 리츠보다 크게 된다. 감가상각비 초과배당 규정은 이러한 차이를 보정하여 리츠와 펀드 간 배당가능금액의 균형을 도모하는 취지다.

다만 이 규정이 두 구조의 배당가능금액을 완전히 동일하게 만들지는 못했다. 감가상각비 초과배당으로 인한 「법인세법」상 배당가능이익의 산정 방식과 회계 및 「상법」상 배당가능이익의 산정 방식이 다를 수밖에 없기 때문이다. 이 해석상 불일치는 오랫동안 이견이 지속되었으며, 2024년에는 이로 인한 구체적인 이슈*가 발생하였다. 근본적 해결을 위해서는 리츠에도 펀드와 동일하게 특수목적기구에 대한 회계처리기준 제5003호를 적용하여 감가상각비를 계상하지 않도록 제도를 정비하는 것이 필요하다.

리츠는 「법인세법」상 과세 대상 법인이며, 「법인세법」에서 규정하는 모든 의무를 이행해야 한다. 리츠이기 때문에 법인세 이슈가 발생하지 않는다는 인식은 오해다. 구조화 이후 운영 단계에서도 「법인세법」상 요건의 충족 여부를 지속적으로 검토해야 한다.

4. 리츠의 사업자등록과 세무 이슈

리츠는 발기설립 시점에 사업자등록을 한다. 「법인세법」 제109조 제1항은 동법의 적용을 받는 법인에 법인 설립신고 의무를 부과하고

---

* 해프닝일까, 초대형 악재일까. 존립 기반 흔드는 '리츠 법인세' 이슈, SPI, 2024.3.20

프로젝트리츠로 일하는 법

있으며, 같은 법 제111조에 따라 사업자등록을 한 경우 설립신고를 한 것으로 간주한다. 또한 「법인세법」 제111조제2항에 따르면, 「부가가치세법」에 따른 사업자등록을 한 경우 「법인세법」상 사업자등록을 한 것으로 처리된다. 정리하면, 「법인세법」 적용 법인은 「법인세법」에 따른 사업자등록을 해야 하며, 「부가가치세법」상 사업자등록이 이를 대신한다.

실무에서는 「부가가치세법」에 따른 사업자등록이 모든 법령상 사업자등록의 효력을 갖는 것으로 혼동하는 경우가 있다. 「지방세특례제한법」 제31조의3은 「민간임대주택에 관한 특별법」에 따른 사업자등록을 한 경우 취득세 및 재산세를 감면한다고 규정하고 있다. 이 감면을 받으려면 반드시 「민간임대주택에 관한 특별법」에 따른 사업자등록을 완료해야 한다. 「부가가치세법」상 사업자등록을 해당 등록과 동일한 것으로 오인하거나, 「민간임대주택에 관한 특별법」에 따른 사업자등록 신청 자체를 누락한 사례가 존재한다.

[참고] 「지방세특례제한법」 제31조의3
(장기일반민간임대주택 등에 대한 감면)

① 「민간임대주택에 관한 특별법」에 따른 임대사업자(임대용 부동산 취득일부터 60일 이내에 공공지원민간임대주택 또는 장기일반민간임대주택을 임대용 부동산으로 하여 임대사업자로 등록한 경우를 말하되, 토지에 대해서는 사업계획승인을 받은 날 또는 건축허가를 받은 날부터 60일 이내로서 토지 취득일부터 1년 6개월 이내에 임대사업자로 등록한 경우를 포함한다.)가 임대할 목적으로 임대형기숙사 또는 공동주택을 건축하기 위하여 취득하는 토지와 임대할 목적으로 건축하여 취득하는 임대형기숙사 또는 공동주택에 대해서는 다음 각 호에서 정하는 바에 따라 취득세를 2027년 12월 31일까지 감면한다.

사업의 실질이 사업자등록 여부에 의해 변동되지 않으므로 실질과세 원칙에 따라 감면을 적용해야 한다는 주장이 제기되기도 한다. 그러나 실제 판례에서는 사업자등록 요건을 갖추지 않은 경우 조세 감면을 인정하지 않은 과세관청의 처분을 지지한 사례가 적지 않다(조심 2024지0176, 조심 2022서1871). 따라서 신규 사업 구조화 또는 조세특례 적용 시 사업자등록 요건을 사전에 확인하고 이행해야 한다.

리츠로 구조화할 때 고려해야 할 연결재무제표 쟁점

기업의 재무제표는 전통적으로 법적 실체별로 작성되어 왔다. 법인세 등 과세 체계가 법적 실체를 단위로 적용되며, 서로 다른 법적 실체의 장부를 합산하여 보고할 필요성이 크지 않다는 인식이 그 배경이다. 그러나 이 방식은 기업집단의 경제적 실질을 왜곡하는 문제를 야기할 수 있다.

예를 들어, 여러 자회사를 보유한 B회사가 자회사에 재고자산을 고가에 매각할 경우, B회사의 개별재무제표에는 매출이익이 계상된다. 그러나 B회사와 자회사가 법적으로는 별개이더라도 경제적 실질상 동일한 집단에 속한다면, 이는 새로운 부를 창출하지 못한 내부거래에 불과하다. 이러한 경제적 실질의 왜곡을 방지하고 외부 이해관계자에게 정확한 재무정보를 제공하기 위해 연결회계가 도입되었다.

1. 경제적 실질에 기초한 연결회계의 필요성

연결회계(Consolidated Accounting)는 법률적으로 독립된 복수의 기업체가 지배-종속 관계를 형성할 때, 이를 단일한 경제적 실체(Economic Entity)로 간주하여 재무정보를 산출하는 보고 체계다. 기업

프로젝트리츠로 일하는 법

의 대형화와 지배구조의 다변화로 인해 개별재무제표만으로는 실질적인 재무상태와 경영성과를 파악하기 어려운 경우가 늘었다. 특히 자산유동화나 프로젝트금융(PF)을 목적으로 설립된 특수목적법인(SPC)을 이용한 부외금융(Off-balance Sheet Financing) 거래는 투자자의 합리적 의사결정에 필요한 회계정보를 왜곡할 가능성이 있다.

연결회계는 계열사 간 내부거래를 통한 이익 조정(Earnings Management)을 제거함으로써, 외부 이해관계자에 대한 정보 비대칭을 해소하고 국제적 비교가능성을 높이는 데 목적이 있다. 2011년 K-IFRS 의무 도입 이후 모든 상장기업의 주 재무제표가 개별재무제표에서 연결재무제표로 변경되었으며, 연결 대상 종속기업의 수도 크게 증가하였다.

2. 연결회계의 도입 기준: K-IFRS 제1110호의 지배력 모델

한국채택국제회계기준(K-IFRS) 제1110호 '연결재무제표'는 형식적인 지분율 기준에서 벗어나 원칙 중심(Principle-based)의 지배력 모델을 제시한다. 투자자가 피투자자(예: 리츠)를 지배하기 위해서는 다음 세 가지 요건이 동시 충족되어야 한다.

(1) 피투자자에 대한 힘(Power)

'힘'이란 피투자자의 이익에 유의적인 영향을 미치는 '관련 활동(Relevant Activities)'을 지시할 수 있는 실질적인 권리를 보유하는 것을 의미한다. 관련 활동은 피투자자의 이익에 중요한 영향을 미치는 활동을 말하며, 상품 매입 및 판매 결정, 금융자산 관리, 자산의 매입 및 처분, 연구개발 활동 관리, 자금 조달 구조 결정 등이 이에 해당한다. 리츠의 경우 부지 매입, 시공사 선정, 자산관리계약의 해지권 등이 이러한 관련 활동에 해당할 수 있다.

① 의결권 기반의 힘

가장 명확한 형태의 힘은 의결권의 과반 이상을 보유하는 경우다. 이를 통해 주주총회에서 이사 선임, 배당 결정, 영업보고 승인 등의 일반 결의사항을 단독으로 의결할 수 있다. 다만 지분율이 과반이라도 주주 간 계약이나 정관에 의해 특정 사항에 대해 다른 주주의 동의를 요하도록 규정된 경우에는 힘이 제한된다. 무의결권 종류주 발행 등의 경우 투자 비중과 의결권 비중이 달라질 수 있다.

② 잠재적 의결권

현재 행사 가능하거나 전환 가능한 잠재적 의결권도 힘을 평가할 때 고려된다. 즉시 행사 가능한 콜옵션, 전환우선주, 전환사채, 신주인수권 등이 이에 해당하며, 이는 실질적인 의결권을 증가시킬 수 있다. 다만, 장기간 후에만 행사 가능하거나 행사 조건이 까다로워 행사가 실질적으로 불가능한 경우에는 잠재적 의결권을 지배력 판단에 포함하지 않는다.

③ 계약상 약정

법적 지분율과 무관하게 주주 간 계약(Shareholders Agreement, SHA) 등 계약에 의해 힘을 가질 수 있다. 예를 들어, 소수 지분 보유에도 불구하고 이사의 과반수를 지명할 권리나 주요 경영 사항 결정 시 동의권을 갖는 경우 실질적인 힘을 보유한 것으로 판단한다.

④ 사실상의 지배력(De Facto Control)

투자자가 피투자자 의결권의 과반수 미만을 보유하더라도 최대주주이고, 여타 주주들이 넓게 분산되어 있어 조직적 담합 가능성이 없는 경우 사실상 지배력을 가질 수 있다. 이러한 판단 시에는 투자자가 보유한 의결권의 상대적 규모, 다른 의결권 보유자의 분산 정도, 잠재적 의결권, 계약상 약정에서 발생하는 권리, 과거 주주총회에서의 의결 양상 등을 종합적으로 고려해야 한다.

다른 당사자가 피투자자에 대한 힘을 갖는 것을 막거나 피투자자의 근본적인 변화에 대해서만 행사하는 권리(방어적 권리)는 지배력 판단 시 고려하지 않는다. 이는 방어권이 권리 보유자의 이익을 보호하기 위해 설계된 것이기 때문이다.

(2) 변동이익에 대한 노출(Returns)

투자자는 피투자자에 관여함에 따라 투자자의 이익이 피투자자의 성과에 따라 달라질 가능성이 있는 경우 변동이익에 노출되거나 변동이익에 대한 권리를 가진다. 이 권리는 배당뿐만 아니라 잔여가치에 대한 권리, 세무상 이익 등을 모두 포함한다. 주식에 투자한 투자자라면 일반적으로 모두 변동이익에 노출되지만, 노출의 정도는 투자된 주식의 종류에 따라 달라질 수 있다. 예를 들어, 고정 배당률이 정해진 종류주는 변동이익 노출이 제한적일 수 있다. 또한, 피투자자와의 독점 공급 계약이나 지급 보증 등 거래 관계를 통해 발생하는 이익이나 손실도 변동이익에 포함될 수 있다. 중요한 것은 변동이익 노출이 '유의적'이어야 한다는 점이다.

(3) 힘과 이익의 연관성(Link between Power and Returns)

투자자가 피투자자에 대한 힘을 가지고 있고 변동이익에 노출되거나 권리를 가지고 있을 뿐만 아니라, 자신의 이익금액에 영향을 미치기 위해 자신의 힘을 사용할 수 있는 능력이 있다면 피투자자를 지배한다. 이때 의사결정권자가 자신이 '본인(Principal)'으로서 의사결정을 하는지, 아니면 타인을 위해 권한을 행사하는 '대리인(Agent)'에 불과한지를 판단하는 것이 핵심이다. 의사결정자가 대리인이라면 지배력이 없는 것으로 간주한다.

본인/대리인 판단 시에는 의사결정권한의 범위, 다른 당사자들이 갖는 해임권 등 권리, 의사결정자에 대한 보상 규모 및 변동성, 다른 지분 보유에 따른 이익 변동 노출 정도 등을 고려한다. 예를 들어, 펀드운용사가 펀드에 일부 직접 투자하더라도 시장 수준의 고정 수수료를 받고 펀드 이익변동에 대한 노출이 미미하며 다른 투자자들이 쉽게 해임할 수 있다면 대리인으로 판단한다.

3. K-IFRS 제1110호 개정 동향 및 연결회계의 최신 트렌드

K-IFRS 제1110호는 지배력 개념을 일관성 있게 적용하기 위해 도입되었다. 특히 G20 정상회의 등에서 '부외기구(Off-balance Sheet Vehicles)'의 위험 노출 투명성 부족이 강조되면서 이러한 '부외기구'의 회계 처리 및 공시 규정을 검토하도록 요구하는 계기가 되었다. 이에 따라 K-IFRS 도입 이후 연결범위가 확대되는 경향을 보였으며, 종속기업의 수가 증가하였다. 특히 유가증권 상장기업의 종속기업은 약 1.41배, 코스닥 상장기업의 종속기업은 약 3.11배 증가한 것으로 나타났다.[*]

프로젝트리츠에 현물출자 및 회계적 연결이슈를 검토할 때 주의

해야 할 사항은 다음과 같다.

(1) 지배력 판단의 지속적 재평가

지배력 판단은 일회성으로 끝나지 않고, 투자자가 피투자자를 지배하는지에 영향을 미치는 사실과 상황이 변하면 즉시 재평가해야 한다. 지분율 변동, 계약 변경, 이사회 구성 변경, 주주 구성 변동, 잠재적 의결권 변화, 법적 제약 발생/해소 등이 재평가 필요 상황에 해당한다. 최소한 매 보고 기간 말(분기 또는 반기)에 지배력 판단의 적정성을 검토하는 것이 중요하다.

(2) 현물출자와 주주 구성의 변경

프로젝트리츠는 현물출자가 가능하고, 준공 이후 영업인가 과정을 거치면서 지배구조가 달라질 수 있다. 이러한 특성으로 대주주의 변경 여부, 의결권을 기준으로 한 지배력의 범위 등을 사업진행 이전과 이후 단계에서 면밀히 살펴볼 필요가 있다.

4. 주요 회계 감리 및 실무 사례

금융감독원 및 회계기준원의 질의회신과 감리 사례를 보면, 연결회계의 적용은 단순히 의결권이나 정관상 권리만으로 판단할 수 없으며, 투자된 지분의 의결권뿐만 아니라 추가적인 약정 사항 혹은 경제적 실질을 따져 연결 여부를 판단해야 한다. K-IFRS 제1110호는 실질지배력 적용과 관련하여 다양한 사례를 제시하고 있어 50% 미만

---

* 문해원&권경은. (2013). K-IFRS 의무도입으로 인한 연결범위 변동과 관련기업 특성에 대한 연구. 국제회계연구.

관계회사에 대한 연결 여부와 관련하여 경영자의 의사결정에 추가적인 가이드라인을 제공한다.

(1) 동수 지분 구조의 지배력 판단

A사와 B사가 C사의 지분 50%씩을 보유하고 주주 간 계약상 주요 의사결정이 양 주주의 합의로 결정되는 경우, 어느 일방도 단독으로 관련 활동을 지시할 수 없으므로 지배력이 없다. 이는 '공동약정(Joint Arrangement)'에 해당하며, K-IFRS 제1111호 '공동약정'을 적용하여 공동지배력 또는 공동영업으로 분류해야 한다*. 다만, 실질적으로 일방이 의사결정을 주도하고 있다면 사실 관계를 종합적으로 검토하여 예외적으로 지배력을 인정할 수도 있다.

(2) 잠재적 의결권의 고려

전환사채나 전환상환우선주와 같은 잠재적 의결권을 보유한 경우, 단순히 행사가능성뿐만 아니라 권리 행사에 제약이 있는지, 실제 경영권 행사 가능성 등을 종합적으로 판단해야 한다. 과거 감리 사례에서는 전환사채의 전환권 행사를 가정할 경우 투자자가 최대주주가 되는 상황에서, 해당 투자자가 대규모 채권자였고 이사회 구성원을 임명할 권한도 보유하여 지배력을 보유한다고 판단한 경우가 있다.

(3) SPV(구조화기업)의 연결

K-IFRS는 특수목적기업(SPV)의 연결 범위 결정에 대해 지침

---

* 공동약정으로 회계처리 되는 경우 일반적으로 지배력이 없으므로 회계적으로 연결자회사가 되지 않는다.

[참고] 연결 이슈에 있어 지배력 판단 사례

Case 1: 건설사의 미분양 확약과 실질적 지배력

상황: A 건설사는 리츠 지분 19.9%를 보유하고 있으나, 리츠의 PF 대출에 대해 미분양 주택 인수확약과 자금보충약정을 체결했다.

감리 결과: 지분율은 낮지만, 리츠의 사업 성패에 따른 위험과 보상의 대부분 (Variable Returns)을 건설사가 부담하고 있으며, 사실상 시공 과정에서 모든 의사결정을 주도하므로 지배력이 인정됐다(연결 대상).

시사점: 프로젝트리츠에서 현물출자자가 '우선매수권'이나 '손실보전약정'을 과도하게 보유할 경우, 회계상 부채를 떼어내려는(Off-balance) 시도는 실패할 가능성이 높다.

Case 2: 위탁관리리츠의 자산관리회사 해임권 제한

상황: B 금융지주는 리츠 지분 30%를 보유한 최대주주이나, 리츠 정관상 자산관리회사의 해임은 주주총회 특별결의(66.7% 이상)를 거쳐야 하며, 자산관리회사가 독자적인 자산 운용권을 가진다.

판단: 최대주주라 할지라도 자산관리회사의 전문적 의사결정을 통제할 실질적 권한(Power)이 부족하다고 판단됨. 따라서 연결재무제표가 아닌 지분법 피투자기업으로 분류한다.

시사점: 프로젝트리츠 도입 시 재무구조 개선(부채 제거)이 목적이라면, 의사결정 구조를 다변화하여 특정 주주의 독점적 통제권을 분산시키는 구조 설계가 필수적이다.

Case 3: 지배력의 실질적 행사력

상황: A사는 B사와 함께 C사를 설립하였다. A와 B의 지분율은 각각 60%, 40% 이다. C사의 이사회는 A사가 3인, B사가 2인을 선임하여 5인이다. C사의 의사결정은 이사회에서 4명이상의 동의, 주주총회에서 전원 동의를 통해 의사결정한다.

판단: C사는 A사와 B사가 공동지배력을 보유하는 것으로 보고, 투자자분을 지분법으로 회계처리해야 한다.

시사점: 단순 투자의결권이나 변동이익의 노출이 과반 이상의 비율이라고 항상 회계적 연결을 하는 것은 아니다.

(K-IFRS 1110호)을 제시하고 있으며, 이에 따라 연결 범위의 재검토가 필요하다. SPV와 같은 '구조화기업(Structured Entity)'은 의결권이나 유사한 권리가 지배력 결정의 주된 요소가 되지 않도록 설계된 기업을 의미한다. 이러한 비연결 구조화기업에 대해서는 성격, 목적, 규모, 자금 조달 방법 및 노출 위험 등을 주석에 기재하여 공시를 강화해야 한다.

5. 연결회계의 재무적 효과 및 위험 요인

리츠가 투자회사의 연결 자회사가 되어 연결재무제표 작성 대상이 될 경우, 투자회사의 부채비율은 일반적으로 상승한다. 이는 리츠가 부동산투자기구(Vehicle)로서 높은 레버리지를 가지는 측면도 있지

연결 조정 프로세스(Consolidation Process)

내부거래 상계 제거의 역설: 연결 시 지배기업이 리츠에 투자한 '주식(자산)'과 리츠의 '자본'은 상계되어 사라진다. 반면, 리츠의 부채는 연결재무제표에 합산된다. 연결실체의 부채비율 계산 시 분자(부채)는 증가하는데 분모(자본)는 늘어나지 않아 부채비율은 증가하게 된다.

만, 연결 조정 과정에서 투자회사의 주식 계정과 리츠의 자본 계정이 상계 제거되고 리츠의 부채가 투자회사 재무제표에 그대로 계상되기 때문이기도 하다.

(1) 부채비율 증가 및 신용등급 영향

부채비율이 상승하면 투자회사의 신용등급이 하락할 가능성이 높다. 부채비율은 신용도 평가의 주요 지표 중 하나로, 부채비율이 높다는 것은 자본 대비 부채 조달이 많다는 의미이며 경기 악화 시 만기 상환 불능 위험을 수반한다. 연결 부채비율이 개별 부채비율보다 기업 위험을 더 정확히 반영하고 신용등급 예측에 더 적합하다는 연구 결과도 존재한다*. 재무건전성 우려 기준인 연결 부채비율 200% 초과 및 연결 이자보상배율 1배 미만에 해당하는 기업집단 수가 증가하는 추세이므로, 구조화 전 연결회계의 재무적 영향을 충분히 분석해야 한다.

(2) 부외금융 효과 제한

리츠에 회계적 연결 이슈가 있어 부외금융 효과(Off-balance Sheet Financing)를 기대할 수 없다면, 리츠로 구조화하는 재무적 실익이 크게 감소한다. 투자회사가 직접 부채를 조달하여 자산을 취득하는 방식이 거래비용 측면에서 더 효율적일 수 있기 때문이다. 따라서 리츠로 금융 구조화할 때는 회계적 연결 이슈 발생 여부를 사전에 반드시 확인해야 한다.

---

* 김종대. (2001). 연결재무구조와 체계적 위험간의 상관관계분석. 경영학연구

6. 프로젝트리츠 현물출자와 회계적 연결이슈

부동산 개발사업에서 프로젝트리츠를 활용한 현물출자는 기업의 재무구조에 다양한 영향을 미친다. 우선 토지를 보유한 기업이 리츠에 해당 토지를 현물출자하는 경우를 가정해 보자. 현물출자 자산은 보유한 투자자의 입장에서는 자산을 현물출자함으로써 현물출자되는 공정 가치와 장부가액의 차이만큼 이익이 발생하게 된다. 또한 유형자산으로 보유하고 있던 토지가 장부에서 사라지고, 금융자산인 주식을 장부에 인식하게 된다. 프로젝트리츠에 토지나 건물을 현물출자하는 경우 현물출자자는 현물출자로 인한 양도소득세 대해 과세 이연 혜택을 받을 수 있다.

(1) 현물출자 방식에 따른 지분율 및 의결권 배분

토지는 부동산개발사업의 전체 사업비에서 차지하는 비중이 크므로, 현물출자된 토지의 공정가치가 높을수록 토지주의 지분율이 높아지는 것이 일반적이다. 다만 현물출자 이전에 해당 토지를 담보로 대출을 받은 경우, 담보 설정 금액에 해당하는 부분은 매매 방식으로 처리하고 잔여분만 현물출자하는 구조가 될 수 있다.

잔여분을 현물출자하였다고 하더라도 여전히 현물투자자인 토지주는 최대 투자자일 가능성이 높다. 그러나 실제로 최대 투자자라 하더라도 반드시 최대 의결권을 가진다고 할 수는 없다. 왜냐하면 현물출자로 투자된 주식이 종류주(예: 무의결권 종류주)일 수도 있기 때문이다. 예를 들어 현물출자자 A는 50억 원을 투자하고, FI와 CI가 25억 원씩을 투자한 경우를 가정해 보자. 이때 현물출자자 A는 2배 할증 발행한 종류주를 취득했다고 한다면, 자본에 대한 기여도는 50:25:25

이지만, 의결권은 25:25:25로 동일할 수 있는 것이다. 이러한 자본 구조의 다양성은 연결범위 판단에 직접적인 영향을 미치며, 총 의결권 분포, 계약상 추가 약정, 권리 행사 가능성, 투자자 간 협력 가능성, 경영 통제력 등을 종합적으로 고려해야 한다.

지배구조 다이어그램 / 자본 기여도 vs 의결권

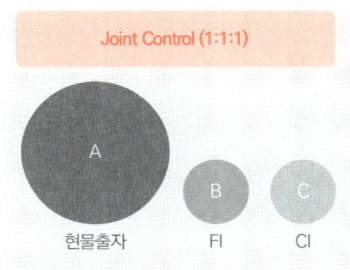

Joint Control (1:1:1)

A
현물출자

B
FI

C
CI

할증발행으로 의결권을 균등 배분함 (1:1:1)
단독 지배력 없음. 공동기업 분류 및 연결 제외 성공

모델 핵심: 2배 할증발행
• 현물출자자 A: 토지 100억 출자 /
  주당 2만 원 발행 → 50만 주
• 투자자 B(FI): 현금 50억 출자 /
  주당 1만 원 발행 → 50만 주
• 투자자 C(CI): 현금 50억 출자 /
  주당 1만 원 발행 → 50만 주

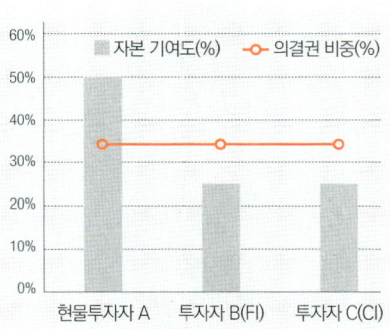

회계적 효과: 연결 차단
• 자본은 50%를 투입했으나 의결권은
  33.3%로 제한됨에 따라 '단독 지배력'이 상실.
  주주 간 약정을 통해 공동기업(Joint Venture)으로
  분류 시, 리츠 부채를 연결하지 않고
  지분법(Equity Method)만 적용.

(2) 법률 및 규제 환경과의 상호작용

회계적 연결 이슈는 재무제표 작성 원칙에만 국한되지 않는다. 「금융산업구조개선법」에 따른 투자비율 제한, 대기업집단 소속 여부, 공기업 관련 법령 등 다양한 법령에서도 투자 지분에 대한 별도 제한을 두고 있는 경우가 있다. 각 법령의 판단 기준이 항상 동일한 결론에 도달하지는 않는다. 대기업집단 소속 기준을 충족하지 않는 출자 비율과 정관 내용이라 하더라도 회계적 연결 이슈가 별도로 성립할 수

있으므로, 관련 법률 제약을 통합하여 검토해야 한다.

7. 실무상 대응 전략 및 고려사항

프로젝트리츠 구조화 시 연결회계 쟁점에 대한 실무적 대응 전략은 복잡한 회계 기준, 법률 및 규제 환경, 그리고 다양한 이해관계자의 입장을 종합적으로 고려해야 한다.

(1) 투명한 정보 공시 및 문서화

지배력 판단 근거와 재평가 결과는 매번 문서화하여 감사 시 논리적 근거를 명확히 제시할 수 있도록 준비해야 한다. 특히 연결-비연결 전환 등 판단이 변경된 경우 변경 시점과 사유를 명확히 기록하는 것이 중요하다. 또한, 지분율이 과반 미만이더라도 지배력을 보유한다고 판단한 경우 그 유의적인 판단과 가정(주주 구성 현황, 과거 주총 의결 비율 등)을 주석으로 기재해야 한다.

(2) 사전 검토 및 전문가 자문 활용

리츠 구조화 단계부터 회계적 연결 이슈, 법률적 제약, 세무상 영향 등을 종합적으로 고려하여 구조 설계에 반영해야 한다. 복잡한 사안이나 새로운 형태의 거래에 대해서는 회계법인, 법무법인 등 전문가의 자문을 통해 법규 위반 및 회계 처리 오류 위험을 사전에 차단하는 것이 바람직하다.

(3) 이해관계자 소통 강화

투자회사, 리츠, 금융기관, 회계법인, 감독당국 등 주요 이해관계자들은 연결재무제표 작성의 원칙과 실무 적용에 대해 긴밀히 협의해야 한다. 금융감독원은 상장기업과 재무제표 이용자가 연결재무제표 작성 시 주의사항을 충분히 인지하도록 안내 자료를 제공하고 있다.

리츠로 구조화할 때 고려되는 회계적 진정양도 쟁점

리츠 구조화 시 회계적 진정양도(True Sale)의 인정 여부는 재무구조 및 투자 유치에 직접적인 영향을 미친다. 이는 자산의 법적 소유권 이전뿐 아니라 관련 위험과 보상이 매수자에게 실질적으로 이전되었는지를 판단하는 문제다. K-IFRS 도입 이후 진정양도 요건은 더욱 엄격하게 적용되고 있으며, 이는 국제회계기준위원회(IASB)와 미국회계기준위원회(FASB)의 공동 작업으로 금융상품 기준이 강화된 결과다.

1. 회계적 진정양도(True Sale)의 개념 및 엄격화된 적용 기준

회계적 진정양도는 자산의 법적 소유권 이전과 더불어, 해당 자산에서 발생하는 미래 경제적 효익에 대한 모든 위험과 보상이 매수자에게 실질적으로 이전되는 것을 의미한다. K-IFRS는 원칙 중심 기준으로 경제적 실질을 반영하며, 자산 양도 거래의 회계처리 요건이 종전 기준보다 엄격하다. K-IFRS 제1039호는 금융상품의 제거 조건을 규정하면서, 자산 양도 시 위험과 보상 및 통제의 이전 여부를 순차적으로 검토하여 재무제표 제거 여부를 결정하도록 하고 있다. 이 기준의 강화는 2008년 글로벌 금융위기 이후 금융상품 기준서(IAS 39)의 복잡성과 불명확성을 개선하기 위한 국제적인 논의의 결과다.

(1) 상환청구권(Recourse) 보유 시 진정양도 인정 여부

상환청구권이 있는 자산 양도 거래는 회계적 진정양도로 인정받기 어렵다. 양도자가 자산의 손실 발생 시 일정 부분 책임을 지는 구조이므로, 자산과 관련된 위험이 완전히 이전되었다고 보기 어렵기 때문이다. K-IFRS에 따르면 상환청구권이 존재하는 매출채권 양도의 경우 경제적 실질을 반영하여 매각 처리가 부인된다. 양도자가 대손이나 이자율 변동에 따른 손실을 보상하는 지급보증을 제공한 경우에도 위험과 보상의 대부분을 양도자가 보유하는 것으로 판단될 수 있다. 진정양도 인정을 위해서는 자산에 대한 위험과 보상을 양수자에게 완전히 이전해야 하며, 이는 상환청구권의 부존재를 전제로 한다.

(2) 회계적 진정양도 미인정 시 재무제표 영향

회계적 진정양도로 인정되지 않을 경우, 양도된 자산은 장부에서 제거되지 않으며 양도 대가로 수령한 현금은 부채로 인식된다. 이로 인해 부채비율이 상승하여 자금 조달 비용 증가, 신용등급 하락, 투자자 신뢰 저하 등의 재무적 위험이 발생할 수 있다. 결과적으로 회계적 진정

자산 양도 전	구분	내용	구분	내용
	토지	100	부채	50
			자본	50
자산 양도 후	구분	내용	구분	내용
	현금	100	부채	50
			자본	50

양도 후 부채 상환 시 부채비율 0%

구분	내용	구분	내용
미양도			
토지	100	부채	150
현금	100	자본	50

양도거래가 차입거래로 처리되므로 부채비율은 300%로 증가하게 됨.

양도 미인정은 리츠의 부외금융 효과를 상실시키는 요인이 된다.

2. 프로젝트리츠 토지 현물출자의 이중 거래 성격

프로젝트리츠에서 토지 현물출자는 본질상 손익거래와 자본거래의 이중적 성격을 동시에 갖는다. 자산을 양도하는 행위(손익거래)와 그 대가로 주식을 취득하는 행위(자본거래)가 동시에 이루어지기 때문이다.

(1) 세법상 현물출자의 평가 절차

세법상 현물출자 시 출자자가 양도한 자산의 양도가액은 현물출자의 대가로 교부받은 주식의 가액으로 간주된다. 현물출자는 자산의 유상 이전에 해당하므로, 목적물인 부동산에 대한 감정평가가 선행되어야 한다. 「상법」상 법원의 현물출자 심사·승인 과정에서 공인된 감정인의 평가가 필수 요건이므로, 실무적으로는 감정평가액(공정가치)을 기초로 회계상 자산 가액이 인식되고, 이에 연동하여 주식 발행가액이 결정된다.

다만 비상장주식의 경우 객관적인 시장가격이 형성되어 있지 않으며, 특히 부동산 과다보유 법인의 경우 자의적 가치 산정을 통한 조세회피 가능성이 존재한다. 이를 방지하기 위해 세법에서는 감정가액이 불분명하거나 적정성을 인정받기 어려운 경우, 「상속세」 및 「증여세법」상 보충적 평가방법을 준용하여 시가를 산정하도록 규정하고 있다.

(2) 현물출자의 세제 혜택 및 정책 동향

정부는 프로젝트리츠의 자기자본 비율 제고와 토지·건물 소유자의 투자 참여 활성화를 위해 프로젝트리츠에 현물출자하는 경우 양도차익에 대한 과세·납부를 이연할 수 있도록 「조세특례제한법」을 개정하였다. 과세이연은 프로젝트리츠 설립 신고 수리일로부터 5년 이내에 현물출자된 자산에 한해 적용되며, 현물출자로 취득한 리츠 주식을 처분하는 시점까지 과세가 유예된다. 이 제도는 PF 사업자가 고금리 대출로 토지를 매입하는 대신 토지주가 주주로 참여하여 자기자본을 확충하도록 유도하는 취지다. 본 세제 혜택은 2028년 12월 31일까지 한시적으로 적용될 예정이다.

3. 프로젝트리츠의 회계적 진정양도 주요 쟁점

프로젝트리츠의 토지 현물출자에서 핵심적인 회계 쟁점은 유형자산의 진정양도 인정 여부다. 법적 소유권이 이전되었더라도 출자자가 자산 소유에 따른 위험과 보상을 계속 보유하거나 통제권을 완전히 이전하지 않은 경우, 해당 거래는 금융 약정으로 간주되어 진정양도로 인정되지 않는다. 유형자산 양도 목적에 투자부동산 및 유형자산 현물출자가 포함될 수 있으나, 진정양도 인정은 엄격한 기준을 따른다.

(1) 잔여 위험(Residual Risk) 보유 여부

출자자가 현물출자된 토지에 대해 개발 실패 위험, 환경 오염 책임 등 특정 위험을 계속 부담하거나 개발 이익에 대한 주요 보상을 보유하는 경우, 자산 소유에 따른 위험과 보상이 완전히 이전되었다고 보기 어렵다.

(2) 통제권(Control) 이전 미비

출자자가 현물출자 이후에도 해당 토지의 사용 및 처분에 대한 통제권을 일정 부분 유지하거나 프로젝트의 주요 의사결정권을 계속 행사하는 경우, 완전한 통제권 이전으로 보기 어렵다. K-IFRS 자산 양도거래 시 양수인이 양수 자산 전체를 독립된 제3자에게 매도할 실질적인 능력이 있고, 양도에 대한 추가 제약 없이 일방적으로 그 능력을 행사할 수 있다면 양도자는 통제를 상실한 것으로 본다. 그러나 양도자가 콜옵션을 보유하거나, 충분히 가치 있는 보증을 제공한 경우, 양수인은 자산을 계속 보유하고자 할 것이므로 실질적인 매각 능력이 없다고 판단될 수 있다. 이러한 통제권 미 이전은 진정양도 부인 사유가 된다.

(3) 복잡한 계약 구조(우선매수권, 계약취소권 등 비표준적 권리 부여)

현물출자 거래가 일반적인 주식 발행에 의한 자산 취득 형태를 넘어 복잡한 계약 관계를 포함하면 자산의 실질적인 이전 여부 판단이 더 어려워진다. 특히 현물출자자가 개발 후 건축물에 대해 강력한 권한을 확보하고자 우선매수권이나 계약 취소권 등 비일반적인 권리를 요구하는 경우가 있다.

① 우선매수권

출자자에게 우선매수권이 부여되면, 이는 출자자가 해당 자산에 대한 통제권을 유지하는 것으로 해석될 수 있다. 양수인이 양도자에게 해당 자산을 다시 매각해야 할 의무가 있는 경우도 통제권 유지의 사례가 될 수 있다.

② 계약취소권

거래를 일방적으로 취소할 수 있는 권리가 포함된 경우, 해당 거래가 실질적으로 취소 가능성을 내포하게 되어 실질적 자산 이전으로 보기 어렵다는 판단이 나올 수 있다. 이러한 비표준적 권리가 포함된 계약 구조는 회계적 진정양도 요건을 충족시키기 어렵게 만든다. 결과적으로 양도자산은 양도자의 장부에 남아있고, 현금 유입은 부채로 인식되어 부채비율이 증가하는 등 리츠의 부외금융 효과가 상실될 위험이 발생한다.

4. 리츠 구조화 시 실무적 대응 방안

프로젝트리츠 구조화 시 회계적 진정양도 쟁점을 효과적으로 해결하기 위해서는 다음과 같은 실무적 대응 방안을 검토할 필요가 있다.

(1) 계약 구조 설계의 명확화

자산 양도 계약 시 위험과 보상의 이전 및 통제권 이전에 관한 조건을 최대한 명확하게 기술해야 한다. 특히 자산의 소유에 따른 미래 현금흐름의 변동에 대한 양도 전후 양도자의 노출 정도를 정량적으로 분석하여, 위험과 보상의 대부분이 양수인에게 이전되었음을 입증해야 한다. 또한, 양수인이 해당 자산을 독립적인 제3자에게 매도할 수 있는 실질적인 능력이 있으며, 양도에 대한 추가적인 제약 없이 일방적으로 그 능력을 행사할 수 있도록 계약을 설계해야 한다. 부동산 개발사업은 부지의 매입부터 준공, 분양까지 장기간에 걸쳐 거액의 자금이 소요되며 다양한 불확실성에 노출되므로, 계약 명확화는 필수적이다.

(2) 출자자의 잔여 권리 및 의무 최소화

출자자가 현물출자 이후에도 개발 실패 위험, 환경오염 책임 등 특정 잔여 위험을 부담하거나 개발 이익에 대한 주요 보상을 보유하는 경우를 최소화해야 한다. 우선매수권, 계약취소권과 같은 비표준적 권리 조항은 가능한 한 제거하거나, 그 행사를 엄격하게 제한하여 자산의 실질적 이전이 명확히 드러나도록 해야 한다. 만약 이러한 권리가 불가피하게 포함되어야 한다면, 그 권리가 자산의 실질적인 위험과 보상의 이전을 저해하지 않는 수준임을 객관적으로 입증할 수 있는 보완 장치를 마련해야 한다. 이는 출자자가 해당 자산에 대한 통제권을 계속 유지하는 것으로 해석될 위험을 방지하기 위함이다.

(3) 감독당국 및 회계 전문가와의 협의

금융감독원 등 감독당국은 프로젝트리츠의 현물출자 및 구조화 과정에서 회계적 진정양도 요건 충족 여부를 중요한 평가 요소로 본다. 거래 설계 단계부터 감독당국이나 독립적인 회계 전문가와 충분히 협의하여 회계 처리의 적정성을 사전에 검증받는 것이 회계적 위험을 줄이는 데 기여할 수 있다.

상장리츠로부터 받은 배당소득세의 분리과세

「조세특례제한법」 제104조의27(고배당기업 주식의 배당소득에 대한 과세특례)의 신설은 기업의 주주 환원을 촉진하고 자본 시장의 저평가 요인을 해소하려는 정부 세제 개편의 일환으로 추진되었다.[*] 이 과세특례는 단순한 세 부담 경감을 넘어, 자본 시장의 수요 기반을 확충하고 기업의 주주 환원 정책을 유도하기 위한 구조적 제도 변화다.

1. 고배당기업 주식의 배당소득 과세특례(제104조의27) 신설

(1) 코리아 디스카운트 해소 및 주주 환원 강화

본 세제 개편의 정책적 목적은 한국 기업의 낮은 배당 성향을 교정하고 주주 환원을 강화하는 데 있다. 2010년부터 2022년까지 유가증권 및 코스닥 시장 상장기업의 평균 PBR은 1.62에 불과하였으며, 이는 미국, 영국, 독일, 대만 등 주요국 대비 낮은 수준[**]이다. 낮은 PBR은 기업의 수익력 저하와 주주 환원 부진을 반영한 결과라는 지적도 존재한다. 배당 확대를 통한 가계 소득 증대가 투자와 소비로 환류되는 경제 선순환 구조의 확립도 정책 목표 중 하나로 제시되었다.

(2) 경제 선순환 구조 확립 및 투자 유인 제고

본 과세특례는 금융소득종합과세의 한계세율(최고 45%)을 적용받는 투자자들에게 고배당기업 배당소득에 대한 저율 분리과세 혜택을 제공한다. 구체적으로 2,000만 원까지는 14%, 2,000만 원~3억 원은

---

[*] 주식투자소득에 대한 과세 합리화 방안 연구. 한국조세재정연구원, 2024
[**] 국내 상장기업 저평가에 관한 고찰, 자본시장연구원, 이상호, 강호선, 김민기, 2024.12.29

20%, 3억 원~50억 원은 25%, 50억 원 초과분은 30%의 분리과세 세율이 적용된다. 다만 초기 설계 단계에서 특정 자산군의 특성과 재정 중립성을 고려하여 일부 자산군을 지원 대상에서 제외하는 논리적 한계가 존재하였다.

2. 초기 정책 설계에서의 리츠 제외 사유 분석

2025년 세제개편안 원안 발의 당시, 정부는 상장리츠, 펀드, 투자목적회사(SPC) 등을 고배당기업 분리과세 대상에서 제외하였다. 당시 정부가 리츠를 배제한 논리적 근거는 두 가지다.

(1) 정책적 인센티브 갭(Policy Incentive Gap)

리츠는 법인세 소득공제 요건으로 배당가능이익의 90% 이상을 의무적으로 배당해야 한다. 리츠는 이미 법적 구속력에 의해 고배당을 이행하고 있으므로, 추가적인 세제 혜택을 부여하더라도 배당 규모를 추가로 확대하는 한계 편익(Marginal Benefit)이 거의 없다는 판단이 가능하다. 즉, 정책적 유도 없이도 고배당이 유지되는 자산군에 인센티브를 제공하는 것은 자원 배분의 효율성 측면에서 정당화하기 어렵다는 논거다.

(2) 기존 세제 혜택과의 중복 수혜 및 형평성 논란

이미 「조세특례제한법」 제87조의7에 따라 공모리츠 투자자는 일정 한도(5,000만 원) 내에서 9.9%의 저율 분리과세를 적용받고 있었다. 신설되는 제104조의27을 리츠에 중복 적용할 경우 타 자산군과의 조세 형평성이 저해될 수 있다는 우려가 제기되었다. 국회예산정책처는 배당소득 분리과세가 주식 시장과 기업 경영의 왜곡을 초래할 수 있다고 지적하기도 했다*.

(3) 초기 정책 판단의 한계

이러한 초기 판단은 '배당 유도'라는 단일 목적에 집중한 나머지, 리츠 시장의 자본 조달 구조와 투자자들의 자산 선택 행태를 충분히 반영하지 못했다는 비판에 직면하였다. 특히 간접투자 방식의 ETF나 리츠의 세후 수익률이 직접투자보다 낮아지는 문제가 발생할 수 있다는 우려도 제기되었다*.

3. 2026년 경제성장전략에 따른 정책 확정 및 향후 시사점

2026년 1월, 정부는 '2026년 경제성장전략'을 통해 상장리츠를 분리과세 대상에 공식적으로 포함하는 정책을 확정하였다.

(1) 정책적 선회 및 상장리츠의 위상 재정립

2027년 배당분부터 적용될 이번 조치로 기존 「조세특례제한법」 제87조의7이 2026년 말 일몰됨에 따라, 이를 제104조의27 체계 내로 통합 운영하여 정책의 지속성을 확보하였다. 세제지원 방향은 소액투자자 보호를 위한 한시적 지원에서 벗어나, 상장리츠를 개인 및 기관 투자자들의 일반적인 투자 자산으로 정착시키는 방향으로 전환된 것으로 볼 수 있다.

---

*   국회예산처, "2025년 세법개정안 토론회" 성료, 국회예산정책처, 2025.11.10

(2) 민간 자본 유입 촉진 및 부동산 시장 리스크 완화

리츠에 대한 분리과세 특례 확정은 민간 자본의 시장 참여를 촉진하여 직접 투자 위주의 부동산 시장 자금을 리츠라는 간접투자 채널로 유입시키는 효과를 기대할 수 있다. 이를 통해 부동산 시장의 변동성을 완화하고 투자 구조의 건전성을 높이는 리츠의 역할이 확대될 것으로 예상된다.

(3) 한국 자본 시장의 질적 도약과 주주 환원 문화 안착

상장리츠 배당소득 분리과세 도입은 정책 수립 과정의 논의를 거쳐 보다 정교한 제도적 틀을 갖추게 되었다. 정부의 '주주 환원 강화' 기조가 자본 시장 전반에 걸쳐 실질적으로 작동하기 위해서는 리츠와 같은 고배당 간접투자 자산에 대한 세제 지원이 일관되게 유지되는 것이 중요하다.

공모하지 않는 리츠의
규제 개선

리츠의 공모 의무와 그 예외

리츠는 공모를 통해 일반 국민이 부동산에 투자할 수 있는 기회를 확대한다. 일반 국민의 부동산투자기회 확대는 입법목적이기도 하다(법 제1조). 이런 이유로 법은 리츠가 영업인가 등을 받은 날부터 3년 이내에 발행주식 총수의 30% 이상을 일반의 청약에 제공하여야 한다(법 제14조의8제2항)고 정하고 있다. 일반의 청약에 제공한다는 의미는 불특정 다수가 청약할 수 있는 기회를 제공한다는 의미이다.* 신주를 발행하든 이미 보유한 주식을 매출하든 상관없다. 발행주식 총수의 30% 이상을 일반의 청약에 제공하기만 하면 된다. 또한 일반의 청약에 제공하기만 하면 되고, 실제 30% 이상의 청약이 이루어질 필요는 없다.

---

* 참고로, 법상 공모와 「자본시장법」에서 공모(모집·매출)과 동일하다고 보기는 어렵다. 「자본시장법」은 사모펀드에 대한 규제를 완화하고 있으면서, 사모펀드의 요건 중 하나로 공모를 하지 않을 것을 두고 있다. 따라서, 「자본시장법」상 공모는 적극적 의무를 위한 도구개념이 아니다 보니, 애매한 상황을 공모로 간주하게 된다. 반면 법상 공모는 일반의 청약에 제공해야만 충족되는 적극적 의무를 위한 도구개념이므로 실질적으로 일반의 청약에 제공해야 하는 내용을 필요로 한다

이러한 리츠의 공모 의무는 리츠의 주식분산 의무(법 제15조)와 함께 일반 국민에게 투자기회를 확대하고, 리츠 운영의 투명성을 높이는 중요한 요소이다. 즉 발행주식의 30% 이상을 일반의 청약에 제공하도록 하면서 동시에, 주주 1인이 발행주식의 50%를 초과하여 가지지 못하게 함으로써 리츠를 단순한 사적 소유물이 아닌 공공적 수단으로서 기능하게 한 것이다.

1. 공모 의무 예외

이러한 리츠의 공모 의무도 일정한 예외가 있다. 예외사유는 리츠가 공공성을 갖춘 경우이다. 법은 리츠가 공공성을 갖춘 경우로, ①리츠의 주주 구성이 공공성을 갖춘 경우와 ②리츠의 자산 구성이 공공적인 경우를 인정하고 있는데, 이러한 경우 공모 의무를 면제하고 있다.

(1) 주주 구성이 공공성을 갖춘 경우

리츠의 주주 중 50% 이상이 연기금 등인 경우에는 해당 리츠는 공모 의무가 없다. 연기금 등은 다수로부터 받은 자금을 운영하여 벌어들인 이익을 다수에 배분하는 등 이미 공모의 효과를 거두고 있기 때문에, 공모를 강제할 이유가 없다. 이처럼 리츠의 공모 의무를 배제하는 주주를 실무상 '공모예외주주'라고 한다. 대통령령에서는 공모예외주주로 약 30개 기관을 열거하고 있는데(영 제12조의3), 여기에는 국가, 지방자치단체와 같은 정부, 국민연금공단, 공무원연금공단, 대한지방행정공제회 등과 같은 연기금 및 상장리츠, 공모펀드, 특정금전신탁 등이 있다. 아울러 국토교통부장관이 고시한 공모예외주주로는 국가 및 지방자치단체의 기금, 한국해외인프라도시개발지원공사가 있다(부동산투자회사 등에 관한 인가 및 등록지침 제19조의2.)

공모예외주주에 해당하면, 주식분산 의무도 같이 면제된다(법 제16조제1항, 영 제13조제1항제1호).

① 공모예외리츠 확대

종래에는 공모예외주주에 국가가 없었고, 공모예외주주도 시행령에 열거를 하여, 공모예외주주가 아닌 공공기관의 경우에는 리츠에 자금 투자가 용이하지 않았다. 막대한 공적자금이 투자되는 만큼, 원활한 정책추진을 위해서는 해당 공공기관이 리츠에 대한 의사결정권을 보유해야 하는데, 이는 공모예외주주가 되어야만 가능하기 때문이다.

이에 국토교통부는 2025년 11월 27일 관련 규정을 개정하여, 다양한 공적 자금이 리츠에 원활하게 투자될 수 있도록, 공모예외주주에 국가를 추가하고, 국토교통부장관이 필요에 따라 신속하게 공모예외주주를 지정할 수 있도록 포괄규정을 신설하였다(영 제12조의3 개정). 그 결과, 앞으로 정책 목적에 따라 만들어지는 기금이나 펀드 등과 같은 정책자금도 리츠로 원활하게 유입될 수 있게 되었다.

② 공모예외리츠의 주주구성이 바뀐 경우

참고로 앞서 프로젝트리츠 부분에서 논의하였지만, 공모예외리츠로 설립되어 영업인가 등을 받았다가 공모예외주주가 50% 미만인 경우에 공모 의무가 다시 발생하는지 문제된다. 이미 언급한 바와 같이 실무상으로는 이에 관한 명문 규정이 부재하여 논란이 있지만, 공모 의무 유예기간 중 공모예외주주 구성이 50% 이상인 경우, 공모 의무를 이행한 것과 같은 효과가 있다고 볼 수 있으므로 원칙적으로 공모의무가 발생하지 않는 것으로 처리하고 있다. 그러면서도, (변경) 인가 시에 주주구성 변경 등으로 공모예외요건을 갖추지 못할 경우에 미리 국토교통부와 협의하도록 하는 조건을 부가하여 편법적 운용 가능성을 방지하고 있다.

③ 공모예외주주와 주식분산 의무 및 등록요건과의 관계

영 제12조의3은 공모예외주주를 나열하고 있다. 공모예외주주는 곧 주식분산 의무도 없다(영 제13조제1항제1호). 따라서 공모예외주주가 50% 이상인 리츠는 공모 의무도 없고, 주식분산 의무도 없다.

한편, 리츠의 등록요건과 관련하여 주의할 점이 있다. 즉 법은 위탁리츠의 경우 공모예외주주가 단독이나 공동으로 발행주식의 30% 이상을 취득하면 영업인가보다 완화된 등록으로 리츠 영업을 할 수 있도록 하였다(법 제9조의2제1항제2호, 참고로 등록의 경우 사업계획의 적정성, 자산가치 적정성을 심사하지 않기 때문에 영업인가보다 빠르고 간편하다). 그러나 공모예외주주 모두가 여기에 해당하는 것은 아니고, 상장리츠, 「자본시장법」상 전문투자자, 공모펀드, 특정금전신탁은 제외된다(영 제8조의3제3항). 등록의 경우 사업계획 적정성이나 자산가치의 적정성을 따로 심사하지 않는데, 연기금 등의 경우에는 전문성과 공공성을 갖춘 기관이 사업계획이나 자산가치의 적정성을 충분히 심사할 것이라고 본 것이다. 이에 비해 상장리츠나 공모펀드 등의 경우에는 연기금과 같은 공공성과 전문성이 충분하지 않다고 본 것이다.

(2) 리츠의 자산구성 등이 공공적인 경우

① 임대주택이 주요 자산인 경우

리츠 총자산의 70% 이상이 임대주택으로 구성하는 경우(이하 '임대리츠'라 함)에 공모 의무가 면제된다(법 제14조의8제3항제2호). 여기서 임대주택이란 「민간임대주택에 관한 특별법」에 따른 민간임대주택 및 「공공주택 특별법」에 따른 공공임대주택을 말한다. 이와 같은 임대리츠는 주식분산 의무도 면제된다(법 제16조제3항).

② 최저자본금 80% 이상을 현물출자 받은 대토보상권으로 구성한 경우

대토보상권의 현물출자 및 이와 관련된 업무를 하려는 리츠(이하 '대토리츠'라 함)는 영업인가를 받기 전에 특례등록을 할 수 있는데(법 제26조의3제1항), 이와 같이 특례등록을 한 경우에는 공모 의무가 면제된다. 따라서 특례등록을 한 대토리츠도 공모예외리츠에 해당하고, 주식분산 의무도 면제된다(같은 조 제2항).

③ 총자산의 70% 이상이 재무구조 개선을 위한 매각 부동산인 경우

CR리츠도 공모 의무와 주식분산 의무가 면제된다(법 제49조의2제3항). 따라서 CR리츠도 공모예외리츠에 해당한다. CR리츠는 총자산의 70% 이상을 채무상환, 재무구조 개선 약정이행, 회생 절차 이행, 구조조정 지원 등의 목적으로 매각하는 부동산이어야 한다(법 제49조의2제3항).

공모예외리츠에 대한 규제 완화

「자본시장법」이 공모펀드*와 사모펀드를 구별하여 각종 규제를 차등하여 적용한 것과 달리, 리츠는 사모라는 개념이 없다. 실무에서는 편의상 공모를 하지 않은 공모예외리츠를 '사모리츠'나 '사모형리츠'라 부르기도 하지만, 이는 독자적인 리츠 형태는 아니다. 앞서 설명한 바와 같이, 리츠가 공모 의무를 면제하는 이유는 프라이빗하고 폐쇄적인 리츠를 원하는 투자자 수요를 배려하기 위해서가 아니라, 연기금 등 주주의 성격만으로도 이미 공모의 효과를 거둔 것으로 볼 수 있어 굳이 공모를 강제할 필요성이 없기 때문이다. 이러한 측면에서 리츠 체계 내에서는 투자기회의 공공성 또는 보편성이 포기된 적이 없다.

그러나, 이처럼 공모예외리츠가 공공성이 있다는 점과, 규제에 있어서 일반투자자가 직접 투자하지 않는 공모예외리츠를 공모리츠와 동일하게 취급해야 하는지는 다른 문제이다. 특히 공시규제는 투자정보에서 열위에 있는 일반투자자를 보호하기 위한 목적이므로, 일반투자자가 직접 투자하지 않은 공모예외리츠까지 일반투자자를 위한 공시규제를 획일적으로 적용하는 것은 바람직하지 않다. 이는 투자운용에 전념해야 할 리츠나 자산관리회사의 불필요한 규제준수업무를 가중시켜 인력운용에 비효율을 초래할 뿐 아니라, 규제당국도 불필요한 위반사항을 적발하는데 감독인력을 분산하여 정작 중요한 불법행위를 단속하는데 역량을 집중하지 못하는 등의 민관영역

---

* 엄밀하게는 「자본시장법」상으로는 집합투자기구와 일반사모집합투자기구·기관전용사모집합투자기구로 구분되므로, 사모펀드는 있어도 공모펀드라는 개념은 없다. 다만, 사모펀드와 구분하기 위하여 편의상 일반적인 집합투자기구를 공모펀드라 부르는 경향이 있고, 본서에서도 이에 따랐다.

양측에서 인력운용의 비효율을 초래하였다.

이러한 문제점을 해소하기 위해, 공모예외리츠의 경우에는 보고·공시 등의 의무를 크게 축소하는 법 개정(법 제49조의8 신설)이 2025년 5월 27일 이루어졌다.

1. 공모예외리츠에 대한 규제 특례

법 제49조의8은 공모예외리츠에 대한 보고·공시의 특례를 규정한다. 일반리츠와 달리 공모예외리츠는 보고·공시를 크게 줄이는 것이 특례의 내용이다.

(1) 적용 대상

보고·공시 특례의 적용대상은 공모예외리츠이다. 즉 공모 의무가 없는 공모예외주주(50% 이상) 구성리츠, 임대리츠, 대토리츠, CR리츠가 적용 대상이다.

이와 관련하여, 법은 "제14조의8제3항에 해당하여 주식의 공모를 하지 아니하는 부동산투자회사와 그 부동산투자회사로부터 자산의 투자·운용 업무를 위탁받은 자산관리회사"라고 표현하여 마치 '50% 이상을 공모예외주주로 구성한 리츠'와 '임대리츠'만 보고·공시 특례적용을 받는 것처럼 보인다. 그러나, 앞에서 살펴본 바와 같이, 대토리츠나 CR리츠도 공모 의무를 규정한 법 제14조의8의 적용을 명시적으로 배제하여 공모예외리츠에 해당한다. 따라서 이들 리츠에도 법 49조의8이 적용된다고 봄이 타당하므로 보고·공시특례가 적용된다.

① 보고·공시 특례 내용

공모예외리츠는 투자설명서와 투자보고서를 국토교통부장관에게 제출하고, 금융사고 또는 부실자산 발생을 공시하면 된다. 공모예외리츠라도 언제든지 공모를 할 수 있기 때문에* 국토교통부는 투자보고서 등으로 최소한의 모니터링을 할 필요가 있다. 그래서 투자설명서와 투자보고서의 제출 의무를 둔 것이다.

• **투자설명서 제출:** 공모예외리츠 등은 투자설명서를 최초로 주식의 인수청약을 권유한 날부터 국토교통부장관이 정하여 고시하는 기간 이내에 국토교통부장관에게 제출한다(영 제47조의8제1항). 다만 "국토교통부장관이 정하여 고시하는 기간"에 관하여 현재까지 고시로 정한 기간은 없다. 따라서 이에 관한 고시가 마련되기 전까지 미리 국토교통부와 협의하여 제출기한을 알아두는 것이 좋다.

• **투자보고서 제출:** 투자보고서는 공모예외리츠 등이 매분기마다 작성하되, 회계기간의 말일에 작성하는 투자보고서는 작성일부터 90일 이내에, 그 밖의 경우에는 작성일부터 45일 이내에 제출한다(영 제47조의8제2항, 제3항).

② 금융사고 또는 부실자산 발생의 공시

법 및 하위규정에 따르면, ⓐ직전 분기 말 자기자본의 2% 이상의 금융사고 또는 부실채권 등이 발생하는 경우(단, 10억 원 미만인 경우는 제외), ⓑ발행인의 부도, 「채무자 회생 및 파산에 관한 법률」에 따른 회

---

* 공모예외리츠가 공모를 하려면 미리 변경인가 등을 받아야 한다.

생절차개시의 신청 등의 사유로, 발행인 또는 거래상대방의 부도, 회생 절차개시신청 또는 파산절차의 진행 등으로 인하여 원리금의 전부 또는 일부의 회수가 곤란할 것이 명백히 예상되는 자산 부실자산이 발생한 경우에는 공시하도록 규정하고 있다(법 제49조의8제3호, 제37조제 3항제2호, 영 제40조의2제2항, 시행규칙 제6조 등). 비록 공모예외리츠에 해당하지만, 채권자와 같은 이해관계자나 잠재적 투자자 등을 보호하기 위해 공시의무를 부과하였다. 공시방법은 리츠 및 자산관리회사 홈페이지 및 리츠정보시스템에 공시하거나 주주에게 서면 또는 전자우편으로 통보하는 방법으로 한다(영 제47조의8제4항).

③ 기타 투자자 보호를 위해 필요한 제출 또는 공시

그 밖에 투자자 보호를 위해 필요한 사항의 제출 또는 공시를 규정하고 있으나(법 제49조의8제4호), 이를 구체화하거나 예시한 규정이나 지침 등은 아직 없다.

공모예외리츠의 주요 보고공시

보고공시 사항	유형	공모예외리츠 적용
신용평가결과서	공시	–
투자보고서	공시 또는 제출	제출
자산운용전문인력 변경 등	공시 및 보고	–
금융사고 또는 부실채권부실자산 발생	공시	공시
주주총회 결의내용 및 의사록	공시	–
법 제39조제2항 각 호의 조치	공시	–
법 제30조제2항에 해당하는 거래의 체결	공시	–
투자설명서 변경	공시 또는 제출	제출
10% 이상 자산의 취득처분결정	공시	–

프로젝트리츠로 일하는 법

최대주주 변경	공시	-
임원 변경 및 현황	공시	-
재무제표 및 감사보고서	공시	-
부동산 실사보고서	공시	-
업무위탁계약서	공시	-
이사회의사록	공시	-
현물출자	보고	-
정관변경	공시 또는 보고	-
해산	보고	-
최저자본금 확보사실	보고	-
일반공모청약 계획 및 결과	공시 및 보고	-
합병해산 계획 및 결과	보고	-
법에 따른 처벌 사항	보고	-
업무상 중대 소송 당사자	보고	-
파산 신청 및 선고	보고	-
회생절차개시, 인가 및 폐지	보고	-
변경인가 등 예외사유	보고	-
타법에 따른 신용평가결과서	보고	-
내부통제기준 변경	공시 및 보고	-
자기관리리츠 주요출자자 적격성 심사	제출	제출
부동산 개발사업법인에 대한 대출 등	공시	공시
사업투자보고서	보고	-

리츠 투자보고서는
어떻게 바뀌었나?

리츠를 가장 리츠답게

좋은 상품을 더욱 가치 있게 하고 같은 상품중에서 돋보이게 하는 방법 중 하나가 포장을 잘 하는 것이다. 그렇다면 리츠를 가장 리츠답게 포장할 수 있는 효과적인 방법이 있는데, 그것이 '투자보고서'다. 공무원이 업무를 진행하는 과정에서 상급자에게 보고하고 국민에게 알리는 방법은 보고서다. 그래서 '공무원은 보고서로 말한다.'하는 말이 있다. 이처럼 리츠는 리츠의 자산운용의 내용과 결과를 투자보고서로 말해야 하며 이를 활용하여 투자자들과 소통해야 한다.

리츠의 투자보고서는 공시라는 방법으로 리츠의 이해관계자와 소통한다. 공시를 통해서 리츠의 이해관계자가 아니더라도 투자보고서를 제공받을 수 있으며 이러한 리츠의 정보공개 기능으로 인하여 세계 각 국가의 부동산투명성지수 를 발표하는데 해당 국가의 리츠의 발전 정도에 따라서 부동산 투명성 지수를 평가하는데 가점이 부여되기도 한다.

리츠는 부동산을 투자 대상으로 하는 투자기구이다. 따라서 투자보고서는 투자 대상 즉 부동산의 가치와 향후 리츠의 예상 성장 가치로 구분할 수 있다.

리츠는 투자보고서를 통해서 투자자 등 이해관계자에게 리츠의 제대로된 정보를 취득할 수 있도록 충분한 자산운용 정보를 제공해야 하며 「부동산투자회사법」에서는 법률로 이런 투자와 관련된 정보를 제공하도록 의무화하고 있다.

1. 리츠가 의무적으로 제공해야 하는 정보

「부동산투자회사법」에서 정하고 있는 리츠의 정보제공 의무는 크게 발행공시와 운영공시라는 두 가지 축으로 나뉜다. 여기서 '공시'는 단순히 정보를 알리는 사전적 의미를 넘어, 리츠 투자자를 보호하고 시장의 건강한 성장을 견인하는 핵심적인 역할을 수행하는 의미로 해석해야 한다.

구체적으로 설명하면 다음과 같다. 리츠의 공시는 증권을 발행할 때뿐만 아니라 사업 내용, 재무 상황 등 경영 전반에 관한 정보를 정기적으로 투명하게 공개해야 한다. 이렇게 제공된 공시 자료는 리츠 투자자가 최초 상장이나 증자 이외 유통 시장에서 주식을 매수하거나 매도할 합리적인 판단을 내릴 수 있는 소중한 근거가 된다. 이러한 리츠의 정보 공시는 법 제1조에서 명시한 '일반 국민의 부동산 투자 기회 확대와 건전한 부동산 투자 활성화'라는 목적을 달성하기 위한 필수적인 수단이기도 하다.

결론적으로 리츠 공시는 리츠의 발행 정보와 자산운용 정보를 시장에 잘 전달하는 데 있다. 이를 통해 리츠가 자본 시장 내에서 정당한 가치를 인정받고 원활하게 유통되도록 도우며, 나아가 공정한 가격 형성과 신뢰할 수 있는 거래 질서를 확립하는 밑거름이 된다.

리츠가 법률에 따라서 의무적으로 제공해야 하는 정보는 리츠의 설립 및 영업인가 공시와 리츠가 주식을 발행할 때 하는 발행공시와 자산운용 기간 중에 하는 운용공시로 구분된다.

(1) 리츠의 발행공시

리츠를 설립하고 주식을 발행하여 투자자를 모을 때 리츠에 관한 투자 정보가 담겨 있는 투자보고서를 제공하는 것이 발행공시이며 「부동산투자회사법」에서 투자설명서를 투자자에게 제공하는 것을 의무화하고 있다. 그리고 이러한 정보는 리츠 투자자 이외 일반인을 위해 리츠정보시스템을 통해 제공하고 있다.

투자설명서의 공시에 관한 근거를 살펴보면 다음과 같다. 「부동산투자회사법」 제17조제2항은 투자설명서를 투자자에게 '제공'할 의무만을 명시하고 있을 뿐, 명시적인 '공시' 의무를 규정하고 있지는 않다. 그러나 감독규정 제3조제2항에 따라서 리츠정보시스템을 활용하여 일반인이 열람할 수 있도록 공시하고 있다. 그런데 특이한 점은 투자설명서는 리츠의 공모 여부와 상관없이 모든 리츠에 동일하게 적용된다. 발행공시가 일반인의 청약 제공에 유의미한 정보를 제공할 목적임에도 불구하고 특정투자자가 투자하는 사모리츠의 경우도 발행공시가 적용되는 것이다. 「부동산투자회사법」의 이러한 규정은 법의 변화와 발전 과정에서 최초로 만들어진 규정보다 뒤늦게 사모리츠(공모 의무가 예외되는 리츠)제도가 도입되었기 때문이다.

그리고 상장(공모)리츠의 발행공시는 「부동산투자회사법」 이외 「자본시장법」의 적용을 받는다. 따라서 50인 이상의 일반 투자자를 모집하려면 금융위원회에 증권신고서를 제출해야 한다. 「자본시장법」은 리츠가 법적 속성상 집합투자기구가 아님에도 공모를 하는 리츠를 「자본시장법」에 적용되도록 규정하고 있기 때문이다. 이러한 사유로 공모리츠의 경우 「부동산투자회사법」과 「자본시장법」 2개의 중복적인 발행공시의무가 발생하며, 사모리츠의 경우 「부동산투자회사법」에 따른 발행공시 의무만 부담한다. 향후 관련 법 개정을 통해 중복적인 정보제공을 완화하고 정보제공 대상의 범위를 명확히 정립할 필요가 있다.

(2) 리츠의 운용공시

리츠는 투자보고서를 통해 리츠의 자산운용 내용을 중심으로 하는 운용공시를 한다. 리츠는 사업연도 개시일부터 매 3개월이 종료되는 날과 회계기간의 말일에 감독규정 별표 제6호와 제6호의2의 서식에 따라서 작성하며, 프로젝트리츠의 경우 별표 제9호 서식에 따라 작성하여 국토교통부장관에게 제출해야 한다.

2. 리츠는 회사여서 괴롭다

부동산을 투자 대상으로 하는 투자기구 중에서도 리츠는 본질적으로 '회사'라는 형식을 취하고 있다. 이러한 정체성 때문에 리츠는 단순한 금융투자 상품으로서 받는 규제를 넘어 「상법」상 회사의 의무와 「부동산투자회사법」상의 특수한 규제를 동시에 적용받는다. 부동산을 투자 대상으로 하는 유사한 투자기구로 리츠와 비교되는 대상으로는 '부동산 펀드(REF)'와 '「상법」상 특수목적회사(SPC)'가 있다.

그런데 리츠의 자산운용공시는 부동산 펀드와 SPC등 다른 투자기

리츠와 부동산펀드의 자산운용 관련 공시보고 비교

		「부동산투자회사법」(투자 보고서)	「자본시장법」			「외부감사법」	비고
			영업 보고서	자산운용 보고서	사업 보고서		
리츠	사모	○	×	×	×	○	공시보고 2개
	상장	○	×	×	○	○	공시보고 3개
부동산 펀드	사모	×	×	△*	×	×	공시보고 1개
	상장	×	○	○	×	×	공시보고 2개

출처: 김중한 외 3인(2024), 리츠에 대한 투자활성화 연구, p146

구와 비교했을 때 '괴롭다'고 느껴질 만큼 중복적이고 복잡한 절차를 수반한다. 같은 부동산을 투자 대상으로 하는 투자기구임에도 불구하고 자산운용 관련 공시가 제도별로 불균형하게 적용되어 있다. 이러한 현상은 리츠가 단순히 부동산에 투자하는 상품을 넘어, 법적·제도적으로 엄격한 규율을 받는 '회사'이자 '공모 기구'이기 때문이라 생각된다.

이렇게 리츠가 부동산펀드 등과 운용공시에서 불균형을 이루는 가장 큰 제도적 원인은 자산운용의 의사결정 체계에서 비롯된다. 「자본시장법」상 집합투자기구인 부동산 펀드는 투자의사결정을 자산운용사가 주도적으로 수행한다. 「자본시장법」은 투자자의 일상적인 운용지시를 받지 아니하고 자산운용사의 독립적인 자산운용 권한을 인정하고 있다. 반면 리츠는 「상법」상 주식회사이면서 법에서도 중대한 투자 의사결정을 반드시 이사회와 주주총회를 거쳐 확정하도록 규정

---

* 일반투자자가 가입하는 경우만 작성, 일반 사모펀드는 「자본시장법」 제249조의8제1항에 따라 동법 제90조의 펀드 영업보고서는 면제되고, 동법 제88조는 일반투자자가 가입하는 경우에는 교부해야 하나, 전문투자자만이 가입하는 펀드의 경우 교부하지 않아도 됨

하고 있다. 따라서 자산운용의 전권을 위탁받은 자산관리회사는 실질적 의사결정권자인 투자자와 이사회에게 충분히 검토하고 판단할 수 있을 만큼 구체적이고 전문적 수준 투자정보 제공이 필수적이다. 리츠의 이러한 의사결정 구조는 자연스럽게 그 과정과 결과를 상세히 기록하고 보고해야 하는 공시 의무로 이어진다.

또한 어떤 투자자가 참여하는가는 리츠의 공시 목적을 결정짓는 주요 요인으로 작동한다. 대부분의 SPC(「상법」상 회사)나 부동산펀드가 소수의 사모 투자자를 대상으로 자금을 모집하는 것과 달리, 리츠는 자본시장에서 '공모'를 통해 불특정 다수의 투자자로부터 자금을 조달하는 것을 원칙으로 한다. 따라서 리츠가 투자보고서를 통해 제공하는 운용 정보는 일반 투자자가 상장 시장에서 투자할 것인지, 더 확대할 것인지, 회수할 것인지 의사결정을 할 수 있는 정보여야 한다.

리츠는 최초 영업인가 등을 통해서 운용계획과 자금모집 과정을 살펴봄에 따라 어느 정도 투자자를 보호하기 위한 장치를 마련하고 있다. 하지만 본격적인 자산운용단계에서는 법에서 정한 자산운용 테두리 안에서 자유롭게 운용된다. 이러한 자산운용과정에서 투자자를 보호할 수 있는 제도적 장치가 필요한데 그것이 '투자보고서'다.

리츠에 요구되는 높은 투명성은 리츠의 의사결정 구조, 사모, 공모 등 투자자의 종류와 더불어 자산운용과정에서 투자자보호에 목적을 두고 있으며, 이는 "일반 국민에게 부동산 투자 기회를 제공한"다는 법적 취지에 근거한다. 더욱이 상장된 리츠는 자본시장 내에서 누구나 거래할 수 있는 상품이므로, 일반기업 수준보다 더 투명하고 엄격한 정보 공개가 필수적이다.

이처럼 리츠에 괴로운 자산운용공시가 부여된 까닭은 투자자에게 신뢰할 수 있는 정보를 제공함으로써 자본 시장 내의 투자자 간 정보 비대칭을 해소하고, 자본 시장에서 리츠가 가진 정당한 가치를 인정받아 건전한 거래 질서를 확립하기 위해 필요하기 때문이다.

3. 리츠 투자보고서는 왜 변경되었나?

역사적으로 리츠의 투자보고서는 2001년 제도 도입 당시부터 법과 시행령에 의해 작성 의무가 부여되었다. 그러나 현재 우리가 사용하는 별표 양식의 투자보고서 체계는 2009년에 이르러서야 최초로 도입되었다. 문제는 2001년 이후 투자보고서와 관련한 시행령상의 주요 내용과 2009년 이후 세부 사항을 규정하는 투자보고서 제출 양식이 지난 세월 동안 거의 변화 없이 유지되어 왔다는 점이다.

하지만 리츠 제도가 시행된 지 약 25년이 경과하며 대한민국 경제와 사회 환경, 자본 시장은 비약적인 성장을 거듭했다. 그 과정에서 부동산투자 자산운용 방식과 투자자 구성 등에 근본적인 변화가 일어났음에도 불구하고, 투자보고서의 형식은 '신용평가제도'와 같은 단편적인 항목 추가 외에는 질적인 발전을 이루지 못했다. 이는 변화되는 경제 시장 환경에서 리츠의 자산운용 특징을 충실히 대변하지 못할 뿐만 아니라, 투자자들에게 미래 예측이 가능한 유의미한 투자 정보를 제공하는 데 한계를 드러내고 있다.

특히 2018년 이후 상장리츠 시장이 급격히 성장하며 개인 투자자의 수가 폭발적으로 확대되었으나, 현행 보고서 체계는 여전히 시장정보 접근성이 높은 사모 투자자를 대상으로 하는 수준에 머물러 있다. 리츠의 투자운용관련 정보의 취득과 해석에 전문성이 낮은 개인투자자에 적합한 정보제공이 부족했다. 또한 자산운용 방식의 진화 역시 보고서에 반영되지 못하고 있다. 과거 '1개 리츠가 1개 자산'을 소유하던 단순한 방식에서 벗어나, 현재는 '1개 리츠가 다수의 자산을 매입·매각'하거나 '리츠와 펀드 간의 재간접 투자'를 허용하는 등 구조가 매우 복잡해졌다. 이러한 역동적인 투자 방식의 변화를 담아내기에 지금의 투자보고서 양식은 항목이 없거나 지나치게 경직되어 있다.

결국 투자보고서가 단순한 행정적 제출 서류를 넘어 진정한 공시 수단으로 기능하기 위해서는 전면적인 개편이 필요했다. 다변화된 운용 구조를 투명하게 드러내고, 상장 시장의 개인 투자자들이 합리적인 판단과 자본 시장의 투자자들이 충분히 투자 정보를 취득할 수 있도록 실질적이고 예측가능한 정보 체계로의 전환이 필요하다.

4. 리츠 투자보고서 개편과 한계

국내 리츠 시장의 투명성 제고와 투자자 보호를 위해 2025년 11월 '부동산투자회사 등에 관한 감독규정'이 개정되면서 기존의 투자보고서 양식이 일부 개편되었다. 이번 개편은 과거의 형식적인 보고에서 벗어나 투자자에게 실질적으로 유용한 정보를 전달하고, 보고서 작성의 효율성을 높이는 것을 주요 목표로 삼았다.

가장 눈에 띄는 변화는 보고서 양식의 이원화였다. 기존의 단일 양식 체계에서 탈피하여 분기마다 작성하는 양식과 결산기에 작성하는 양식으로 이원화하였다. 이를 통해 보고 시점에 따라 중복되거나 변화 가능성이 낮은 정보를 제외할 수 있게 되었다. 또한 상장리츠와 비상장리츠의 특성 차이를 반영하여 상장리츠에만 적용되는 항목을 별도로 구분함으로써 공시의 명확성을 확보하고자 하였다.

작성 실무 측면에서도 큰 변화가 있었다. 과거에는 재무제표 데이터를 보고서 양식에 맞춰 다시 옮겨 적어야 하는 번거로움이 있었으나, 개정 후에는 별도의 서식 가공 없이 분기에 작성하는 재무제표를 그대로 반영하도록 변경되었다. 이는 실무적인 행정 낭비를 줄여주었을 뿐만 아니라, 수기 입력 과정에서 발생할 수 있는 데이터 오기입의 위험을 원천적으로 차단하는 효과를 가져왔다.

다만 이러한 개편 노력에도 불구하고 여전히 아쉬운 점은 남았다. 투자보고서의 양식을 전면 개편하지 못하다 보니 기존 투자보고서에서 문제로 지적되었던 상당수 항목의 공란 방치나 투자자의 경제성 판단과 무관한 지엽적인 정보들이 이번 개편에서도 과감하게 제외되지 못하고 상당 부분 유지되었다. 이로 인해 상장리츠 투자자를 위한 지표 보완이 이루어졌음에도 불구하고, 보고서의 가독성과 실효성을 온전히 확보하기에는 여전히 한계가 있다는 지적이 제기되었다. 또한 투자보고서의 양식만 개편되고 해당 투자보고서의 작성과 관련된 작성원칙, 구체적 작성방법 등이 제시되지 않았다.

투자보고서 작성원칙

투자보고서는 투자자에게 리츠의 운용 정보를 충실히 전달하여 리츠의 신뢰를 구축하는 리츠와 투자자 간의 핵심적인 커뮤니케이션 도구이다. 따라서 투자보고서가 그 목적을 달성하기 위해서는 작성자가 견지하는 관점이 매우 중요하다. 투자보고서의 품질은 단순히 데이터의 양이 아니라 정보를 가공하고 전달하는 주체인 리츠나 자산관리회사(자기관리리츠)가 어떤 시각을 갖느냐에 따라 보고서의 가치는 완전히 달라진다.

리츠 운용 데이터를 독점적으로 보유한 자산관리회사가 '공시 의무를 최소한으로 이행한다'는 관점을 가지면 투자자는 겉으로 드러난 수치만 보게 되지만, 투자자의 관점을 가지면 숨겨진 리스크와 기회 요인까지 파악할 수 있다. 예를 들어 '공실률 5%'라는 데이터에 대해 제공자가 이를 '단순 현황'으로 보느냐, 아니면 '향후 수익성에 미칠 위기 신호'로 보고 대응 전략을 함께 제시하느냐에 따라 투자자에게 전달되는 정보의 질에 차이가 발생한다. 즉 제공자의 관점은 단순 데이터를 투자자의 의사결정에 직결되는 유의미한 정보로 변환하는 '필터' 역할을 하며 단순한 '사후 보고서'가 될 수도, 투자자의 '나침반'이 될 수도 있다.

1. 정보제공자의 투자보고서 작성 관점

리츠 선진국인 일본과 유럽에서 어떤 작성 관점을 가질까?

민성훈, 김중한, 이용범, 이현(2024)연구에 따르면 일본의 경우 투자보고서에 대해서 '투자자 중심의 바람직한 정보제공 태도란 무엇인가'라는 관점에서 ①리츠가 제공하는 정보는 리츠 투자자의 관점으로 작성한다. ② 리츠 정보 제공자는 투자자 이익의 관점에서 정보를 작성한다. 라고 정하고 있다.

유럽의 경우 "어떤 정보를 제공해야 하는가?"라는 관점에 대해 ①투자자 의사결정에 영향을 주는 정보를 제공하며 ②제공되는 정보가 투자자의 경제적 의사결정에 영향을 줄 수 있는 수준으로 제공한다는 관점을 가진다.

반면 지금까지 한국 리츠는 투자보고서의 작성 관점에 대한 고민 없이 기계적으로 작성해 왔다. 법과 관련 규정에서 양식만 제공하다 보니 정해진 형식에 빈칸을 채우는 방식이었다.

해외의 사례를 볼 때 한국 리츠의 투자보고서 작성자는 자산운용 수탁자 책임 입장에서 ①투자자 이익 ②투자자의 경제적 판단에 유익한 정보 제공이라는 관점을 가질 필요가 있다.

하지만 금번 규정 개정에서도 작성 관점에 대해서는 나열하지 않았다. 따라서 시장의 자율적인 방식보다 스스로의 작성 관점을 가지고, 단순히 많은 정보를 나열하기보다는 투자자의 수익과 리스크에 직결되는 유의미한 정보를 선별하고, 운용역의 전문적인 견해가 포함된 정보에 맥락을 부여해야 한다. 이러한 관점의 전환은 한국 리츠 시장의 투명성을 한 단계 높이고, 국내외 투자자들의 장기적이고 안정적인 투자를 유도하는 결정적인 계기가 될 것이다.

2. 투자보고서 작성 준칙

국내 상장리츠 시장이 성숙기에 접어들면서 투자자에게 제공되는 정보의 질적 수준이 그 어느 때보다 중요해지고 있다. 따라서 투자보고서를 단순히 「부동산투자회사법」에 명시된 법적 양식을 기계적으로 채우는 수준에서 벗어나 명확하고 엄격한 '작성 준칙'을 준수하는 것이 요건이 되어야 한다. 이에 김중한 등(2024)의 보고서에서는 투명하고 건전한 리츠 생태계 조성을 위한 투자보고서 작성의 5대 원칙이 제시되었다.

첫째 '보고의 투명성'이다. 투명성은 자산운용의 실상을 투자자에게 가감 없이 전달되도록 하는 것으로 자산관리회사는 리츠와 관련된 투자자에게 유리한 정보를 투명하게 제공해야 한다. 핵심 정보의 종류와 형식을 보고 기준에 맞춰 명확히 규정하고 정해지지 않은 항목이라도 투자자에게 유리한 정보의 경우 제공해야 한다.

둘째 '정보의 적합성'이다. 투자보고서에서 제공되는 정보는 투자자의 경제적 의사결정에 적합한 정보로 구성되어야 한다.

셋째 '정보의 적시성'이다. 리츠는 장기간 자산운용을 한다. 따라서 다양한 거시·미시적 환경에 영향을 받는다. 대표적인 것이 '금리'다. 경제환경에 따라서 투자자의 경제적 판단에 필요한 정보를 적시에 제공해야 한다.

넷째 '기준 통일성'이다. 규정에서 정한 리츠 투자보고서 항목에 대하여 작성 기준과 방법의 통일성이 있어야 한다. 그래야 다른 리츠들과 비교도 가능하며 생산된 정보의 신뢰성이 확보될 수 있다.

다섯째 '정보관리의 체계성'이다. 제공되는 투자보고서의 정보는 투자자가 시계열 흐름에 따라 관리될 정보와 아닌 정보를 구분여 관리할 수 있어야 한다.

개선된 투자보고서의 작성 관점과 작성 원칙

투자보고서 작성 관점	경제적 판단에 유익한 정보제공		투자보고서 작성 관점	투명성
				적합성
	투자자의 이익 관점에서 작성			적시성
				작성기준의 통일성
				정보관리의 체계성

출처: 김중한 외 3인(2024), 리츠에 대한 투자활성화 연구, p195, 참조 재구성

일반투자자가 고려해야 할 사항(신설된 투자운용보고와 투자환경 및 전략, 그리고 투자 관련 주요 지표)

이번 개편 항목 중 투자자가 가장 주목해야 할 핵심 부문은 투자운용보고, 투자환경 및 전략, 그리고 투자 관련 주요 지표다. 개정 투자보고서의 핵심 내용은 리츠 또는 자산관리회사가 자산운용 전략을 통

해 어떠한 방향으로 리츠를 운용할 것인지, 그 운용 철학과 전략적 지향점을 명확히 밝히는 데 있었다. 또한, 글로벌 기준에 부합하는 계량 지표를 신설함으로써 투자자가 리츠의 내재 가치를 보다 객관적으로 파악할 수 있도록 하였다.

이는 단순한 정량적 수치나 비율만으로는 확인하기 어려운 리츠 운용의 심층 정보를 상세히 제공하는 것을 목적으로 하고 있다. 투자자는 이러한 정보를 통해 리츠가 판단하는 사회·경제·금융·산업 전반에 대한 관점을 파악할 수 있으며, 이를 자신의 투자 판단과 비교하여 보다 합리적인 의사결정을 내릴 수 있게 되었다.

나아가 기존에는 자산·자본·부채 등의 단순 측정값만을 제공하여 투자자가 이를 직접 해석하고 분석하여 필요한 지표를 도출해야 하는 번거로움이 있었다. 그러나 이번 개정에서는 리츠가 투자 의사결정에 필수적인 계량 지표를 직접 계산하여 제공하도록 개선되었다. 결국 투자운용보고, 투자환경 및 전략, 그리고 투자 관련 주요 지표는 리츠의 자산운용과 관련하여 자본 시장 투자자와 긴밀히 소통하는 핵심적인 수단이 되었다.

1. 투자운용보고와 투자환경 전략의 이해와 작성

리츠는 투자자에게 제공된 계량 정보의 배경과 원인을 기술하고 리츠가 지향하는 투자 방향과 전략을 제시하기 위해서 투자운용보고와 투자 환경 및 전략을 기술한다. 이는 김중한 등(2024)에서 제시된 일본의 PDCA(Plan-Do-Check-Action) 사례와 마찬가지로, 리츠의 운용 환경 분석을 통해 성장 비전을 제시하고 이를 실행한 후 점검을 거쳐 새로운 전략을 수립하는 과정을 투자자에게 설명하는 것이다.

구체적인 작성 방법으로는 리츠의 자산운용 행위를 자산, 부채, 자본, 배당으로 구분하여 기술하고, 해당 운용 행위가 리츠에 어떠한 영향을 주는지 서술형으로 기재하도록 하였다.

자산의 작성 사례로 신규 자산을 취득하는 경우 단순히 취득 사실을 알리는 것이 아니라 해당 자산(예 '오피스 빌딩')의 취득의 배경과 전략을 설명한다. 리츠는 해당 자산취득은 '강남 지역 프라임 오피스 매입을 통한 지역별 포트폴리오 다변화 전략의 일환'임을 밝히고, 이로 인한 총자산의 증가 등 리츠 운용 및 성장 비전에 미치는 영향을 구체적으로 표현한다.

이러한 방식의 리츠 운용행위로 발생하는 자산, 자본, 부채, 배당에 대해서 작성한다. 세부적인 사례는 아래의 표를 참조 바란다. 다만 아래의 표는 기준이 아니라 참고 사항이다. 앞서 설명한 것처럼 투자자 이익의 관점에서 투자보고서 작성 원칙을 가지고 작성해야 한다.

투자운용 보고 세부 내용

항목	내용
자산운용	• 신규 투자 또는 투자예정 자산에 대해 서술하고 재무에 미치는 영향을 분석 • 매각 또는 매각예정 자산에 대해 서술하고 재무에 미치는 영향을 분석 • 만기/해지 또는 신규체결된 임대차 계약을 서술하고 재무에 미치는 영향을 분석 • 자산의 대수선 등 가치 제고 활동에 대한 사항 기재 • 공실률과 WALE를 전기대비와 비교하여 변동원인을 서술하고 재무에 미치는 영향을 분석 • 이외 중요한 자산운용 활동에 대한 사항
부채운용	• 신규로 차입 또는 연장 등의 내용을 서술하고 재무에 미치는 영향 분석 • 부채 지표에 중요한 변동이 있는 경우 그 원인을 서술
자본운용	• 당기 중 일어난 자기자본 관련 사항(증자/감자 등)을 서술하고 주주가치 등 재무에 미치는 영향을 분석 • 주식발행 초과금의 변동 내역 등 자본 활동에 관한 사항을 서술하고 재무에 미치는 영향 분석
배당	• 당기실적(영업수익과 당기순이익)을 전기와 비교하여 변동원인을 서술하고 배당에 미치는 영향을 분석

출처: 김중한 외 3인(2024), 리츠에 대한 투자활성화 연구, p208, 참조 재구성

작성 시 주의할 점은 매입 또는 매각 예상 자산에 대한 기재다. 이 부분은 공시 규정과 직결되는 문제이므로, 투자보고서에서 「상법」과 공시관련 규정보다 먼저 외부에 알리는 경우 문제가 될 수 있으므로 반드시 리츠 이사회의 의결이 종료되고 공식적으로 공개된 정보만을 대상으로 기술하도록 제한을 두었다.

'투자환경 및 전략' 항목도 신설되었다. 본 항목은 단순한 지표나 숫자로 드러나지 않는 리츠의 운용 철학, 지향하는 투자 방향, 경제 환경 및 시장에 대한 이해도와 전략 등을 투자자가 파악할 수 있도록 서술형으로 작성한다.

투자환경과 투자전략은 서로 별개의 내용을 작성하는 것이 아니다. 금융, 부동산, 임차 산업, 문화 등 리츠와 연계된 다양한 경제 환경에 대한 자산관리회사의 인식과 해석을 먼저 기술하고, 이러한 상황 속에서 리츠의 장단기 투자전략을 어떻게 구성할 것인지 서술해야 한다. 위의 사례에서 강남지역의 오피스를 신규 매입 시 차입금을 조달하여 취득한 경우라면, 향후 금리가 낮아질 것으로 예상하는 투자환경과 이에 따른 투자전략으로 실행된 것을 설명해야 한다. 즉, 투자전략이 도출된 배경을 설명하는 것이 곧 투자환경이라고 이해하는 것이 타당하다.

투자환경 및 전략 세부 내용

항목		내용
투자환경 및 전략	투자환경	• 금융 시장, 자산 시장, 임대 시장 등 리츠의 투자 및 운용에 영향을 주는 환경에 대한 서술
	투자전략	• 섹터·지역·규모·스타일 등 투자 가이드라인에 대한 서술 • 목표하는 레버리지율·평균 차입금리 등 재무 정책에 대한 서술 • 차입, 사채, 증자 등 자본 조달에 대한 정책 서술 • 배당수익률 등 목표 수익률에 대한 서술

투자보고서에 신설된 '투자운용, 투자환경 및 전략' 섹션은 리츠와 투자자를 잇는 핵심적인 소통 창구가 될 것이다. 자산관리회사는 투자자와의 적극적인 소통을 통해 자본 시장에서 리츠의 신뢰(신용)를 구축해야 할 책임이 있다. 이러한 맥락에서 신설된 투자운용 및 환경 전략의 서술은 리츠의 자산운용과 관련하여 시장에 신뢰를 전달하는 가장 공신력 있는 매개체로 기능하게 될 것이다.

리츠에 대한 제재는
어떻게 결정되나?

위법행위 적발 등 리츠에 대한 제재 절차

리츠 및 관련 기관에 대한 제재는 국토교통부의 감독 활동에서 비롯되는 경우가 일반적이다. 국토교통부장관은 리츠, 자산관리회사, 부동산투자자문회사, 자산보관기관 또는 일반사무수탁기관(이하 '리츠 등'이라 함)의 업무 및 재산 상황에 대하여 정기적 또는 수시로 검사를 실시할 권한을 가진다. 이 과정에서 위법·부당한 행위가 발견될 경우, 국토교통부장관은 해당 기관에 대하여 벌칙, 과태료, 영업인가 취소, 업무정지 등 법률에 근거한 제재 조치를 취할 수 있다(법 제39조).

이처럼 제재 절차는 통상적으로 국토교통부의 검사 등 감독 및 조사 활동에 따른 후속 조치로 개시된다. 또한, 금융위원회나 금융감독원이 소관 업무를 수행하는 과정에서 리츠 등의 위법 사실을 발견하여 국토교통부에 통보하거나 사건을 이첩하는 경우에도 제재 절차가 진행될 수 있다.

프로젝트리츠로 일하는 법

1. 사전 통지

위법행위가 적발되어 행정처분이 예정되는 경우, 국토교통부장관은 처분 대상자에게 「행정절차법」에 따라 처분의 원인이 되는 사실과 처분의 내용 및 법적 근거 등을 사전에 통지해야 한다. 실무적으로 국토교통부장관은 해당 리츠 등에 대하여 통상 10일 정도의 의견 제출 기간을 부여하여 처분에 대한 사전 통지를 한다(「행정절차법」 제21조 제3항, 「부동산투자회사 등에 관한 검사규정」 제13조제1항).

사전 통지를 받은 리츠 등은 지정된 기간 내에 통지된 위법사항에 대하여 서면 또는 구두로 소명할 기회를 갖는다. 소명의 내용은 주로 세 가지 방향으로 이루어진다. 첫째, 처분의 근거가 된 사실관계가 통지된 내용과 다르다는 점을 주장하는 것이다. 둘째, 사실관계는 인정하더라도 관련 법률의 해석이나 적용에 오류가 있음을 지적하는 법리적 다툼이다. 셋째, 위법행위는 인정하지만 그 경위나 결과, 사후 수습 노력 등을 고려하여 제재 수위를 낮추어 달라고 요청하는 정상참작 주장이다.

2. 리츠자문위원회의 자문

국토교통부장관은 제재 처분을 결정하는 과정에서 전문성과 객관성을 확보하기 위해 리츠자문위원회의 자문을 거칠 수 있다. 특히 사전 통지된 내용에 대하여 사실관계나 법률 해석에 중대한 다툼이 있는 경우, 또는 처분의 기초가 되는 자료나 진술의 신빙성에 의문이 제기되는 경우에 자문 절차가 활용된다. 리츠자문위원회는 국토교통부 훈령인 「부동산투자회사 등에 관한 검사규정」(이하 '검사규정'이라 함) 제27조의2에 근거하여 설치된 기구이지만, 의결기관이 아닌 자문기관이다. 따라서 위원회가 제시하는 자문의견은 국토교통부장관이 최종 처분을 결정하는 데 참고 자료로 활용될 뿐, 법적 구속력을 갖지는 않는다.

자문위원회는 법률, 금융, 회계, 부동산 등 관련 분야에 대한 학식과 경험이 풍부한 전문가 30명 이내의 위원으로 구성되며, 위원은 국토교통부장관이 위촉한다. 위원장과 각 분과위원장은 국토교통부장관이 임명하여 위원회의 운영을 총괄한다(검사규정 제27조의2제2항, 제3항).

실무적으로 벌칙 부과 대상이 되어 수사기관에 의뢰해야 할 중대 사안은 대부분 리츠자문위원회의 자문을 거쳐 결정된다. 그 외 과태료 등 행정처분의 경우에도 ▲사실관계나 법리적 다툼이 첨예한 경우, ▲기존의 법 해석을 변경해야 할 필요가 있는 경우, ▲위법행위에 대한 귀책사유가 불분명한 경우, ▲사회적으로 큰 이슈가 되거나 처분으로 인한 사회·경제적 파급효과가 클 것으로 예상되는 경우 등에 자문회의가 개최된다. 반면, 단순히 정상참작을 구하는 사안은 통상적으로 자문회의에 부쳐지지 않는다.

3. 최종 처분

소명 절차와 필요한 경우 리츠자문위원회의 자문까지 완료되면, 국토교통부장관은 이를 종합적으로 검토하여 최종 처분을 결정한다. 위법행위의 성격에 따라 처분의 종류는 달라진다. 벌칙 해당 행위에 대해서는 관할 수사기관에 수사를 의뢰하여 형사 절차가 진행되도록 한다. 반면, 과태료 부과, 영업정지, 영업인가 취소 등과 같은 행정처분은 국토교통부장관이 직접 처분권자로서 해당 기관에 처분서를 통지한다.

프로젝트리츠로 일하는 법

4. 불복 절차

국토교통부의 최종 처분에 대해 당사자는 법적 절차에 따라 이의를 제기하고 다툴 수 있다. 불복 절차는 처분의 종류에 따라 구분된다.

첫째, 국토교통부장관이 수사를 의뢰한 형사사건의 경우, 해당 수사기관(검찰, 경찰 등)이 수사를 진행하여 기소 또는 불기소 처분을 내린다. 기소될 경우 법원의 형사재판이 진행되며, 피의자 또는 피고인 신분이 된 당사자는 형사소송 절차 내에서 증거 제출, 변호인 조력 등 방어권을 행사하여 무죄나 감형을 다툴 수 있다.

둘째, 과태료 부과 처분에 대해서는 「질서위반행위규제법」에 따른 이의제기 절차가 마련되어 있다. 당사자는 과태료 부과 통지를 받은 날로부터 60일 이내에 국토교통부장관에게 서면으로 이의를 제기할 수 있다(「질서위반행위규제법」 제20조). 이의제기가 접수되면 국토교통부장관의 과태료 부과처분은 그 효력을 즉시 상실하며, 국토교통부장관은 지체 없이 관할 법원에 해당 사실을 통보해야 한다(「질서위반행위규제법」 제21조). 이후 사건은 법원의 과태료 재판 절차로 넘어가며, 법원은 「질서위반행위규제법」이 정하는 절차에 따라 과태료 부과 여부 및 금액을 최종적으로 결정한다(「질서위반행위규제법」 제28조).

셋째, 영업인가 취소, 업무정지, 경고, 주의, 시정명령과 같은 그 밖의 행정처분에 대해서는 행정심판 또는 행정소송을 통해 불복할 수 있다. 당사자는 처분이 있음을 안 날로부터 90일 이내에 중앙행정심판위원회에 행정심판을 청구하거나, 관할 행정법원에 처분의 취소를 구하는 행정소송을 제기하여 처분의 위법·부당함을 다툴 수 있다.

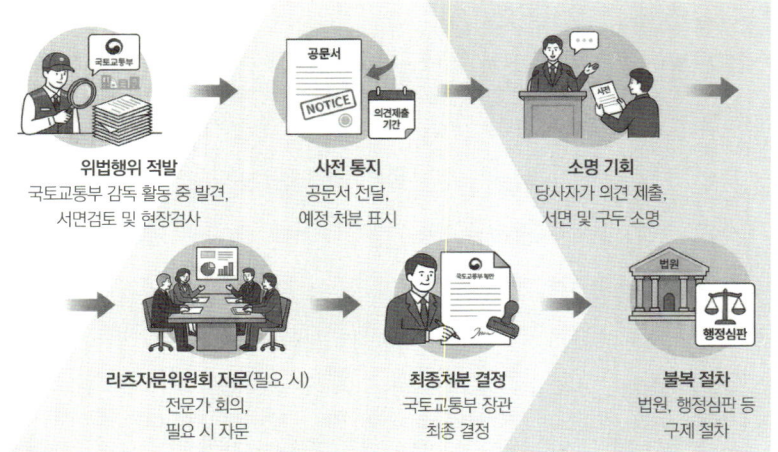

위법행위 적발
국토교통부 감독 활동 중 발견,
서면검토 및 현장검사

사전 통지
공문서 전달,
예정 처분 표시

소명 기회
당사자가 의견 제출,
서면 및 구두 소명

리츠자문위원회 자문(필요 시)
전문가 회의,
필요 시 자문

최종처분 결정
국토교통부 장관
최종 결정

불복 절차
법원, 행정심판 등
구제 절차

출처: 저자가 AI를 활용하여 생성

제재의 감면

과거에는 리츠 등에 대한 제재를 감경하거나 면제하는 기준이 명확하지 않아 제재 양정의 일관성이 부족하다는 비판이 있었다. 구체적인 감면 요건, 고려 요소, 감면 범위에 대한 규정이 부재하여 경미한 위반 행위에 대해서도 과도한 제재가 부과되거나, 유사한 사안임에도 제재 수준이 달라지는 문제가 발생했다. 이러한 문제점을 해결하기 위해 2025년 11월 25일 영 및 같은 달 27일 검사규정 개정을 통해 제재 감면 요건과 범위를 체계적으로 정비했다.

1. 감면 고려사항

개정된 규정에 따라 국토교통부장관은 제재를 결정할 때 다음의 사항들을 종합적으로 고려하여 처분을 감경하거나 면제할 수 있다(검사규정 제26조제1호). 이러한 감면 사유는 처분 대상자가 사전 통지 기간 중에 충분하고 구체적으로 소명해야 실질적으로 참작될 수 있다.

프로젝트리츠로 일하는 법

실무상 국토교통부는 사전 통지 시 이러한 항목들을 중심으로 소명할 수 있도록 양식을 제공하기도 한다.
- 위반행위의 목적과 동기
- 위반행위를 예방하기 위한 사전 노력의 정도
- 위반행위의 반복성 여부
- 위반행위의 내용 및 중대성
- 위반행위로 인하여 발생한 피해 유무 및 정도
- 위반행위 발각 후 사후 수습 및 시정 노력
- 그 밖에 정상참작에 필요한 사유

2. 감면의 범위

벌칙, 과태료, 영업정지, 경고·주의·시정명령 등에 대한 감경 또는 면제범위는 다음과 같다(검사규정 제26조제2호).

① 벌칙

형사처벌 대상이 되는 위법행위라 하더라도, 정상참작 사유가 충분히 인정되는 경우 수사기관에 의뢰하는 대신 국토교통부장관 명의의 경고나 주의 조치로 갈음하거나, 제재 자체를 면제할 수 있다.

② 과태료

과태료 역시 감경 또는 면제가 가능하다. 구체적인 감경 범위는 영 [별표 2]의 과태료 부과기준과 검사규정 [별표 3]의 과태료예정금액 산정 기준에 따라 결정되며, 법정 최고금액의 최대 80%까지 감경할 수 있다. 종전에는 과태료 감경 범위가 부과 금액의 1/2까지로 제한되었으나, 2025년 11월 25일 영 개정으로 해당 제한이 폐지되어 현재는 1/2을 초과하는 감경도 가능해졌다.

③ 영업정지

영업정지 처분에 해당하는 위법행위의 경우, 위반의 정도나 정상참작 사유를 고려하여 영업정지의 범위(일부 영업정지)와 기간을 단축하거나 처분을 면제할 수 있다.

④ 경고, 주의, 시정명령

비교적 경미한 행정처분인 경고, 주의, 시정명령의 경우, 처분을 하지 않거나 그보다 낮은 수준의 조치로 대체할 수 있다. 구체적으로는 위법사항에 대한 개선을 요구하거나, 재발방지확약서를 제출받는 조건으로 처분을 갈음하거나, 검사 현장에서 즉시 시정 조치하는 현장조치로 마무리할 수 있다(검사규정 제19조의2, 제19조의3).

앞으로
리츠는 어떻게
달라져야 할까?

리츠의 존재 이유와 앞으로 역할

이재훈
김장 법률사무소 변호사

필자가 국토교통부에 근무하면서 리츠 업무를 담당하기 시작한 때는 2024년 1월부터였다. 리츠 업무를 맡으면서, 주위에서 자주 듣거나 필자 스스로에게 드는 의문이 있었고, 이 의문은 아직도 해소되지 않고 있다. 그 의문은 바로,

"리츠와 부동산펀드의 차이가 무엇이지? 왜 리츠라는 부동산금융 업무를 금융위원회가 아닌 국토교통부가 담당하지?"

였다. 이 질문은 리츠라는 제도의 존재 필요성에 대한 도전이자, 향후 국토교통부가 리츠라는 제도를 어떤 철학에 따라 어떻게 발전시켜 나갈 것인가에 대한 과제이기도 하다. 이러한 회의론적 질문에도 리츠가 25년간 버텨올 수 있었던 것은 리츠에 대한 남다른 애정을 가지고 제도를 고치고 현장에 적용해 온 소위 '리츠맨'들이 있었기 때문이다. (필자를 제외하고) 이 책을 집필한 필자들이 역시 그러한 현장의

프로젝트리츠로 일하는 법

주인공들이고, 그러한 사람들과 함께할 수 있어 무척 기뻤다. 리츠에 대한 미천한 이력에도 불구하고, 필자는 이 책을 출간하는 기회에 앞의 질문에 대한 개인적인 생각을 적어보고자 한다.

리츠와 부동산펀드의 차이?

지금도 그렇지만, 리츠 업무를 처음 맡을 때만 해도, 리츠는 「자본시장법」상 회사형 펀드이고, 그 중에서 부동산에 특화된 펀드라는 느낌을 지울 수 없었다. 당시 내게 있어 리츠는 회사형 펀드의 특수한 형태로, 그 근거법인 「부동산투자회사법」은 「자본시장법」의 특별법 정도로만 이해되었다. 그래서 처음 리츠 업무를 할 때, 항상 「자본시장법」은 어떻게 규정하고 있는지를 살펴보았다. 사실 지금도 이러한 관점은 기본적으로는 유지하고 있다.

리츠의 역사에 대한 이해 없이 단순 평면적으로만 리츠 제도를 이해한 리츠 초보시절이 지나고, 시간이 흘러 각종 리츠 제도 개선을 검토하는 과정에서 '리츠맨'들의 지나간 이야기, 국회 입법자료, 리츠를 주제로 한 극소수의 출판물들을 읽다 보니, 필자에게도 어렴풋이 리츠가 무엇이고 어떠해야 하는지에 대한 '감'이 생기게 되었고, 필자의 기준에서만 타당한 이른바 '나만의 의견'도 갖게 되었다. 그러한 '감'과 '나만의 의견'의 핵심 실체는 바로 '공공성'이다. 리츠가 이 관점을 잃는 순간, 더 이상 리츠는 회사형 펀드와의 차이를 가질 수 없다고 생각한다

그럼 리츠가 가지는 '공공성'이란 어떤 것일까? 그것은 「부동산투자회사법」의 목적(제1조) 부분에 잘 나타나 있다. "일반국민이 부동산

에 투자할 수 있는 기회를 확대"하는 것이다. 그 외에 "부동산에 대한 건전한 투자를 활성화하여 국민경제의 발전에 이바지"한다는 문구도 있지만, 다른 법률에도 흔하게 쓰이는 추상적인 문구 같아 별로 감동이 없다*. 적어도 필자에게는 이 "일반국민이 부동산에 투자할 수 있는 기회를 확대"라는 문구가 리츠의 알파이자 오메가이다. 마치 「형법」에 있어서 죄형법정주의와 같은 위상이라고 생각한다.

"일반국민의 부동산 투자기회 확대"라는 밋밋한 문구는 "커피 한 잔 값으로 대형 오피스의 주인이 된다"는 홍보용 문구로 대체되기도 한다. 즉 누구나 소액으로도 좋은 부동산에 투자할 수 있다는 이러한 부동산투자의 보편성 또는 민주성은, 부자들만의 전유물이었던 부동산투자(혹은 투기)를 일반 국민에게 확산한다는 점에서 바람직하고, 또한 타당한 것이다. 특히 우리나라는 부동산투기가 늘 사회 문제였고, 이를 해결하기 위해 토지공개념, 개발이익환수, 양도세 도입 등과 같은 정부 주도의 불로소득 환수제도가 도입 또는 운용되고 있다는 점을 고려하면, 리츠는 시장 주도의 개발이익 배분 수단이라는 점에서 진일보한 제도이다. 즉 국가가 직접 개입하여 개발이익을 환수하는 방식이 아닌, 시장이라는 공간에서 공모나 주식분산 의무 등의 강제를 하면서도 각종 세제혜택을 부여하는 부드러운 개입을 통해 '이익을 사회화'하는 온건하지만 세련된 방식의 이익 배분제도로서 역할을 하는 것이다.

---

* 「자본시장법」 제1조(목적)에도 "자본시장의 공정성·신뢰성 및 효율성을 높여 국민경제의 발전에 이바지함"이라는 흔한 문구가 있다.

프로젝트리츠로 일하는 법

이처럼, 리츠는 일반 국민의 참여를 전제로 하기 때문에, 이런 저런 규제가 많다. 영업인가제를 채택하면서 사업계획의 적정성과 자산가치의 적정성을 심사하거나, 공모를 원칙으로 하면서도, 「자본시장법」과 같이 '사모 리츠'라는 별도의 형태를 인정하지 않는다. 일각에서는 「자본시장법」과 같이 '사모 리츠'를 만들자는 의견도 있으나, 이는 리츠 도입 취지에 맞지 않는 것으로 필자는 받아들일 수 없다. 이 책에서도 줄곧 써왔지만, 일반 국민의 참여를 배제하는 경우란, 공모를 하지 않고도 일반 국민의 참여가 보장되었거나, 사업이 갖는 공공성으로 그 이익과 혜택이 일반국민에게 미칠 수 있는 경우에 한하여야 한다. 앞으로도, '그들만의 리그'를 인정하는 이른바 '사모 리츠'는 허용되어서는 안 될 것이다.

왜 국토교통부가 담당해야 하나? 앞으로 무엇을 해야 하나?

이에 대한 질문에 대한 의견을 말하기 전에, 필자는 되묻고 싶다. "왜 돈을 모아야 하나?" 리츠든 펀드든 본질적으로 돈을 모으는 방법을 법에 규정한 것이다. 다만 돈을 모으는 절차, 돈을 투자하는 대상, 벌어들인 돈을 배분하는 방법을 법률의 목적에 따라 구분해 놓은 것이다. 마치 비유를 하자면, 자동차라는 점에서는 같지만, 목적에 따라 스포츠카, 화물차, 버스 등으로 나눌 수 있는 것과 같다. 즉 필자가 하고 싶은 말은 돈을 모으는데 집중하지 말고, '돈을 모으는 이유에 대해 집중할 필요가 있다'는 것이다.

이러한 점에서 볼 때, 리츠는 부동산에 투자하기 위해 돈을 모은다. 따라서 '부동산'에 대한 속성을 잘 알아야 하고, 부동산의 속성을 잘 아는 부처가 이를 관리해야 한다. '단순히 돈을 모으는데 집중한다'면, 국토교통부 보다 금융위원회가 더 적합할 것이다. 그러나 '모은 돈을 어디에 어떻게 쓰느냐에 집중한다'면, 부동산 또는 부동산 개발의 속성과 그로 인해 문제점을 매일, 매시간 느끼고 있는 국토교통부가 더 적합하다. 특히 부동산 투자의 방법 중에서 기존 부동산을 매입하여 임대·운용하는 것보다 부동산을 개발하는 것이 훨씬 부가가치가 높고, 사회적 효용이 높다. 기존에 초가집을 매입하여 세를 주는 것보다, 초가집을 헐고 기와집을 짓는 것이 사회가 진보해 나가는 방법이다. 국토교통부는 도시계획, 건설, 부동산평가, 각종 개발사업의 제도를 설계하고, 이와 관련된 리스크를 현장에서 직접 다루고 있기 때문에 부동산 금융수단인 리츠에서는 국토교통부가 적격자이다.

그럼 이러한 국토교통부는 리츠로 무엇을 해야 하는가. 리츠가 투자할 수 있는 영역을 확장해 나가야 한다. 고령화, 저출산, 인구감소 및 인공지능(AI), 자율주행차, 도심항공의 발전 등 앞으로 시대상황이 많이 바뀔 것 같다. 여건이 바뀌면 사람들의 라이프 스타일도 바뀌고, 도시공간에 대한 수요도 많이 바뀔 것이다. 이러한 공간수요의 변화는 토지이용이나 건축물 또는 구조물의 변화를 요구한다. 필요한 건물이나 시설물은 부동산 개발을 통해 이루어지고, 잘 짜여진 공간구성은 공간이용의 효율을 높이고 생산성을 증가시킨다. 이 모든 것을 국가 재정으로 할 수 없기에 민간자본을 유치할 수밖에 없고, 그 수단은 리츠일 수밖에 없다. 이제 막 도입된 프로젝트리츠가 그러한 역할을 맡을 것으로 기대한다.

프로젝트리츠로 일하는 법

그러나 리츠가 민간자본, 즉 부동산투자를 위해 일반 국민의 자금을 유치하려면, 리츠라는 제도의 장점을 살리고, 신뢰를 부여해야 한다. 부동산에 대하여 잘 알고 있는 국토교통부가 운용하는 제도이므로, 부동산 펀드 등 다른 제도보다 부동산투자만큼은 잘 정비되어 있고, 시대 흐름에 맞도록 제도개선도 수시로 한다는 메시지를 시장에 지속적으로 주어야 한다. 리츠는 단순히 돈을 모으는 수단이 아니라, 시민의 생활을 개선하고, 인프라를 구축하며, 공간을 바꾸는 수단이 되어야 하고 그로 인해 발생하는 혜택과 이익을 일반 국민도 안정적으로 나누어 가진다는 리츠 특유의 패러다임도 구축해 나가야 한다. 적절한 예인지는 모르겠지만, 부동산펀드가 빨리 달리는 스포츠카라면, 리츠는 빠르지는 않지만 누구나 탈 수 있는 안전한 버스라는 식의 정체성을 형성해 나가는 것이 필요하다고 생각한다.

리츠의 발전을 위한 숙제들

■
■
■

이준혁

법무법인 지평 변호사

이 책은 리츠 실무에 종사하는 분들의 이해를 돕기 위해 기획되었다. 그러나 리츠 산업이 단기적인 성장 단계를 넘어 장기적으로 안정적인 자산군이자 제도로 자리 잡기 위해서는 실무적 정합성만으로는 충분하지 않다. 리츠는 본질적으로 '법률이 설계한 제도 위에서 작동하는 금융·부동산 상품'이기 때문이다. 이러한 이유로 리츠 산업의 지속 가능한 발전을 위해서는 법률가들이 보다 적극적으로 논의에 참여하여 제도의 근간에 대한 고민을 함께 나누어야 한다고 생각한다. 나역시 그러한 논의에 기여해야 할 책임을 느낀다.

이제 우리나라 리츠 제도의 역사도 짧지 않다. 돌이켜보면, 그 과정에서 실무는 제도보다 앞서 나갔고, 다수의 쟁점들은 '당장 문제되지 않거나' 혹은 '관행적으로 처리해 왔다'는 이유로 깊이 논의되지 않은 채 누적되어 왔다. 그러나 시장 규모가 커지고, 공모리츠·상장리츠가 일반 투자자들의 자산 포트폴리오에 본격적으로 편입되는 단계에 이

프로젝트리츠로 일하는 법

른 지금, 그동안 유보되어 왔던 본질적 질문들을 더 이상 외면하기는 어렵다. 우선적으로 몇 가지 예를 들자면 아래와 같은 쟁점에 대한 논의가 필요하다.

리츠의 지배구조에 대한 근본적 재검토

가장 대표적인 쟁점은 '리츠의 지배구조'이다. 위탁관리리츠와 CR 리츠는 법상 자산관리회사에 자산운용을 위탁해야 하는 구조를 취하고 있다. 이는 투자자 보호와 전문성 확보라는 측면에서 합리적인 선택이다. 그러나 동시에 리츠는 「상법」상 '주식회사'이기도 하다. 이로 인해 이사회와 주주총회의 권한, 그리고 자산관리회사의 실질적 의사결정 권한 사이의 관계가 명확하지 않다는 문제가 지속적으로 제기되어 왔다.

예컨대, 이사회가 형식적인 의사결정기구에 그치는 것이 바람직한지, 아니면 「상법」상 회사로서 실질적인 감독·통제 기능을 수행해야 하는지에 대한 합의가 존재하지 않는다. 자산관리회사의 운용 행위에 대해 리츠 이사회가 어디까지 개입할 수 있고, 어디까지 개입해야 하는지 역시 명확하지 않다. 이는 단순한 해석의 문제가 아니라, 리츠를 '누가, 어떤 책임 아래에서 지배하는 구조로 볼 것인가'라는 제도 설계의 문제에 가깝다.

해외 주요 리츠 시장을 보더라도, 리츠의 지배구조는 단순히 회사법이나 투자기구 규율 중 하나로 환원되지 않는다. 우리 역시 "리츠는 주식회사이므로 「상법」대로 하면 된다"거나, 반대로 "리츠는 집합투자기구이므로 회사법적 논의는 부차적이다"라는 이분법을 넘어, 리츠라는 제도의 특수성을 반영한 보다 정교한 논의가 필요하다.

공모리츠의 정체성에 대한 논의의 공백

'공모리츠의 법적 성격' 역시 충분히 논의되지 않은 영역이다. 현행 제도는 공모리츠를 「자본시장법」상 집합투자기구로 보고 각종 규제를 적용하고 있다. 그러나 공모리츠가 「자본시장법」상 '투자회사'에 해당하는지, 아니면 투자회사와는 구별되는 별도의 집합투자기구로 이해해야 하는지에 대해서는 명확한 이론적 정리가 이루어져 있지 않다.

이 문제는 단순한 분류의 문제가 아니다. 공모리츠의 정체성을 어떻게 이해하느냐에 따라, 공시 규제, 내부통제, 이해상충 관리, 투자자 보호 장치의 설계 방식이 달라질 수 있다. 특히 일반 투자자 비중이 확대되는 상황에서, 공모리츠가 '부동산을 기초로 한 회사'인지, '금융투자상품에 가까운 구조'인지를 명확히 하지 않은 채 제도를 운영하는 것은 장기적으로 불확실성을 키울 수 있다.

지금까지는 실무적으로 큰 문제없이 운영되어 왔다고 평가할 수도 있다. 그러나 이는 제도가 안정적이어서라기보다는, 아직까지 시장 참여자들이 비교적 제한된 범위에 머물러 있었기 때문일 가능성도 있다. 향후 공모리츠가 국민연금, 퇴직연금, 개인 장기 투자자 등 보다 광범위한 투자자층과 결합하게 될 경우, 그 정체성에 대한 불명확성은 제도적 리스크로 전환될 수 있다.

상장리츠를 어떻게 규율할 것인가

'상장리츠의 경우' 문제는 더욱 복잡해진다. 리츠가 상장되는 순간,

해당 리츠는 부동산투자기구이자 동시에 공개회사로서 자본시장의 규율을 받게 된다. 이때 상장리츠를 투자회사로서 규율해야 하는지, 아니면 일반 상장회사와 유사하게 취급해야 하는지에 대한 명확한 논의는 아직 부족하다.

상장리츠는 형식적으로는 주식회사이지만, 그 수익 구조와 경영 방식은 일반 제조업이나 서비스업 회사와는 현저히 다르다. 배당 중심의 구조, 자산 매각 제한, 운용의 외주화 등은 상장회사 일반에 대한 규율과 긴장 관계를 형성한다. 그럼에도 불구하고 현재는 "상장되었으니 상장회사로서의 규율을 받는다"는 당연한 전제 아래, 그 특수성이 충분히 반영되지 못하고 있는 측면이 있다.

이러한 상황에서는 규제가 과도하거나, 반대로 규제 공백이 발생할 위험이 동시에 존재한다. 상장리츠에 맞는 공시 체계, 지배구조 규율, 이해상충 방지 장치에 대한 논의는 향후 리츠 시장의 신뢰도와 직결되는 문제라고 할 수 있다.

새로운 형태의 부동산과 「민법」 체계의 한계

마지막으로, 보다 장기적인 관점에서 '부동산 개념 자체에 대한 재검토'도 필요하다. 기술 발전과 산업 구조 변화에 따라, 전통적인 토지·건물 중심의 부동산 개념으로는 설명하기 어려운 자산들이 등장하고 있다. 대표적인 예로 해상 풍력발전소와 같은 인프라 자산을 들 수 있다.

이러한 자산을 부동산으로 볼 수 있는지, 그렇지 않다면 리츠의 투자 대상 자산으로서 어떤 법적 지위를 부여할 것인지에 대한 논의는 아직 초기 단계에 머물러 있다. 특히 우리 민법 체계상 부동산은 토지와 그 정착물로 한정되어 있고, 등기 제도를 통해 권리 변동을 공시하는 구조를 취하고 있다. 그러나 막상 등기가 가능한 부동산은 토지와 건물뿐이고, 건물이 아닌 토지의 정착물의 권리의 득실변경에 대해서는 성문화된 제도 자체가 없다. 이와 같이 등기부가 존재하지 않는 자산에 대해 어떤 방식으로 권리의 득실변경을 인정할 것인지, 담보 설정이나 투자자 보호는 어떻게 설계할 것인지 등은 단순히 리츠 제도만의 문제가 아니라, 「민법」·「물권법」 전반과 연결된 구조적 과제'라고 할 수 있다. 이러한 논의는 리츠업계에서만 진행될 수 있는 성격은 아니지만, 리츠업계의 현안인 만큼 리츠를 자문하는 법률가들이 논의를 시작하는 역할을 할 수 있을 것이다.

리츠 산업의 발전은 단순히 자금 조달의 기술이 늘어나는 것을 의미하지 않는다. 그것은 우리 사회의 자본이 부동산이라는 실물 자산과 만나 안전하게 흐를 수 있는 '법적 도관(Legal Conduit)'을 얼마나 튼튼하게 설계하느냐의 문제다.

회계사가 숫자로 증명하고, 공무원이 정책으로 뒷받침한다면, 법률가는 그 토대인 '규범의 안정성'을 책임져야 한다. 리츠가 대한민국 자본 시장의 주류로 자리 잡기 위해서는 법률가들이 규정의 해석자(Interpreter)를 넘어, 제도의 설계자(Architect)로서 본질적인 논의에 뛰어들어야 한다. 필자 역시 이 책을 쓰면서 더욱 그러한 측면의 결핍을 느끼게 되었다. 이를 계기로 필자 스스로 이러한 논의들을 좀 더 활발히 해보려 한다.

'실질'과 '형식'의 괴리

강명기
한일회계법인 부동산금융본부 본부장

    리츠(REITs, 부동산투자회사)는 다수의 투자자로부터 자금을 모아 부동산에 투자하고 그 수익을 배당 형태로 분배하는 부동산투자기구다. 경제적 기능의 측면에서는 부동산 신탁형 집합투자기구(이하 '부동산 펀드')와 유사하다. 그러나 「부동산투자회사법」 제3조제1항은 리츠를 「상법」상 주식회사로 규정하고 있다. 이 한 조항이 리츠의 회계·세무 처리 전반에 걸쳐 실질적 영향을 미친다.

    「상법」상 주식회사는 계속기업(Going Concern)을 전제로 채권자 보호를 위한 보수적 이익 산정을 요구하며, 감가상각 등 비용 인식을 의무화한다. 반면 부동산 펀드는 「기업회계기준서 제5003호」에 따라 감가상각비를 인식하지 않고 자산을 공정가치로 평가한다. 동일한 부동산을 동일한 방식으로 운용하더라도, 리츠의 장부상 이익은 펀드에 비해 감가상각비만큼 적게 산정된다. 이는 배당 규모와 법인세 소득공제 요건 판단 모두에 영향을 미친다. 경제적 실질이 동일함에도 법적 형식에 따라 회계 처리가 달라지는 것이다. 이에 따라 리츠 시장에서는 여러 가지 분쟁과 이슈들이 있어 왔다.

배당가능이익: 세 개의 법령, 세 개의 기준

리츠의 배당가능이익은 「상법」, 「부동산투자회사법」, 「법인세법」이 각기 다른 기준으로 정의하고 있다. 「상법」 제462조는 배당가능이익을 대차대조표상 순자산액에서 자본금, 자본준비금, 이익준비금을 공제한 금액으로 정의한다. 감가상각비가 비용으로 계상되면 당기순이익이 줄고, 배당가능이익도 그만큼 감소한다.

「부동산투자회사법」 제28조는 리츠의 특성을 반영하여 당해 연도에 계상한 감가상각비 범위 내에서 이익을 초과하는 배당을 허용한다. 현금 유출이 없는 비용인 감가상각비를 가산한 조정 이익 기준으로 배당이 가능한 구조다. 「법인세법」 제51조의2는 위탁관리 부동산투자회사가 대통령령으로 정하는 배당가능이익의 90% 이상을 배당한 경우, 해당 배당금액을 소득금액에서 공제하도록 규정한다. 이 조항에서 기준이 되는 배당가능이익은 시행령에서 「상법」상 배당가능이익을 기초로 정의된다.

세 법령이 감가상각비를 처리하는 방식은 각각 다르다. 「상법」은 감가상각비를 비용으로 반영하여 배당가능이익을 축소한다. 「부동산투자회사법」은 감가상각비 범위 내 가산을 허용하여 현금흐름 기반 배당을 가능케 한다. 「법인세법」은 「상법」 기준에 연동되어 있어, 「부동산투자회사법」상 허용된 초과배당분의 소득공제 인정 여부가 조문 문언만으로는 불명확하다.

이 불일치가 실무에서 어떤 결과를 초래하는지 살펴보자. 「부동산투자회사법」 제28조에 근거한 감가상각비 범위 내 초과배당분은 「상법」상 배당가능이익을 초과한다. 이 초과분이 「법인세법」 제51조의2의 소득공제 기준 배당가능이익의 90% 요건 산정에서 어떻게 처리되는지에 대해, 조문 문언만으로는 해석이 어렵다. 「부동산투자회사법」에 따라 적법하게 초과배당을 실행하였음에도 세무상 소득공제 요건 충족 여부가 불분명해지는 상황이 발생할 수 있는 것이다.

이 쟁점은 과세전적부심사(서울행정법원 2021구합68360 등)에서 「부동산투자회사법」에 따른 초과배당의 정당성이 인정되는 방향으로 실무적 정리가 이루어져 있다. 그러나 이는 행정 해석을 통해 안정된 것으로, 「법인세법」 조문 수준에서 「부동산투자회사법」의 초과배당 특례를 명시적으로 반영한 것은 아니다. 필자가 참여한 감사 및 세무 자문 과정에서 이 쟁점이 부각될 경우, 실무 담당자에게는 「부동산투자회사법」상 초과배당의 법적 근거와 배당 결의 경위를 면밀히 문서화해 둘 것을 권고해 왔다. 법령 조문 간의 불일치가 해소되지 않은 상태에서는 사후적 분쟁 가능성이 잠재적으로 남아 있기 때문이다.

공정가치 평가이익과 소득공제의 불일치

K-IFRS 제1040호(투자부동산)의 공정가치 모형을 적용하는 리츠는 매 결산기마다 보유 부동산의 공정가치 변동액을 당기손익에 반영한다. 공정가치 모형 적용 시 감가상각은 인식하지 않는다(동 기준서 문단 33).

「부동산투자회사법」 제28조는 공정가치 평가이익을 배당가능이익 산정에서 제외하고 있다. 문제는 과거 「법인세법」 시행령에서 이 평가이익을 소득공제 기준 배당가능이익에서도 명확히 제외한다는 규정이 미비했다는 점이다. 「부동산투자회사법」상 기준으로는 소득공제 요건을 충족하더라도, 「법인세법」상 기준에서는 평가이익이 포함된 소득금액과 비교됨으로써 소득공제가 불충분하게 산정될 가능성이 있었다.

이 쟁점은 이후 「법인세법」 시행령 개정을 통해 평가이익을 소득공제 기준 배당가능이익 산정에서 제외하는 방향으로 정리되었다. 이 문제는 과세소득의 구성 요소들에 대한 법률 간 정합성이 부족하여 발생한 대표적인 사례라고 할 수 있다. 향후에도 「부동산투자회사법」이 개정되거나, 법인세법이 개정될 경우 제도 간의 정합성을 확보할 수 있는 방향으로 제도개선안을 검토할 필요가 있다.

매입형 임대리츠의 세제 불형평

「법인세법」 제55조의2는 법인이 주택을 양도할 때 양도차익에 대해 일반 법인세 외에 법인세를 추가 과세한다. 이 조항의 목적은 법인의 주택 보유를 통한 투기 억제에 있다. 과세 제외 대상은 「법인세법」 시행령 제92조의2에서 열거하며, 장기임대주택, 미분양주택, 공공주택사업자 취득 주택 등이 포함된다.

문제는 동일한 공공지원 민간임대리츠라도 취득 방식이 건설임대인지 매입임대인지에 따라 처분 단계의 세제가 달라진다는 점이다. 공공지원 민간임대주택(「민간임대주택에 관한특별법」에 따른 임대의무기간 10년 이상)은 임대료 상한 규제와 공공성 요건을 전제로 세제혜택, 주택도시기금 저리 융자 등의 지원을 받는다. 건설임대는 사업자가 토지를 취득하여 직접 주택을 건설한 뒤 임대하는 방식으로, 과세 제외 열거 항목에 대응하는 논리가 상대적으로 명확하다. 반면 매입임대는 기존 유통 주택을 취득하여 임대하는 방식으로, 현행 세법 구조상 법인의 일반 주택 양도로 분류될 소지가 있다.

「법인세법」 시행령 제92조의2의 과세 제외 열거 목록에 공공지원

민간임대리츠가 취득한 매입임대주택이 항구적 제외 대상으로 명시되어 있지 않다. CR리츠의 수도권 외 미분양주택에 대해서는 한시적 특례가 적용되나, 이는 특정 유형에 대한 시한부 조치에 한정된다.

필자가 참여한 매입임대리츠의 구조는 재무적 실질 측면에서 건설임대와 유사하다. 대부분의 매입임대리츠는 시행자가 건설한 임대주택을 「민간임대주택에 관한 특별법」 제43조에 따라 포괄양수하는 형태로 구조화된다. 원시취득을 통해 자산을 운영하는 건설임대와 준공 직후 자산을 인수하는 매입임대는 임대운영 단계의 재무적 관점에서 실질적인 차이가 없다. 특히 매입 방식으로 자산을 취득하더라도 임대료 상한 및 상승률 규제 등이 건설임대와 동일하게 적용되므로, 주거 안정에 기여하는 정책적 효과 또한 건설임대와 동등한 수준이다.

특히 정비사업 연계형은 사업 구조상 임대사업자가 매입 방식으로 자산을 취득하게 된다. 정비사업 연계형 공공지원민간임대주택의 취지를 고려할 때, 매입 방식이 수반되는 구조에서 법인세법상 처우의 차이가 발생하는 것은 형평성 측면에서 제도적 보완이 필요한 사항이다.

과제와 입법 방향

앞서 검토한 쟁점들은 각각 독립적인 문제이지만, 계속기업 원칙에 입각한 일반 법인 세제가 한시적 단일 사업 구조를 가진 리츠에 그대로 적용됨으로써 발생하는 불일치라는 공통분모를 가진다.

리츠 제도 운용 과정에서 이 불일치는 주로 시행령 개정이나 행정해석을 통해 개별적으로 처리되어 왔다. 공정가치 평가이익의 소득공제 기준 배당가능이익 산정 제외를 위한 시행령 개정, 「부동산투자회사법」 초과배당의 정당성을 확인한 과세전적부심사 선례가 그 사례다. 각각의 처리가 없었다면 실무 혼란은 더 컸을 것이나, 개별 처방의 축적이 법령 간 정합성을 확보하는 것과는 다르다.

제도적 보완의 방향은 두 가지로 정리된다.

첫째, 「부동산투자회사법」 제28조가 허용하는 감가상각비 범위 내 초과배당이 「법인세법」 제51조의2의 소득공제 기준 이익 산정에서도 동등하게 인정되도록, 「법인세법」 조문 또는 시행령에 명시적 근거를 마련하는 것이 필요하다. 현행처럼 행정 해석에 의존하는 상태는 잠재적 분쟁 가능성을 상존시킨다.

둘째, 공공지원 민간임대리츠의 매입임대주택을 「법인세법」 시행령 제92조의2의 토지 등 양도소득세 과세 제외 열거 목록에 항구적으로 포함시키는 것이 임차인의 주거복지 실현을 위한 민간임대주택특별법의 취지에 부합하는 것으로 생각된다.

이러한 정비는 여러 부처 및 기관이 관련되어 있어 일관된 추진이 용이하지 않다. 그러나 각 쟁점은 법령 조문 수준의 불일치에서 비롯된 것이므로, 행정 해석으로의 귀결을 반복하기보다 조문 정합성 확보를 통한 구조적 해소가 보다 안정적인 방향이다.

리츠가 '주식회사'라는 법적 형식을 취하고 있다는 사실은 제도의 출발점이지만, 그것이 '도관체'라는 경제적 실질과 긴장을 일으킬 때 개별 쟁점은 누적되고 제도 전반의 정합성은 흔들린다. 지금까지는 행정 해석과 시행령 수준의 조치로 대응해 왔으나, 리츠 시장 규모가 커지고 일반 투자자의 참여가 확대되는 단계에서 이러한 방식의 한계는 점차 분명해지고 있다. 형식과 실질의 괴리를 조문 수준에서 해소하는 작업은 단순한 기술적 정비가 아니라, 리츠라는 제도가 장기적으로 안정적인 자산군으로 자리 잡기 위한 토대를 닦는 일일 것이다.

한국 리츠, 양적 팽창을 넘어 '다양성'과 '질적 성숙'의 시대로

김중한
법무법인 세종 부동산대체투자부문 수석전문위원

국내 리츠(REITs) 시장은 도입 이래 여러 가지 우여곡절이 있었지만 꾸준한 양적 성장을 거듭해 왔다. 그리고 투자 대상인 부동산은 시장실패 없이 지속적인 성장을 거듭했다. 이런 경제환경에서 자연스럽게 리츠는 양적 성장을 도모할 수 있었다. 그러나 최근 고금리 기조의 장기화와 경기침체 등의 파고 속에서 리츠 시장은 새로운 시험대에 올랐다. 이제는 단순한 부동산 투자 수단이라는 외형적 확장을 넘어, 지속 가능한 부동산투자 회사, 상장되어 투자가 자유로운 부동산투자 수단, 은퇴 세대의 든든한 현금 흐름이자 건전한 투자 자산으로서 내실을 다져야 한다. 이를 위해 우리 리츠 시장이 자산 운용의 전문성과 개방성, 거버넌스의 투명성, 그리고 정보의 개방성이 확보된다면 어떤 생활의 변화가 올지 생각해 본다.

부동산, 개인 소유의 시대에서 공유의 시대로 전환

리츠가 고도화된 세상에서 가장 주목할 변화는 '부동산 소유 패러다임의 전환'이다. 역사적으로 권력과 부의 상징이었던 부동산이 소수의 전유물에서 벗어나 대중의 자산으로 재정의되는 순간이 될 것이다. 강남의 프라임 오피스나 교통 요지의 대형 물류센터가 더 이상 거대 자본가나 대기업만의 성역이 아니며, 평범한 직장인과 일반 시민도 고급 부동산의 지분을 소유할 수 있고 이를 통해 소수에게 편중되었던 부의 증식 기회가 다수에게로 활짝 열리게 될 것이다.

주거 시장의 체질 개선도 예견된다. 개인 중심의 임대 시장이 전문성을 갖춘 '기업형 임대 시장'으로 재편될 것이다. 기업형 임대의 활성화는 임차인이 잦은 이사 걱정 없이 한곳에서 장기간 안정적으로 거주할 수 있는 정주 환경을 보장한다. 또한, 기업의 체계적인 관리를 통해 시설이 깨끗하게 유지·보수되고 리츠의 대출 규제제도나 임대정책을 통한 투명한 임대료 책정이 가능해짐으로써, 주택 가격의 안정은 물론 임차인의 주거 권리가 두텁게 보호되는 선진적인 주거 문화가 정착될 것이다.

거래 방식에서도 부동산이 '주식처럼 쉽고 빠르게 거래되는 자산'으로 변모하면서, 부동산에 투자하는 방식의 변화가 다가올 것이다. 보다 빠르게 금리, 경제상황 등 부동산 투자를 위한 시장의 흐름을 알고 투자할 수 있다.

둘째, 초고령 사회의 가장 든든한 '금융 안전판'으로 자리 잡을 것이다. 한국의 개인의 자산구조에서 실물부동산이 차지하는 비중은 다른 선진국 대비하여 매우 높다. 즉 개인이 평생을 일구어 모은 자산을 모두 엉덩이로 깔고 있는 형태다. 따라서 은퇴 세대가 겪는 가장 큰 딜레마는 '자산은 있지만 쓸 돈이 없는(Asset Rich, Cash Poor)' 노후 빈곤이 현실이다. 하지만 투명하고 우량한 상장리츠가 활성화되면서 은퇴자들은 매달 혹은 분기마다 들어오는 배당금으로 생활을 영위할 수 있다. 그리고 국민연금 등 거대 연기금의 대체 투자 방식도 변경될 것이다. 또한 우량 리츠 투자를 통해 수익률을 방어하며 발생하는 현금으로 국가적 차원에서 국민의 노후 안전망을 강화할 것이다. 즉, 리츠는 '깔고 앉은 돈'을 '흐르는 돈'으로 바꾸는 역할을 수행하게 된다.

셋째, 우리가 살아가는 도시 공간의 풍경이 바뀐다. 리츠의 본질은 부동산의 유동화보다 전문적인 자산 관리(AMC)에 있다. 자산 관리를 통해 가치가 낮은 부동산을 가치 높은 부동산으로 변화시키는 것이다. 개인 건물주가 비용 문제로 방치하던 도심의 노후 건물들이 리츠라는 자본을 만나면, 최첨단 친환경 기술이 접목된 스마트 빌딩으로 다시 태어난다. 탄소 중립 트렌드에 발맞춘 에너지 효율화와 안전 관리는 도시 전체의 어메니티(Amenity)를 끌어올린다. 결국 리츠의 성장은 낙후된 도심을 쾌적하고 안전한 '그린 시티(Green City)'로 탈바꿈시키는 도시 재생의 엔진이 되는 셈이다.

마지막으로 리츠의 활성화로 한국 부동산 개발금융의 체질에 변화를 줄 수 있다. 우리 부동산 개발 시장은 약 5% 자기자본으로 95%의 대출을 일으키는 PF구조에 의존하고 있다. 이러한 구조는 개발형태를 '개발 후 분양(Sell)'의 단기 차익 중심의 거래구조로 만들어 주택시장 변화, 금리 상승으로 미분양 사태가 발생하면 그 부실이 즉각 대주단 즉 금융권으로 전이되는 시스템적 리스크를 안고 있다.

리츠는 부동산 개발 시장을 '자본(Equity)' 주도의 시장으로 전환시킬 수 있다. 물론 자본투자 자금의 활성화 등이 선행되어야 하지만 사업구조를 자기자본이 튼튼한 리츠가 개발 단계부터 참여하여 준공 후 자산을 직접 운용하는 구조가 정착된다면, 무리한 분양 압박에서 벗어날 수 있다. 즉, '짓고 팔아 털어내는' 개발 방식이 '지어서 길게 운영하는' 관리 모델로 변화하면서 부동산 PF발 금융 위기의 뇌관을 사전에 제거할 수 있는 것이다.

리츠는 단순한 금융 상품을 넘어, 거시 경제를 운용하는 유용한 '정책적 도구'로 기능할 수 있다. 특히 부동산 시장의 급락이 실물 경제의 위기로 전이되는 것을 막는 방파제 역할, 그리고 국가 재정의 한계를 보완하는 자본 조달의 창구로서 역할이 가능하다.

리츠의 질적 성장으로 다가올 미래

일본 중앙은행(BOJ)은 시장 안정화를 위해 J-리츠를 직접 매입하는 양적 완화 정책을 통해서 리츠가 상장 시장에서 기업과 금융기관이 소유한 자산을 소화해 내며 자산 가격의 급격한 붕괴를 막고, 결과적으로 국부(National Wealth)의 가치를 지켜내는 역할을 수행했다.

국토가 좁고 자원이 부족한 싱가포르는 리츠(S-REITs)를 국부펀드나 개발 공사가 인프라와 건물을 지어 가치를 높인 뒤, 이를 리츠를 통해 상장하거나 매각하여 자금을 회수하고 이 자금은 다시 새로운 국가 기반 시설 투자나 해외 투자에 쓰는 '자본 재활용(Capital Recycling)'의 도구로 활용한다. 정부의 마중물 투자로 빚을 내지 않고도 리츠를 활용하여 민간 자본을 통해 끊임없이 도시를 개발하고 경제를 순환시킨다.

우리 역시 리츠를 정책적으로 활용할 수 있다. 정부 재정만으로는 감당하기 힘든 임대주택 공급, 노후 도시 재생, 인프라 확충 등의 과제에 리츠라는 민간 자본을 유입시켜 공공의 목적을 달성할 수 있다. 세제 혜택과 규제 완화라는 정책적 레버리지를 통해 리츠를 필요한 곳으로 유도한다면, 리츠는 국민에게는 안정적 노후를 위한 투자 수단으로 정부에게는 정책적 목적을 달성할 수 있는 도구로 기능할 것이다.

리츠의 질적 성장으로 다가올 미래는 부동산을 다수가 그 가치를 향유하고 공영(Co-prosperity)하는 세상이다. 기업은 자산을 유동화해 혁신에 투자하고, 개인은 안정적인 배당 소득을 누리며, 도시는 더욱 스마트해지는 선순환 구조. 이것이 리츠의 질적 성장으로 기대되는 세상일 것이다.

프로젝트리츠, 개발을 넘어 운영까지

김승범
국토교통부 (前)부동산투자제도과장

우리나라 부동산 가치는 약 1경 8,000조 원 규모('24년 기준)이며, 개발·임대 분야 매출은 연간 약 190조 원 규모이다. 또한, 부동산 개발사업의 핵심 자금 조달 수단인 부동산 PF(Project Financing) 잔액은 약 230조 원 규모이며, 이 중 약 70%가 주거시설로 주택 공급과 건설투자의 주요 축을 형성하고 있다. 아울러, 가계 자산의 약 70%가 부동산에 집중되어 있다는 점에서 국민적 관심이 높은 산업이다.

우리나라 부동산 산업의 고질적 문제

그럼에도 불구하고 우리나라 부동산 산업이 타 산업에 비해, 또는 주요 선진국과 비교해 성숙하고 안정적인 구조를 갖추었는지에 대해서는 자신 있게 답하기 어렵다. 선진국의 부동산 개발은 자기자본 중심의 장기 운영 모델인 반면, 우리나라는 여전히 타인자본 중심의 단기 회수 모델에 머물러 있다.

선진국의 경우 30~40% 수준의 안정적인 자기자본 투자를 유치한 후 토지를 매입하고, 건설 단계에서 PF 대출을 활용하며, 분양수익뿐만 아니라 임대수익까지 고려한 복합적인 수익구조를 갖추는 것이 일반적이다. 반면 우리나라의 경우 선분양 중심의 단기 수익 추구 관행과 디벨로퍼의 영세성으로 인해, 자기자본 비율이 2~3% 수준에 불과한 상태에서 토지 매입 단계부터 고금리 브릿지 대출에 의존하는 불안정한 구조가 고착화되어 왔다.

이러한 구조적 취약성을 보완하기 위해 금융기관은 사업성 평가보다는 시공사·신탁사의 보증에 의존하게 되었고, 그 결과 PF는 본래의 '프로젝트 금융'이 아닌 '보증 금융'으로 변질되는 기형적인 문화가 형성되었다. 이처럼 자기자본 기반이 취약한 PF 구조는 금리 인상이나 부동산 경기 위축과 같은 외부 변수에 매우 취약할 수밖에 없으며, 그 결과 'PF 10년 주기 위기설'이라는 오명을 반복적으로 안게 되었다. 이는 금융기법의 문제가 아니라 개발과 운영을 분리하고 단기 회수에 의존해 온 부동산 산업 구조의 문제라고 할 수 있다.

분양만 하면 완판되던 개발 과도기를 지나온 현재, 분양 중심 개발 모델의 한계는 곳곳에서 드러나고 있다. 공실이 장기화된 상가, 중단된 지식산업센터 부지 등은 10년, 20년 뒤를 내다본 계획이 아닌, 막대한 대출 상환을 위해 단기 분양 수익에 집중한 결과물이라 할 수 있다. 물론 개발과 운영을 병행하기 위해서는 디벨로퍼의 정교한 사업 기획 역량뿐만 아니라, 유동성 공급자(LP) 활성화, 세제 등 제도적 지원이 함께 뒷받침되어야 한다.

또 하나의 개선 과제는 개발사업에서 발생하는 이익이 소수의 자본(Equity) 투자자에게 과도하게 집중되는 구조다. 부동산 개발사업이 토지 매입, 인허가, 분양, 임대 등 전 과정에서 높은 리스크와 전문적 의사결정을 요구한다는 점에서 디벨로퍼와 자본 투자자가 높은 수익을 얻는 것 자체를 부정할 수는 없다. 다만, 공공성이 큰 토지 이용, 인허가 과정에서의 행정 편익, 분양보증·기금대출 등 공공의 간접적 지원을 고려할 때, 개발 및 운영 단계에서 발생하는 이익을 국민과 보다 폭넓게 공유할 필요가 있다. 이는 개발이익 환수나 사후적 규제가 아니라, 국민도 안정적인 투자 등을 통해 초기부터 투자자로 참여할 수 있는 구조를 만들자는 것이다.

프로젝트리츠를 통한 부동산 산업 패러다임 전환

'프로젝트리츠'는 이러한 부동산 개발 산업의 구조적 문제를 개선하고, 산업 전반의 패러다임을 전환하기 위해 도입된 제도라 할 수 있다. 하나의 리츠를 통해 개발과 운영을 수행하고, 나아가 공모·상장을 통한 자금 조달까지 가능하게 한 종합 부동산 산업 플랫폼이 최초로 제도화된 것이다.

그동안 디벨로퍼들은 PFV 등 임시적 개발 수단으로 사업을 진행한 뒤, 준공 이후 운영을 위해 다시 리츠로 전환해야 하는 비효율적인 구조를 감수해 왔다. 프로젝트리츠 도입으로 이러한 이중 구조가 해소되면서 불필요한 비용과 시간 낭비를 크게 줄일 수 있게 되었다.

프로젝트리츠에 토지를 현물출자할 경우 과세이연 혜택을 부여한 점은 제도의 실효성을 높이는 핵심 장치다. 토지 가격 상승에 따른 양도소득세·법인세 부담으로 인해 토지주의 개발 참여가 위축되고 도심 유휴 토지가 방치되는 문제가 지속되어 왔으나, 과세 시점을 개발·운영 이후 공모주 매각 시점까지 유예함으로써 토지주의 참여를 유도하고 디벨로퍼의 초기 비용 부담도 완화할 수 있게 되었다.

물론, 단기 분양 사업도 필요하지만 장기적이고 지속 가능한 도시·주거 공간의 효율적 활용을 위해서는 '공간개발 뿐만 아니라 관리·운영'이 필수적이다. 따라서, 정부와 지방정부는 임대주택·상가 등을 잘 만들어 운영하며 주거안정과 지역 상권 활성화를 도모하는 디벨로퍼에게는 더 높은 평가와 함께 용적률 인센티브 등 유인책이 마련되어야 한다.

지방정부의 적극적인 지역상생리츠 활용

프로젝트리츠는 특정 지역 주민에게 우선 청약 기회를 제공하는 지역상생리츠와 결합될 때 그 효과가 극대화될 수 있다. 지방정부나 지방공사가 자체예산과 지역 주민 투자금을 활용하여 지역상생리츠를 설립해 사업성 있고 안정성을 확보한 개발사업에 선순위 자본(Equity)으로 참여할 경우, 개발이익은 물론 중장기 운영이익까지 지역 주민과 안정적으로 공유할 수 있다. 운영이익 배당을 지역화폐 등과 연계한다면 지역상권 활성화 효과도 기대할 수 있다.

지방정부 입장에서 지역 주민이 참여하는 지역상생리츠는 개발 특혜 논란이나 민원 부담이 적어 인허가 등 행정절차를 빠르게 진행할 수 있다. 그 만큼 행정적 리스크가 낮다는 것이다. 디벨로퍼 입장에서도 지역 주민과 함께 투자하고 이익을 공유하는 구조는 인허가 협의를 보다 원활하게 만드는 레버리지로 작용할 수 있다. 이는 사업 기간 단축과 금융 비용 절감으로 이어져, 디벨로퍼·지방정부·지역 주민 모두가 윈윈(Win-Win)할 수 있는 구조를 만든다.

연기금 등 공적자금의 적극적 필요

AI와 초고령화 시대에 대응하기 위한 반도체 산업단지, 데이터센터, 헬스케어 시설 등 이른바 '뉴 이코노미 부동산' 역시 프로젝트리츠를 통해 본격적으로 추진될 것으로 기대된다. 이러한 자산은 안정적인 운영 수익이 창출되는 시점에 상장을 통해 자본 시장과 연결되며, 국가 경쟁력과 자본 시장의 안정성을 높일 수 있다.

이를 위해서는 연기금 등 공적자금이 데이터센터와 같은 국가 기간산업에 필요한 장기 운영형 부동산 개발사업에 자본 투자자로 적극 참여할 필요가 있다. 연기금의 참여는 단순한 자금 공급 이상의 의미를 갖는다. 연기금은 단기 차익이 아니라 장기 운영 수익을 기준으로 시장을 평가하고 감시할 수 있는 거의 유일한 투자자이기 때문이다. 연기금 등의 참여를 촉진하기 위해 3기 신도시 등 우량 공공택지를 연기금이 참여하는 사업에 우선 공급하는 등 정부 차원의 인센티브도 고민할 필요가 있다.

주택리츠 도입 검토

강남 아파트 등 많은 국민이 소유하고 거주하고 싶어 하는 주택을 리츠를 통해 공급하는 방안도 중장기적으로 검토할 필요가 있다. 현재의 주택 공급 방식은 로또 분양, 과도한 대출을 통한 소유권 확보 등 여러 한계를 안고 있다. 이에 다수의 국민으로부터 투자를 받아 주택리츠가 아파트를 분양받고, 무주택자에게 장기 임대하며 임대 수익을 투자자에게 배분하는 구조도 하나의 정책적 대안이 될 수 있다.

물론 전세 중심의 임대 문화 등 우리나라 주거 시장 특성상 수익성 확보에 한계가 있으나, 강남 재건축 아파트, 3기 신도시 등 분양가와 시세 차이가 큰 일부 핵심 지역을 중심으로 제한적·선별적 정책 실험을 통해 충분히 검토해볼 만한 과제라 생각한다.

부동산투자제도과장으로 근무한 2년 동안 학계와 업계의 리츠 분야 전문가들과 함께 프로젝트리츠 도입을 포함한 「리츠 활성화 방안(2024년 6월)」을 마련하고 관련 법령 개정까지 완료했지만, 담당 부서를 떠나 돌아보니 여전히 해야 할 과제가 많이 보인다.

리츠는 단순한 금융 상품이 아니라, 우리 사회가 부동산을 소유의 수단이 아닌 운영과 공유의 자산으로 전환할 수 있는 핵심 수단이다. 후배 공무원들이 리츠에 대한 애착을 갖고, K-리츠가 우리나라의 고질적인 사회경제 문제를 해결하는 데 중요한 역할을 할 수 있도록 지속적인 업그레이드에 힘써주길 바란다.

리츠에 적용하는
세법 규정

1. 부동산투자회사(리츠) 관련 세법 규정

① 설립 단계

• **등록세:** 등록세 중과세 적용배제(「지방세특례제한법」 제180조의
2제3항)

법인 설립·증자 시 출자금액의 0.4%를 등록면허세로 납부하여야
한다. 대도시에서 설립·증자하는 경우 등록면허세가 3배 중과되나, 부
동산투자회사(자기관리 부동산투자회사 제외)는 중과세율이 적용되
지 않는다.

관련 법령
■ 「지방세특례제한법」 제180조의2【등록면허세 중과세 적용 배제】 ③ 「부동산투자회사법」 제2조 제1호에 따른 부동산투자회사(같은 호 가목에 따른 자기관리 부동산투자회사 제외) 등의 설립등기(설립 후 5년 이내에 자본 또는 출자액을 증가하는 경우를 포함한다)에 대해서는 2027 년 12월 31일까지 중과세율 적용 제외

② 취득 단계(유상승계, 원시취득)

• **취득세(중과 배제):** 과밀억제권역 내 부동산 취득 중과세 및 법인의
주택 취득 중과세 규정 제외대상에 열거(「지방세특례제한법」 제180
조의2, 「지방세법」 시행령 제28조의2)

부동산투기억제 및 인구집중을 완화하기 위하여 「지방세법」은 과
밀억제권역에서 취득하는 부동산과 법인이 취득하는 주택에 대하여
중과세 규정을 두고 있다.

과밀억제권역 내 부동산 취득 중과세 배제는 「지방세특례제한법」
제180조의2에서 규정하고 있으며 「지방세법」 제13조의 중과규정 중
본점용 부동산 등의 신·증축(제1항)과 사치성재산(제5항)에 대한 중과

세는 배제되지 않는 것에 주의하여야 한다. 특히 「지방세특례제한법」에 따른 중과세율 적용 배제 규정은 일종의 감면규정으로 보아 「지방세특례제한법」상 다른 감면규정과 중복적용*이 되지 않으므로 실무상 감면 적용에 주의가 필요하다. 취득세 중과 배제는 농어촌특별세 과세대상에 해당하는 감면에는 해당하지 않는다**.

관련 법령

■ 「지방세특례제한법」 제180조의2【지방세 중과세율 적용 배제 특례】
① 다음 각 호의 어느 하나에 해당하는 부동산의 취득에 대해서는 「지방세법」에 따른 취득세를 과세할 때 2027년 12월 31일까지 같은 법 제13조 제2항 본문 및 같은 조 제3항의 세율을 적용하지 아니한다.
1. 「부동산투자회사법」 제2조 제1호에 따른 부동산투자회사가 취득하는 부동산

법인의 주택 취득에 대한 중과세는 「지방세법」 시행령 제28조의2에서 특정주택에 한하여 중과세를 배제한다. 해당 중과 배제 법령은 「지방세법」에서 규정하는 것으로 「지방세특례제한법」상 감면과 중복적용이 가능하다. 주택도시기금 등이 출자한 리츠와 기업구조조정 부동산투자회사(이하 'CR리츠')가 취득한 주택 등이 중과 배제 대상에 포함된다.

---

* 서울행정법원 2021구합68360, 조심2022지0505
** 기획재정부 조세지출예산과-190

■ 「지방세법」 시행령 제28조의2(주택 유상거래 취득 중과세의 예외)

법 제13조의2제1항을 적용할 때 같은 항 각 호 외의 부분에 따른 주택으로서 다음 각 호의 어느 하나에 해당하는 주택은 중과세 대상으로 보지 않는다.

7. 「주택도시기금법」 제3조에 따른 주택도시기금과 「한국토지주택공사법」에 따라 설립된 한국토지주택공사가 공동으로 출자하여 설립한 부동산투자회사 또는 「한국자산관리공사 설립 등에 관한 법률」에 따라 설립된 한국자산관리공사가 출자하여 설립한 부동산투자회사가 취득하는 주택으로서 취득 당시 다음 각 목의 요건을 모두 갖춘 주택

가. 해당 주택의 매도자가 거주하고 있는 주택으로서 해당 주택 외에 매도자가 속한 세대가 보유하고 있는 주택이 없을 것

나. 매도자로부터 취득한 주택을 5년 이상 매도자에게 임대하고 임대기간 종료 후에 그 주택을 재매입할 수 있는 권리를 매도자에게 부여할 것

다. 법 제4조에 따른 시가표준액(지분이나 부속토지만을 취득한 경우에는 전체 주택의 시가표준액을 말한다)이 5억 원 이하인 주택일 것

16. 「부동산투자회사법」 제2조제1호다목에 따른 기업구조조정 부동산투자회사가 2024년 3월 28일부터 2026년 12월 31일까지 최초로 유상승계취득하는 「주택법 시행령」 제3조제1항제1호에 따른 아파트로서 다음 각 목의 요건을 모두 갖춘 아파트

가. 「수도권정비계획법」 제2조제1호에 따른 수도권 외의 지역에 있을 것

나. 「주택법」 제54조제1항에 따른 사업주체가 같은 법 제49조에 따른 사용검사 또는 「건축법」 제22조에 따른 사용승인(임시사용승인을 포함한다)을 받은 후 분양되지 않은 아파트일 것

• **취득세(감면):** 부동산투자회사 등이 취득하는 주택 또는 미분양주택 감면규정(「지방세특례제한법」 제34조제4항 및 제7항)은 일몰 종료되어 해당사항이 없다.

③ 개발, 운영 단계

• **재산세:** 「지방세법」에 따른 재산세는 건축물의 준공 전까지는 토지로 과세하고, 준공 후에는 주택, 주택 외는 건축물과 토지로 분류하여 과세한다. 토지는 유형에 따라 분리과세대상, 별도합산과세대상, 종합합산과세대상으로 분류한다. 별도합산과세대상 토지(0.2~0.4%) 및 종합합산과세대상 토지(0.2~0.5%)는 분리과세대상 토지(0.2%)에 비해 상대적으로 세율이 높고, 종합부동산세 과세대상에 해당하므로 토지의 과세대상 분류 시 주의가 필요하다. 공모부동

산투자회사 등이 보유하고 있는 목적사업용 분리과세대상으로 분류되어 0.2%의 세율이 적용된다.

관련 법령

■ 「지방세법」 시행령 제102조(분리과세대상 토지의 범위)
⑧ 법 제106조제1항제3호아목에서 "대통령령으로 정하는 토지"란 다음 각 호에서 정하는 토지(법 제106조 제1항제3호다목에 따른 토지는 제외한다)를 말한다.
3. 「부동산투자회사법」 제49조의3제1항에 따른 공모부동산투자회사(같은 법 시 행령 제12조의3제27호, 제29호 또는 제30호에 해당하는 자가 발행주식 총수의 100분의 100을 소유하고 있는 같은 법 제2조제1호에 따른 부동산투자회사를 포함한다)가 목적사업에 사용하기 위하여 소유하고 있는 토지
9. 「자본시장과 금융투자업에 관한 법률」 제229조제2호에 따른 부동산집합투자기구[집합투자재산의 100 분의 80을 초과하여 같은 호에서 정한 부동산에 투자하는 같은 법 제9조제19항제2호에 따른 일반 사모집 합투자기구(투자자가 「부동산투자회사법 시행령」 제12조의3제27호, 제29호 또는 제30호에 해당하는 자 로만 이루어진 사모집합투자기구로 한정한다)를 포함한다] 또는 종전의 「간접투자자산 운용업법」에 따라 설 정·설립된 부동산간접투자기구가 목적사업에 사용하기 위하여 소유하고 있는 토지 중 법 제106조제1항제 2호에 해당하는 토지

• **종합부동산세**: 종합부동산세는 토지(별도합산과세대상 토지, 종합합산과세대상 토지)와 주택 재산세 납세의무자에 대하여 부과된다. 종합부동산세는 고액의 부동산 보유자에게 부과하여 부동산 보유에 형평성을 제고하기 위하여 부과하는 것으로 이러한 과세취지에 부합하지 않는 임대주택 또는 사원용 주택 등은 종합부동산세 과세표준합산의 대상이 되는 주택의 범위에 포함하지 않는다.

• 법인세: 유동화전문회사 등에 대한 소득공제 적용

법인의 주주가 받는 배당의 이중과세 문제를 해소하기 위해 유동화전문회사 등은 법인단계에서 소득공제를 적용하고 있다. 리츠가 배당가능이익의 90% 이상을 배당으로 분배할 경우 배당금액을 해당 배당을 결의한 잉여금 처분의 대상이 되는 사업연도의 소득금액에서 공제한다.

④ 처분, 청산 단계

• **법인세(토지 등 양도소득에 대한 법인세):** 「법인세법」에서는 법인의 사업목적에 해당하지 않는 부동산투기 등을 방지하기 위하여 비사업용 토지와 주택의 양도 시 양도차익에 대하여 각 사업연도소득에 대한 법인세에 추가하여 법인세를 과세하고 있다. 비사업용 토지는 토지의 양도소득의 10%, 주택의 양도소득의 20%를 과세한다. CR리츠가 보유한 주택은 토지 등 양도소득 과세대상에서 제외된다.

관련 법령
■ 「법인세법」 시행령 제92조의2(토지등양도소득에 대한 과세특례) ② 법 제55조의2제1항제2호 본문에서 "대통령령으로 정하는 주택"이란 국내에 소재하는 주택으로서 다음 각 호의 어느 하나에 해당하지 않는 주택을 말한다. 1의16. 「부동산투자회사법」 제2조제1호다목에 따른 기업구조조정 부동산투자회사가 2025년 1월 1일부터 2025년 12월 31일까지 직접 취득(2025년 12월 31일까지 매매계약을 체결하고 계약금을 납부한 경우를 포함한다)하는 수도권 밖의 지역에 있는 미분양주택으로서 그 취득일부터 5년이 지나지 않은 주택

2. 사업유형별(임대주택, 물류, 데이터센터, 오피스 등) 세법 규정

리츠는 투자 대상 부동산의 유형에 따라 상업용(사무실, 상업용 건물), 주거용(아파트, 주택), 산업용(창고, 물류센터), 특수 리츠(호텔, 병원, 데이터센터) 등으로 다양하게 구분될 수 있다. 개별 조문의 내용을 모두 나열할 수 없어 조문과 유형을 기재하였다. 각 조문을 참조하여 요건 해당여부를 면밀히 검토하여야 한다.

① 취득 단계

• **취득세(중과 배제):** 법인이 취득하는 주택에 대한 중과제외 대상으로 정책적 목적에 따라 공공매입임대주택, 공공지원민간임대주택 등은 중과세대상에서 제외하고 있다(「지방세법」 시행령 제28조의2).

각 호 중 임대사업과 관련한 유형은 다음과 같다.

관련법령	유형	관련법령	유형
1호	저가 주택	5호	공공지원민간임대
2호	공공매입임대	8호	멸실 목적 주택
2의2호	환매취득주택	17호	미분양아파트
3호	노인복지주택	18호	인구감소지역주택

• **취득세(감면):** 취득세 감면규정은 「지방세특례제한법」에서 규정하고 있다. 유의할 점은 동일한 과세대상의 동일한 세목에 대하여 둘 이상의 지방세특례 규정이 적용되는 경우 감면되는 세액이 큰 것 하나만을 적용하여야 한다는 점이다(「지방세특례제한법」 제180조).

「지방세특례제한법」에 따라 취득세가 면제되는 경우에는 그 규정에도 불구하고 85%에 해당하는 감면율(「지방세법」 제13조제1항부터 제4항까지의 세율은 적용하지 아니한 감면율)을 적용하여야 한다.

「지방세특례제한법」은 각 법령에 따른 요건 외에 총칙(제1조~제5조)과 보칙(제177조~186조)에서 적용기준을 별도로 규정하고 있고, 지방자치단체의 조례에 따라 감면율이 달라지는 경우가 있으므로 이를 종합적으로 검토하여야 한다. 재산세 감면 규정 또한 마찬가지다.

각 사업유형에 따라 적용될 수 있는 「지방세특례제한법」상 취득세 감면규정은 다음과 같다.

업종구분	주요내용			
	조문	감면 대상 및 요건	감면 내용	일몰기한
공통	제47조의2	녹색건축 인증 건축물에 대한 감면	• 등급에 따라 5~20% 경감	2026.12.31
	제47조의4	내진성능 확보 건축물에 대한 감면 등	• 면제 또는 5% 경감	2027.12.31

공통	제47조의5	환경친화적 자동차 충전시설에 대한 감면	• 25% 경감	2026.12.31
	제73조	토지수용 등으로 인한 대체취득에 대한 감면	• 면제(초과가액 제외)	
	제73조의2	기부채납용 부동산 등에 대한 감면	• 면제(~20.12.31 취득), 50% 경감 (21.1.1~ 27.12.31취득)	2027.12.31
임대 주택	제31조	공공임대주택 등에 대한 감면 • 건설 공공임대주택 등 • 매입 공공임대주택 등	• 60㎡이하 면제, 60㎡초과 85㎡이하 50% 경감 • 60㎡이하 면제, 60㎡초과 85㎡ 이하(20호 이상 취득) 50% 경감	2027.12.31
	제31조의3	장기일반민간임대주택 등에 대한 감면 • 건설장기일반임대주택 등 • 매입장기일반임대주택 등	• 60㎡이하 면제, 60㎡초과 85㎡이하 50% 경감 • 60㎡이하 면제, 60㎡초과 85㎡ 이하(20호 이상 취득) 50% 경감	2027.12.31
	제31조의5	공공주택사업자의 임대 목적으로 주택 등을 매도하기로 약정을 체결한 자에 대한 감면	• 15% 경감	2027.12.31
	제33조의2	소형주택 공급 확대를 위한 감면	• 25% 경감(조례확인)	2025.12.31
	제33조의3	지방 소재 준공 후 미분양 아파트에 대한 감면	• 25% 경감(조례확인)	2026.12.31
	제74조	도시개발사업 등에 대한 감면	• 유형에 따라 50%~면제	2028.12.31
	제74조의2	도심 공공주택 복합사업 등에 대한 감면	• 유형에 따라 50%~면제	2027.12.31
호텔	제54조	관광단지에 대한 과세특례	• 취득세 10%(수도권), 25%(수도권 외), 40%(인구감소지역) 경감(조례)	2028.12.31
물류 시설	제71조	물류단지 등에 대한 감면	• 취득세 25%(수도권), 35%(수도권 외), 50%(인구감소지역) 경감	2028.12.31
	제71조의2	도시첨단물류단지에 대한 감면	• 취득세 15% 경감	2028.12.31
	제78조	산업단지 등에 대한 감면	• 취득세 15%(수도권), 35%(수도권 외), 50%(인구감소지역) 경감	2028.12.31
오피스	제58조의2	지식산업센터 등에 대한 감면	• 취득세 35%[수도권(인구감소지역 제외) 15%] 경감	2028.12.31

• 부가가치세: 토지, 주택 등에 대한 면세 규정

「부가가치세법」에 따라 재화 또는 용역의 공급에 대하여 부가가치세가 과세된다. 부가가치세는 재화와 용역의 사용자인 소비자가 최종

적으로 부담하게 되므로 국민생활에 필수적인 재화 등 일부 항목에 대해서는 「부가가치세법」과 조세특례제한법을 통해 면세를 적용하여 부담을 완화시키고 있다.

토지의 공급과 주택의 임대용역, 국민주택의 공급과 건설 등은 면세 대상에 해당한다. 주택과 주택 외 건축물 등을 함께 임대·공급하는 사업은 공급가액을 면세분과 과세분으로 안분하거나, 매입세액불공제를 적용함에 있어 추후 가산세가 부과되는 경우가 빈번하여 주의가 필요하다.

관련 법령

■ 「부가가치세법」 제26조(재화 또는 용역의 공급에 대한 면세)
① 다음 각 호의 재화 또는 용역의 공급에 대하여는 부가가치세를 면제한다.
12. 주택과 이에 부수되는 토지의 임대 용역으로서 대통령령으로 정하는 것
14. 토지

■ 조세특례제한법 제106조(부가가치세의 면제 등)
4. 대통령령으로 정하는 국민주택 및 그 주택의 건설용역(대통령령으로 정하는 리모델링 용역을 포함한다)
4의2. 「공동주택관리법」 제2조제1항제10호에 따른 관리주체, 「경비업법」 제4조제1항에 따라 경비업의 허가를 받은 법인또는 「공중위생관리법」 제3조제1항에 따라 건물위생관리업의 신고를 한 자가 「주택법」 제2조제3호에 따른 공동주택 중 국민주택을 제외한 주택으로서 다음 각 목의 주택에 공급하는 대통령령으로 정하는 일반관리용역 · 경비용역 및 청소용역
가. 수도권을 제외한 「국토의 계획 및 이용에 관한 법률」 제6조제1호에 따른 도시지역이 아닌 읍 또는 면 지역의 주택
나. 가목 외의 주택으로서 1호(戶) 또는 1세대당 주거전용면적이 135제곱미터 이하인 주택
4의3. 관리주체, 경비업자 또는 청소업자가 「주택법」 제2조제3호에 따른 공동주택 중 국민주택에 공급하는 대통령령으로 정하는 일반관리용역·경비용역 및 청소용역
4의4. 「노인복지법」 제32조제1항제3호에 따른 노인복지주택의 관리·운영자, 경비업자 및 청소업자가 「주택법」에 따른 국민주택 규모 이하의 노인복지주택에 공급하는 대통령령으로 정하는 일반관리용역·경비용역 및 청소용역
4의5. 「공공주택 특별법」 제50조의2제1항에 따라 영구적인 임대를 목적으로 건설한 임대주택에 공급하는 난방용역

---

② 개발, 운영 단계

• **재산세(과세대상 구분):** 공모부동산투자회사 등이 취득하는 토지 외에 지원할 필요성이 있는 사업에 사용되는 토지에 대해서는 분리과세 또는 별도합산과세로 분류하고 있다. 사업 유형별 적용가능한 규정은 다음과 같다.

조문	업종 구분	주요내용
「지방세법」시행령 제101조 (별도합산과 세대상 토지의 범위)	물류 시설	(제3항 7호) 「물류시설의 개발 및 운영에 관한 법률」 제22조에 따른 물류단지 안의 토지로서 물류단지시설용 토지 및 「유통산업발전법」 제2조 제16호에 따른 공동집배송센터로서 행정안전부장관이 산업통상부장관과 협의하여 정하는 토지
	관광	(제3항 11호) 부설주차장 설치기준면적 이내의 토지. 다만, 「관광진흥법 시행령」 전문휴양업종합휴양업 및 같은 항 제5호에 따른 테마파크업에 해당하는 시설의 부설주차장으로서 교통영향평가서의 심의 결과에 따라 설치된 주차장의 경우 해당 검토 결과에 규정된 범위 이내의 주차장용 토지. (제3항 13호) 스키장 및 골프장용 토지 중 원형이 보전되는 임야. 전문휴양업종합휴양업 및 테마파크업용 토지 중 환경영향평가의 협의 결과에 따라 원형이 보전되는 임야 등
「지방세법」시행령 제102조 (분리과세대상 토지의 범위)	개발 사업	(제7항 4호) 도시개발사업의 시행자가 그 도시개발사업에 제공하는 토지 등 (제7항 5호) 산업단지개발사업의 시행자가 산업단지개발실시계획의 승인을 받아 산업단지조성공사에 제공하는 토지 등 (제8항 4호) 「산업입지 및 개발에 관한 법률」에 따라 지정된 산업단지와 「산업집적활성화 및 공장설립에 관한 법률」에 따른 유치지역 및 「산업기술단지 지원에 관한 특례법」에 따라 조성된 산업기술단지에서 지정된 용도에 직접 사용되고 있는 토지
	주택	(제7항 7호) 「주택법」에 따라 주택건설사업자 등록을 한 주택건설사업자가 주택을 건설하기 위하여 사업계획의 승인을 받은 토지로서 주택건설사업에 제공되고 있는 토지
	지식 산업 센터	(제8항 5호) 「산업집적활성화 및 공장설립에 관한 법률」 제28조의 2에 따라 지식산업센터의 설립승인을 받은 자의 토지

- **재산세(감면):** 각 유형별 감면규정

재산세 감면규정은 「지방세특례제한법」에서 규정하고 있다. 취득세 감면과 마찬가지로 중복 배제와 면제 규정에 대한 특례 제한 등이 적용된다.

구분	주요내용			
	조문	감면 대상 및 요건	감면 내용	일몰기한
공통	제47조의4	내진성능 확보 건축물에 대한 감면 등	• 재산세 납세의무가 최초로 성립하는 날부터 2년간 면제, 그 후 3년간 50% 경감 (소유권 이전 이후 재산세 제외)	2027.12.31 까지 취득분

구분	주요내용				일몰기한
	조문	감면 대상 및 요건	감면 내용		
임대주택	제31조	공공임대주택 등에 대한 감면	① 면제 (「지방세법」 제112조 부과액 포함) -임대의무기간 30년 이상 임대형기숙사 -임대의무기간이 30년 이상, 전용면적 40㎡ 이하 공동주택 ② 50% 경감(「지방세법」 제112조 부과액 포함) -임대형기숙사 -전용면적 60㎡ 이하 공동주택 또는 오피스텔 ③ 25% 경감 -전용면적 60㎡ 초과 85㎡ 이하 공동주택 또는 오피스텔		2027. 12.31
	제31조의3	장기일반민간 임대주택 등에 대한 감면	① 면제 (「지방세법」 제112조 부과액 포함) -임대형기숙사, 다가구주택, 전용면적 40㎡ 이하 공동주택 또는 오피스텔 ② 75% 경감(「지방세법」 제112조 부과액 포함) - 전용면적 40㎡ 초과 60㎡ 이하 공동주택오피스텔 ③ 50% 경감 -전용면적 60㎡ 초과 85㎡ 이하 공동주택 또는 오피스텔		2027. 12.31
물류	제71조	물류단지 등에 대한 감면	• 재산세 15%(수도권), 25%(수도권 외), 35%(인구감소지역) 경감		2028. 12.31
	제78조	산업단지 등에 대한 감면	• 재산세 15%(수도권), 50%(수도권 외), 60%(인구감소지역) 경감		2028. 12.31
오피스	제58조의2	지식산업센터 등에 대한 감면	• 납세의무 최초 성립일로부터 5년간 재산세 35%[수도권(인구감소지역 제외) 15%] 경감		2028. 12.31

• 종합부동산세

임대주택 등은 종합부동산세 합산 배제 규정이 적용된다. 「종합부동산세법 시행령」 제3조는 합산 배제 대상 임대주택을 규정하고 있으며, 제4조는 임대주택 외 사업용 주택과 미분양 주택 등에 대해 규정하고 있다.

구분	조문		합산 배제 대상
임대주택	합산 배제임대주택 (「종합부동산세법」 시행령 제3조제1항)	제1호	건설임대주택
		제2호	매입임대주택

임대주택	합산 배제 임대주택 (「종합부동산세법」 시행령 제3조제1항)	제4호	미임대 민간건설 임대주택
		제7호	건설임대주택 중 장기일반민간임대주택 등
		제8호	매입임대주택 중 장기일반민간임대주택 등
		제9호	분양전환공공임대주택
		제10호	건설임대주택 중 민간임대주택
		제11호	매입임대주택 중 민간임대주택
주택	합산 배제 사업용주택 (「종합부동산세법 시행령」 제4조 제1항)	제3호	「주택법」상 사업계획승인자 등의 미분양주택
		제5호	주택 시공자가 공사대금으로 받은 미분양주택
		제12호	노인복지주택
		제20호	토지임대부 분양주택의 부속토지
		제21호	멸실예정주택
		제21호	지분적립형 분양주택

③ 처분 단계

• **법인세(토지 등 양도소득):** 법인이 보유한 주택의 양도 시 임대주택 등은 임대주택 활성화를 위하여 토지 등 양도소득에 대한 과세 대상에서 제외하고 있다.

조문	조문		주요내용
임대 주택	「법인세법」 시 행령 제92조의 2 제2항	제1호	민간매입임대주택 또는 공공매입임대주택
		제1의 2호	민간건설임대주택 또는 공공건설임대주택
		제1의 12호	민간매입임대주택 중 공공지원민간임대주택 및 장기일반민간임대주택
		제1의 13호	민간건설임대주택 중 공공지원민간임대주택 및 장기일반민간임대주택
		제1의 14호	등록말소 이후 1년 이내 양도하는 주택
		제1의 15호	단기민간임대주택

• **부가가치세:** 토지의 공급과 주택의 공급은 면세이므로 토지와 건물을 함께 공급하거나 주택과 주택 외의 부동산을 함께 공급하는 경우

이를 반영하여야 한다. 토지와 건물 등을 함께 공급하는 경우 안분방법은 「부가가치세법」 시행령 제64조에 따른다.

관련 법령
■ 「부가가치세법」 제26조(재화 또는 용역의 공급에 대한 면세) ① 다음 각 호의 재화 또는 용역의 공급에 대하여는 부가가치세를 면제한다. 14. 토지
■ 「조세특례제한법」 제106조(부가가치세의 면제 등) 4. 대통령령으로 정하는 국민주택 및 그 주택의 건설용역(대통령령으로 정하는 리모델링 용역을 포함한다)

3. 투자자에 대한 특례

① 유형별 과세

리츠의 투자자는 법인, 리츠, 회사형 펀드, 신탁형 펀드, 개인 등 다양한 투자자가 있을 수 있다. 리츠 투자로 수령한 배당소득과 주식처분손익에 대하여 각 투자자 유형에 따라 과세방법이 달라진다.

• **일반 법인:** 법인투자자는 배당소득과 주식처분손익에 대하여 법인세가 과세된다. 유동화전문회사 등에 대한 소득공제를 적용받은 법인으로부터 받은 수입배당금액은 「법인세법」 제18조의2에 따른 수입배당금액의 익금불산입 규정이 적용되지 않는다.(「법인세법」 제73조)

• **리츠:** 리츠는 주식회사이므로 배당소득과 주식처분손익에 대하여 법인세가 과세된다(「부동산투자회사법」 제3조제1항). 일반 법인과 달리 유동화전문회사 등에 대한 소득공제(「법인세법」 제51조의2)를 받을 수 있다. 법인에 지급되는 배당소득은 원천징수 없이 지급된다.

• **개인:** 리츠가 개인투자자에게 배당소득을 지급하는 경우 배당액의 15.4%(지방소득세 포함)를 원천징수 후 지급하며, 투자자는 연간 이자소득과 배당소득이 2,000만 원을 초과하는 경우에는 종합소득세

에 합산하여 신고하여야 한다. 공모부동산집합투자기구 등에 투자하는 경우 9.9%(지방소득세 포함)로 저율분리과세 할 수 있다(「조세특례제한법」 제87조의7).

구분	관련법령
공모 리츠	**■「조세특례제한법」 제87조의7 (분리과세 및 저율 원천징수)** ① 거주자가 다음 각 호에 해당하는 공모부동산집합투자기구의 지분증권 또는 수익증권에 2026년 12월 31일까지 투자하는 경우 해당 거주자가 보유하고 있는 공모부동산집합투자기구의 집합투자증권 중 거주자별 투자금액의 합계액이 5,000만 원을 초과하지 않는 범위 에서 발생하는 배당소득(투자일부터 3년 이내에 발생하는 경우로 한정한다)에 대해서는 「소득세법」 제14조제2항에 따른 종합소득과세표준에 합산하지 아니하고 「소득세법」 제129조에도 불구하고 100분의 9의 세율을 적용한다. 1. 「자본시장과 금융투자에 관한 법률」 제229조제2호에 따른 부동산집합투자기구(같은 법 제9조 제19항에 따른 사모집합투자기구를 제외한다) 2. 「부동산투자회사법」 제49조의3제1항에 따른 공모부동산투자회사 3. 집합투자재산의 투자액 전부를 제1호 또는 제2호에 투자(투자대기자금의 일시적인 운용 등을 위하여 대통령령으로 정하는 경우를 제외한다)하는 「자본시장과 금융투자에 관한 법률」 제9조제18항에 따른 집합투자기구(같은 법 제9조제19항에 따른 사모집합투자기구를 제외한다) 및 「부동산투자회사법」 제49조의3제1항에 따른 공모부동산투자회사

개인투자자가 주식을 처분하는 경우 「소득세법」에 따른 양도소득세가 과세된다. 양도소득세는 리츠의 중소기업 여부 및 부동산과다보유법인 여부, 투자자의 대주주여부에 따라 세율의 차이가 발생한다(「소득세법」 제104조).

구분 *			세율
일반주식 (「소득세법」 제94조 제1항 제3호 가목 및 나목)	대주주	중소기업	상장·비상장	과세표준 3억 원 이하 20%, 3억 원 초과 25%
		중소기업 외	상장·비상장	
			1년 미만 보유	30%
	대주주 외	중소기업	상장&장외거래, 비상장	10%
		중소기업 외	상장&장외거래, 비상장	20%
부동산 과다보유법인 주식(「소득세법」 제94조제1항제4호 다목)			6~45%

* 국세청 홈페이지 세율표 참조
(https://www.nts.go.kr/nts/cm/cntnts/cntntsView.do?mi=2312&cntntsId=7711)

② 과세 방법 및 분리과세 특례 등

리츠에 대한 투자를 유인하기 위하여 리츠 투자자에 대한 저율분리과세 등에 대한 특례 외에도 리츠 등이 납부한 외국법인세액공제 및 프로젝트리츠에 대한 현물출자 등에 관한 특례를 신설하였다. 과거에는 부동산투자회사에 대한 현물출자자에 양도차익을 이연하는 규정이 있었으나 현재 일몰되었고, 프로젝트리츠에 대한 현물출자에 한하여 2026년 현물출자분부터 2028년 말까지 이월과세를 한시적으로 적용한다.

구분	관련법령
리츠	■「법인세법」제57조의2 (간접투자회사 등이 납부한 외국법인세액공제 특례) ① 내국법인이 다음 각 호의 요건을 모두 갖춘 경우에는 해당 사업연도에 제1호에 따른 회사 등이 납부한 제2호에 따른 세액 중 대통령령으로 정하는 바에 따라 계산한 금액을 해당 사업연도의 산출세액에서 공제할 수 있다. 1. 다음 각 목의 어느 하나에 해당하는 회사 등으로부터 금융상품을 취득하였을 것 가.「자본시장과 금융투자업에 관한 법률」에 따른 투자회사, 투자목적회사, 투자유한회사, 투자합자회사(같은 법 제9조제19항제1호의 기관전용 사모집합투자기구는 제외한다), 투자유한책임회사, 투자신탁, 투자합자조합 및 투자익명조합 나.「부동산투자회사법」에 따른 기업구조조정 부동산투자회사 및 위탁관리 부동산투자회사 다. 제5조제2항에 따라 내국법인으로 보는 신탁재산 2. 간접투자회사등이 제1호에 따른 금융상품의 투자대상에서 발생한 소득에 대하여 제57조제1항 및 제6항에 따른 외국법인세액을 납부하였을 것
공모 리츠	■「조세특례제한법」제87조의7 (분리과세 및 저율 원천징수) ① 거주자가 다음 각 호에 해당하는 공모부동산집합투자기구의 지분증권 또는 수익증권에 2026년 12월 31일까지 투자하는 경우 해당 거주자가 보유하고 있는 공모부동산집합투자기구의 집합투자증권 중 거주자별 투자금액의 합계액이 5,000만 원을 초과하지 않는 범위에서 발생하는 배당소득(투자일부터 3년 이내에 발생하는 경우로 한정한다)에 대해서는 「소득세법」제14조제2항에 따른 종합소득과세표준에 합산하지 아니하고 「소득세법」제129조에도 불구하고 100분의 9의 세율을 적용한다. 1.「자본시장과 금융투자업에 관한 법률」제229조제2호에 따른 부동산집합투자기구(같은 법 제9조제19항에 따른 사모집합투자기구를 제외한다) 2.「부동산투자회사법」제49조의3제1항에 따른 공모부동산투자회사 3. 집합투자재산의 투자액 전부를 제1호 또는 제2호에 투자(투자대기자금의 일시적인 운용 등을 위하여 대통령령으로 정하는 경우를 제외한다)하는 「자본시장과 금융투자업에 관한 법률」제9조제18항에 따른 집합투자기구(같은 법 제9조제19항에 따른 사모집합투자기구를 제외한다) 및 「부동산투자회사법」제49조의3제1항에 따른 공모부동산투자회사
프로 젝트 리츠	■「조세특례제한법」제97조의9 (프로젝트 부동산투자회사의 현물출자자에 대한 과세특례) ① 내국인이 「부동산투자회사법」제26조의4제1항에 따른 프로젝트 부동산투자회사의 설립 신고가 수리된 날부터 5년 이내에 해당 프로젝트 부동산투자회사에 「소득세법」제94조제1항제1호에 따른 토지 또는 건물을 2028년 12월 31일까지 현물출자함으로써 발생하는 양도차익에 상당하는 금액에 대해서는 대통령령으로 정하는 바에 따라 그 내국인이 현물출자로 취득한 주식을 처분할 때까지 양도소득세의 납부 또는 법인세의 과세를 이연받을 수 있다.

개정된
리츠투자보고서의
투자성과 지표 작성 해설

1. 리츠 투자자 관련 주요 지표 신설

투자보고서 개정에서 투자자의 최대 관심사는 '투자 관련 주요 지표'의 신설이다. 이러한 주요 지표는 별도의 복잡한 재무제표 분석 없이도 일반 투자자가 리츠의 성과를 직관적으로 파악할 수 있도록 ①투자성, ②배당, ③부채, ④임대 지표의 네 가지 영역으로 구성되었다.

세부적으로는 리츠의 외형적 성장을 나타내는 투자성 지표, 실질적인 수익 환원 수준을 보여주는 배당 지표, 리츠의 지속 가능성을 평가하는 비용 요인인 부채 지표, 그리고 수입의 안정성을 가늠하는 임대 지표로 구성되어 있다. 이를 통해 투자자는 해당 리츠의 성장성, 수익성, 지속 가능성, 그리고 위험성을 종합적으로 인식하고 다른 리츠와 비교할 수 있게 되었다.

특히 주요 지표의 항목과 산출 방식은 글로벌 표준(Global Standard)에 부합하도록 설계되었다. 이는 리츠 선진국에서 오랜 기간 사용된 검증된 기법으로 국내 적용에 부담이 낮고 해외 투자자들에게 익숙한 글로벌 기준을 최대한 인용함으로써, 외국인의 국내 리츠 시장에 대한 접근성과 신뢰도를 높여 외국인 투자 유치를 활성화하기 위한 한 조치이다.

(1) 신설 투자 관련 주요 지표

신설된 투자 관련 지표는 모두 16개로 투자 5개, 배당 4개, 부채 5개, 임대 2개로 구성되어 있고, 전기와 비교하도록 구성되어 있다. 임대지표는 싱가포르의 투자보고서 사례를 참조한 것으로 보이나, 임대차 만기 일정, 상위 10개 임차인, 임차인 업종 분류 등은 제외되었다. 이는 임차인 정보 공개에 대한 리츠 업계의 부담감이 반영된 결과로 판단된다.

하지만 다물(多物) 자산을 운용하거나 단일 자산이라 하더라도 다수의 임차인이 존재하는 경우, 주요 임차인의 임대차 만기 일정은 투자자에게 매우 중요한 투자 정보이다. 또한 임차인의 업종 분류 역시 장기적인 임대차 안정성 측면에서 핵심적인 요소임에도 불구하고, 이번 개정에서 제외된 점은 아쉬운 대목이다.

개정 '투자 관련 주요 지표'의 세부 항목

구분		단위	당기(A) 2024-12-31	전기(B) 2024-09-30	변동 (A/B)
투자성과 지표	영업수익(매출)	원			
	당기손익	원			
	당기손익+감가상각비	원			
	FFO	원			
	NAV	원			
배당 지표	보통주 배당금	100만 원			
	보통주 1주당 배당금	원			
	종류주 배당금	100만 원			
	종류주 1주당 배당금	원			
부채 지표	레버리지	%			
	이자 보상 배수	배			
	평균 차입 금리	%			
	고정 금리 비중	%			
	부채 평균 잔여만기	년			
임대 지표	임대율	%			
	WALE	년			

2. 투자보고서(안)의 연결 기준

리츠 주식회사로서 기업회계기준상의 지배력 원칙을 따르는 것이 타당하다. 하지만 리츠는 기업회계로 작성된 재무제표만으로는 표현되지 않는 고유한 정보들이 존재하며, 이러한 정보를 투자자에게 투명하게 전달할 필요가 있다. 이에 따라 법에서는 투자자가 필요로 하는 리츠 정보를 3개월 단위로 제공하도록 명시하고 있는데, 이것이 바로 투자보고서이다.

리츠 제도가 발전함에 따라 부동산 실물 외에도 부동산 펀드, 타 리츠, SPC 등 부동산에 투자하고 개발하는 다양한 기구에 대한 투자가 허용되었다. 이에 따라 하위 투자기구의 지분을 어느 정도 비율까지 투자보고서에 포함해야 하는지, 그리고 어떤 방식으로 계산하여 보고해야 하는지에 대한 명확한 기준 정립이 필요하다.

리츠는 주식회사이면서 별도의 회계기준이 없어 기업회계기준을 따라야 한다. 김중한 등(2024)에 따르면 현행 기업회계기준은 타 투자기구에 대한 영향력에 따라 지배력, 공동 지배력, 관계기업, 금융자산 등으로 구분한다. 각 구분에 따라 회계처리 방법이 상이하며 재무제표상에 표시되는 형태 또한 다르게 분류된다. 현행 기업회계기준은 종속기업으로 인정되지 않는 하위 투자기구는 모두 증권으로 처리된다.

현재의 연결재무제표 기준만으로는 자리츠(Sub-REITs) 등 하위 투자 기구에 대한 세부적인 투자 정보를 충분히 담아낼 수 없어, 리츠 투자자에게 필요한 정보가 온전히 전달되지 못하는 한계가 존재한다. 따라서 일반적인 회계 기준이 아닌, 리츠 투자보고서의 본래 목적에 부합하는 기준을 정립하는 것이 무엇보다 중요하다.

프로젝트리츠로 일하는 법

기업회계기준에 따른 분류

구분	종속기업	조인트벤처	관계기업	금융자산
투자기구에 대한 영향력 수준	지배력 (Controlling)	공동 지배력 (Shared Control)	유의한 영향력 (Significant)	유의하지 않은 영향력 (Not Significant)
영향력 판단 시 적용하는 일반적 기준	일반적으로 지분율 50% 초과 또는 지배력이 있다는 상당한 근거	일반적으로 지분율 50%를 보유하며 다른 주체와 지배력을 공동행사	일반적으로 지분율 20% ~ 50%	일반적으로 지분율 20% 미만
관련기준 (K-IFRS)	1103호 사업결합 1110호 연결재무제표	1028호 관계기업과 공동기업에 대한 투자 1111호 공동약정 1112호 타 기업에 대한 지분의 공시	1028호 관계기업과 공동기업에 대한 투자	1109호 금융상품
관련기준 (일반기업회계기준)	제4장 연결재무제표 제12장 사업결합	제8장 지분법 제9장 조인트벤처투자	제6장 금융자산 및 금융부채 제8장 지분법	제6장 금융자산 및 금융부채
해당 투자기구 회계 처리 방법	연결회계	지분법	지분법 또는 FVPL법	FVPL법
연결실체 포함 여부	O	X	X	X
(연결)재무제표상 드러나는 형태	부동산	부동산	증권	증권*

출처: 김중한 외 3인(2024), 리츠에 대한 투자활성화 연구, p219

리츠 투자보고서에는 각종 투자 성과와 부채 현황, 배당 지표 및 임차 정보 등이 체계적으로 제공되어야 한다. 이러한 투자 정보를 어느 범위의 하위 투자기구까지 적용할 것인가에 대한 명확한 기준 마련이 필수적이다. 만약 일반적인 기업회계기준을 그대로 적용할 경우, 리츠 투자자를 위한 실질적인 정보 전달에 어려움이 생기거나 정보가 왜곡될 위험이 발생할 수 있다.

---

* 이 경우 「부동산투자회사법」 제25조에 따른 자산분류에 따라서 부동산으로 인정하나 투자보고서에는 연결대상에서 제외

투자보고서의 근본적인 목적은 투자자 보호에 있다. 그러므로 투자자에게 유용한 정보를 제공해야 한다는 공익적 측면과, 공시 규제가 급변하는 시장 환경에서 등장하는 다양한 형태의 리츠 출현에 걸림돌이 되어서는 안 된다는 산업적 측면을 동시에 고려해야 한다. 이를 위해 리츠, 부동산 펀드, 「민간투자법」상 투융자회사 지분, 「유료도로법」상 회사 지분, 특수목적법인(SPC), 신탁 등 공시 대상 하위 투자기구에 대하여, 기업회계상 지배력과 보유 비율을 고려한 투자보고서의 연결 및 합산 범위는 다음과 같다.

지분율 및 영향력에 따른 투자보고서 연결 공시 범위

투자기구에 대한 영향력 수준		지배력 있음 (Controlling)	다른 주체와 공동 지배력 (Shared Control)	유의한 영향력 (Significant)	유의하지 않은 영향력 (Not Significant)
영향력 판단 적용 기준	지분율	50% 초과	50% 보유	20 ~ 50% / 최대주주 여부	20% 미만
	임원	–	선임 여부	선임 여부	–
	자산관리회사	–	동일 자산관리회사 여부	동일 자산관리회사 여부	–
투자보고서 연결 여부	리츠, 부동산펀드	O	O	O (적용기준 2개 이상)	X (적용 기준과 관련 없이 연결 안함)
	부동산 개발 SPC	O	O	O	X
	부동산보유 SPC	O	O	O	X
	민투법 등	O	O	X	X
	PFV,신탁수익권	O	O	O	X
(연결)재무제표상 드러나는 형태		부동산 (연결재무제표)	증권 (타기업 지분 공시)	증권 (공동기업 투자)	증권 (금융상품)
투자 보고서 상 드러나는 형태		부동산	부동산	부동산/증권	증권

출처: 김중한 외 3인(2024), 리츠에 대한 투자활성화 연구, p222

3. 리츠의 투자성과 지표

투자성과 지표는 영업수익, 당기손익(감가상각 포함), 당기손익+감가상각비, FFO, NAV 등 투자성과와 관련된 지표를 작성한다. 리츠의 자산운용 성과는 임대료, 자산가치 상승으로 나타난다. 따라서 임대료와 관련된 FFO와 자산가치 상승을 나타내는 NAV가 포함된다. 대표적인 당기손익+감가상각비, FFO, NAV의 세부적인 사항은 다음과 같다.

(1) 영업수익(매출)

영업수익은 리츠가 자산 운용의 결과로 해당 기에 발생시킨 모든 수익을 의미한다. 연결 대상이 존재하면 연결 손익계산서상의 영업수익을 기재하며, 연결 대상이 없는 경우에는 개별 손익계산서상의 영업수익(매출)을 기재하도록 하였다.

리츠는 부동산 투자를 목적으로 한다. 따라서 리츠 매출의 주요 원천은 임대수입과 자산매각 차익이며, 추가로 관리비와 여유자금 금융수익도 있다. 하지만 투자성과 지표에서 매출의 원천을 세부적으로 구분할 수 없다.

(2) 당기손익

당기손익은 회계적으로 해당 보고 기간 동안 발생한 최종적인 이익 또는 손실을 의미하며, 다음과 같은 산식을 통해 도출된다.

> 당기손익 = 매출액 − (매출원가 +감가상각비+판매관리비+이자비용+법인세)

모자리츠(Parent-Sub REITs) 등 다중 구조로 연결된 경우에는 연결 재무제표의 손익계산서상 당기순이익을 기재하며, 단일 구조의 리츠는 개별 손익계산서상의 당기순이익을 기재하도록 하였다. 이는 해당 기간 리츠 운용의 종합적인 재무 성과를 투자자가 확인하는 핵심 척도가 된다. 만약 리츠의 영업수익은 높은 데 반해 당기손익이 현저히 낮다면, 이는 대개 높은 이자 비용 발생에 기인한 경우가 많다. 따라서 투자자는 영업수익과 당기손익의 격차를 비교함으로써 해당 리츠의 비용 구조와 재무 부담 수준을 가늠할 수 있다.

(3) 당기손익 + 감가상각비

해당 지표는 연결재무제표 또는 개별재무제표 기준의 당기손익과 감가상각비를 합산하여 산출한다. 우리나라의 리츠는 대부분 위탁관리 리츠 형태이므로, 발생하는 감가상각비의 대부분이 투자 부동산과 관련된 것임을 의미한다.

회계상 당기손익에서 이미 차감된 비현금성 비용인 감가상각비를 다시 가산하는 이유는, 이를 통해 리츠 운영 과정에서 발생한 순수한 운영수익을 도출할 수 있기 때문이다. 이는 장부상 수치인 당기손익보다 리츠의 현금 창출 능력을 더 실질적으로 반영하는 지표로 평가받는다. 특히 국내 리츠는 관련 법령에 따라 감가상각비를 배당 재원으로 활용할 수 있다는 특징이 있다. 따라서 해당 지표는 리츠의 실질적인 수익성과 배당 여력을 파악하는 데 매우 중요한 의미를 지닌다.

(4) FFO(Funds From Operations)

FFO(Funds From Operations, 운영현금흐름)는 리츠의 실질적인 운영 성과를 측정하는 핵심 지표다. 대표적인 기준으로는 미국 리츠 협회(NAREIT)가 정의한 'NAREIT FFO'를 들 수 있다. 미국 리츠 역시 일반기업과 동일한 회계기준(GAAP)이 적용되지만, 부동산 임대수익의 안정성이라는 리츠만의 특성을 반영한 이익 지표를 투자자에게 별도로 설명할 필요가 있었다.

예를 들어, 리츠가 보유 부동산을 매각하여 발생한 일회성 수익은 회계상 당기순이익에 포함된다. 그러나 지속적이고 안정적인 임대 수익을 확인하고자 하는 투자자에게 이러한 일회성 수익이 포함된 회계적 이익은 왜곡된 정보를 제공할 우려가 있다. 또한, 비현금성 비용인 감가상각비가 비용으로 처리됨에 따라 회계적 수익이 실제보다 과소평가되는 경향이 있어, 투자자가 파악하고자 하는 리츠 본연의 현금 창출 능력과는 괴리가 발생한다.

따라서 FFO는 감가상각비나 일회성 매각 차익 등을 조정하여 리츠의 본질적인 가치를 측정하고 이를 투자자에게 알리기 위해 고안되었다. 그간 국내에서 FFO 산출이 크게 활성화되지 못했던 이유는 2018년 이전 상장리츠가 본격적으로 성장하기 전까지 대부분의 리츠가 단일 자산 운영 후 5~7년 내에 매각·청산하는 구조로 자산의 실질적 매출 창출 능력 보다는 자산가치 상승에 무게를 두었기 때문이다. 또한, 해외 리츠와 달리 감가상각비를 배당 재원으로 활용할 수 있는 '초과배당'이 가능했기에 별도의 FFO 산출 필요성이 낮았다.

그러나 최근 국내 상장리츠들이 다수의 부동산을 보유하며 자산의 순환 매매를 시작하고, 투자 구조 또한 모자(母子)형 리츠나 부동산 펀드 투자허용 등으로 복잡화·다변화되면서 FFO 산출의 중요성이 대두되었다. 아울러 글로벌 기준에 익숙한 외국인 투자자들의 참여가 확대됨에 따라, 국제적 표준에 부합하는 FFO 정보 제공에 대한 요구도 함께 높아지고 있다.

[참고] FFO의 계산 방식

리츠의 주주에게 속하는 연결 또는 개별손익계산서상의 지배순이익과 산출한 별도의 FFO 값을 계산하며 조정 과정을 공시하는 것이다.

FFO의 계산 방식은 FFO를 구성하는 항목(이하 'FFO 조정항목')을 각각의 특징에 따라서 조정하여 계산한다. FFO 산출 과정은 다음과 같다.

FFO = 지배주주의 당기순이익 − (감가상각+자산평가손익+자산처분손익+손상차
손익+판매손익)

4. 지배주주의 당기순이익 계산

모자구조의 리츠에서 모리츠의 FFO를 산출하기 위한 당기순이익을 계산할 때 모회사가 인식하는 자회사의 당기순이익은 모회사의 지분만큼 반영한 것을 의미하는 것이다. 연결재무제표로 보자면 지배기업 소유주지분 순이익이라고 할 수 있다.

예를 들어 모리츠인 A리츠(순이익 500원)가 B리츠(순이익 100원)의 60%, C리츠(순이익 200원)의 80%를 보유하고 있다고 할 경우 연결재무제표상 당기순이익과 지배주주 당기순이익은 다음과 같다.

	당기순이익	연결재무제표 당기순이익	지배주주 당기순이익
모리츠(A리츠)	500원	800원	720원(500원+220원)
자리츠(B리츠)	100원		
자리츠(C리츠)	200원		

지배주주 당기순이익= (100원*60%)+(200원*80%) = 220원

비지배주주 당기순이익 = 300원 − 220원 = 80원

프로젝트리츠로 일하는 법

5. 비연결종속기업 조정

리츠가 인정하는 부동산 이외 자산은 영 제27조에 명시되어 있다. 여기서 비연결종속기업이란 연결재무제표상 연결 대상에 포함되지 않는 리츠, 부동산펀드, SPC 등을 의미한다. FFO 계산에서 비연결종속기업 손익의 보정이 필요하다. 비연결종속기업이란 부동산펀드를 제외하고 모리츠가 지분의 50% 이하를 보유하는 것으로, 이 중 가장 일반적인 유형은 리츠와 부동산펀드이며, 그 주요 특징은 다음과 같다.

부동산펀드는 「자본시장법」에 따라 자산운용사의 지배력이 인정되므로, 모리츠(Parent REIT)가 보유 중인 부동산펀드에 대해 직접적인 지배력을 행사하기 어렵다. 따라서 해당 수익은 수익증권의 분배금이나 배당금 형태로 계상된다. 또한, 부동산펀드의 배당은 운용사의 의사결정에 따라 결정되므로 정확한 FFO(운영현금흐름) 값을 산출하는 데 한계가 있다. 이에 따라 리츠처럼 감가상가, 자산평가손익, 손상차손익 등 복잡한 조정 항목을 모두 검증하기보다는, 발생 이익 중 자산매각이익 및 처분손익 등을 중심으로 보정하는 방식이 주로 활용된다.

하지만 부동산펀드가 공시하는 내용으로만 자산매각이익이나 처분손익을 보정하기 어렵다. 리츠와 펀드를 겸업하는 경우는 정보를 쉽게 얻을 수 있지만 운용사가 다른 경우 펀드 운용사에게 배당에 대한 세부내역을 제공받을 필요가 있다.

모리츠가 자리츠의 지분율을 20~50% 보유하면 회계적으로 모리츠와 자리츠는 연결 대상이 아니다. 이에 따라 모리츠는 자리츠를 증권 투자로 인식하며, 지분법에 따른 배당금이 손익으로 계상된다. 이때 자리츠의 배당금에는 FFO 조정 항목이 반영되지 않으므로, 해당 배당금에 대해 FFO 조정 항목을 별도로 조정할 필요가 있다. 다만 우리나라의 리츠 제도는 감가상각비 초과 배당을 허용하고 있어 자리츠의 FFO 조정 항목에서 감가상각초과금을 별도로 고려해야 한다. 자리츠의 지분율이 20% 이하인 경우 별도의 보정없이 배당금으로 처리한다.

비연결종속법인에 대한 보유비율에 따른 FFO 조정 항목의 적용은 다음의 표와 같다.

비연결종속기업 등의 FFO 조정		
비연결종속기업(부동산펀드)	자리츠 지분(20~50%)	20% 이하 부동산펀드, 자리츠
배당금-(자산처분손익+판매손익)	배당금-(자산처분손익+손상차손익+판매손익)	배당금

6. 비지배지분 조정

모리츠가 일부 보유한 연결재무제표상 자리츠(예: 60% 보유)에는 타 지배지분이 40%가 존재한다.

자리츠는 회계적으로 감가상각 등 FFO 조정 내용은 자리츠 전체로 계산된다. 따라서 모리츠가 보유한 자리츠 지분에 해당하는 FFO 조정이 필요하다.

예를 들어 A리츠(이익 20억 원, 감가상각 2억 원) 지분율 60%를 보유한 자리츠B(이익 10억 원)의 감가상각비가 1억 원인 경우, A리츠의 연결 손익은 30억 원이고 지배력 있는 주주의 손익은 26억 원이다. 그런데 B리츠는 감가상각비 1억 원을 차감한 이익이므로 FFO 조정에서 비지배부분 4,000만 원의 조정이 필요하다.

A리츠의 비지배력지분 조정을 반영하면, A리츠의 지배주주 순이익

26억 원에 감가상각 충당금(A리츠 2억 원 + B리츠 조정(1억 원-4,000만 원)=2.6억 원)을 가산하여 28억 6,000만 원으로 계산할 수 있다.

7. 리츠의 상장주권에 대한 당기순이익 조정

상장리츠가 보통주를 공모하거나 상장한 상황에서 후순위 대출 성격의 종류주가 존재하는 경우, 해당 종류주 배당금은 당기순이익에서 차감한다. 일반적으로 종류주는 일정 수준의 고정 배당을 받기 때문에 실질적으로 후순위 대출과 유사한 성격을 띤다. 따라서 보통주로 구성된 상장리츠의 정확한 수익력과 현금흐름을 파악하기 위해서는 이를 순이익에서 제외하여 '보통주 귀속 이익'을 산출할 필요가 있다. 다만, 이런 경우는 상장리츠의 자본에 종류주가 존재할 때 적용되며, 리츠가 직접 또는 간접(연결)적으로 해당 종류주에 투자하고 있는 경우에는 이를 차감하지 않음에 유의해야 한다.

8. 감가상각비의 회계적 특성과 리츠 성과 왜곡의 조정

감가상각비는 자산 가치가 시간에 따라 감소한다는 전제하에, 실제 현금 지출 없이 회계상 수익에서 차감하는 비현금성 비용 항목이다. 그러나 부동산은 일반적인 유형자산과 달리, 시간이 경과함에 따라 가치가 유지되거나 오히려 상승하는 경향이 있다.

이러한 특성으로 인해 회계상 감가상각비는 리츠의 실질적인 운영 성과를 과소평가하거나 왜곡할 가능성이 있다. 따라서 리츠의 정확한 현금 창출 능력을 파악하기 위해, 당기순이익에서 이미 차감된 감가상각비를 다시 가산함으로써 그 영향을 배제한다.

9. 자산 평가손익의 조정과 실질 운영 성과의 도출

실질적인 자산 매각이 발생하지 않은 상태에서 회계상으로만 발생하는 자산 평가손실은 가산하고, 평가이익은 차감하여 평가손익의 영향을 배제한다. 자산 평가손익은 시장가치 변동에 따라 장부에 나타나는 회계적 수치일 뿐, 실제 현금의 유입이나 유출과는 무관하기 때문이다.

이러한 미실현 손익은 리츠의 임대 수익이나 운영 효율성을 나타내는 지표가 아니므로, 리츠의 본질적인 운영 성과에서 제외하는 것이 타당하다. 이를 통해 투자자는 외부 시장 요인에 의한 착시 효과를 제거하고 리츠의 실질적인 현금 창출 능력을 파악할 수 있다.

10. 자산 처분 손익의 배제와 FFO의 지속 가능성 평가

자산 처분 손익의 영향을 배제하기 위해, 회계상 발생한 처분 손실은 가산하고 처분이익은 차감하는 방식을 적용한다. 부동산 등 자산의 처분에서 발생하는 손익은 일회성 이벤트에 해당하며, 리츠의 주된 영업활동인 주기적인 순임대료 수익과는 성격이 다르기 때문이다.

리츠의 본질적인 가치는 영속적인 운영 성과에 있으므로, 실질적인 현금 창출 능력을 나타내는 FFO(Funds From Operations) 산출 시에는 이러한 일시적인 처분 손익을 제외함으로써 지표의 왜곡을 방지하고 지속 가능한 성과를 평가한다.

11. 자산 손상차손 및 환입의 배제와 실질 현금흐름 파악

손상차손은 자산의 미래 경제적 가치가 장부금액보다 현저하게 하락할 때 인식하는 손실이며, 환입은 반대로 자산 가치가 회복될 때 발생하는 수익이다. 이들은 모두 비현금성 회계 항목으로, 장부상의 가치 조정일 뿐 실질적인 현금의 유입이나 유출과는 무관하다.

FFO(Funds From Operations)의 핵심 목적은 리츠의 본질적인 운영 성과와 지속 가능한 현금 창출 능력을 판단하는 데 있다. 따라서 자산 가치의 일시적 변동이나 회계적 추정에 의한 손상 검사 관련 손익은 FFO 산출 시 배제함으로써 지표의 신뢰성을 높인다.

12. 부동산 판매 손익의 배제

부동산 판매(분양 포함)에서 발생하는 손익의 영향을 배제하기 위해, 회계상 나타난 판매 손실은 가산하고 판매 이익은 차감한다. FFO(Funds From Operations)의 핵심 목적은 리츠가 보유한 임대 영업용 부동산으로부터 발생하는 지속 가능하고 반복적인 수익 및

지배주주에 속하는 순이익에서 FFO 계산

항목			비고	
지배주주에 속하는 이익			연결 또는 개별재무제표에서 지배주주에 속하는 이익	
비연결종속기업 등 조정			비연결종속기업의 손익 − (자산처분손익+판매손익)	자리츠 지분(20~50%) 배당금 − (자산처분손익+손상차손익+판매손익)
조정항목	+	감가상각비	부동산에 관련된 감가상각비만 더함	
	+/−	평가손익	부동산 및 부동산 관련 증권에서 발생한 평가손실을 더하고 평가이익을 차감함	
	+/−	처분손익	부동산 및 부동산 관련 증권에서 발생한 처분손실을 더하고 처분이익을 차감함	
	+/−	손상차손/환입	부동산, 부동산 관련 증권, 판매용 부동산에서 발생한 손상차손을 더하고 손상차손환입을 차감함	
	+/−	판매손익	부동산 판매에서 발생한 손실을 더하고 이익을 차감함	
	+/−	비지배지분 조정	(감가상각+자산평가손익+자산처분손익+손상차손익+판매손익) 중 지배지분에 해당하지 않는 사항 조정	
주주에 속하는 FFO				

출처: 김중한 외 3인(2024), 리츠에 대한 투자활성화 연구, p232

현금흐름을 평가하는 데 있기 때문이다.

따라서 일회성 성격이 강한 부동산 판매 손익은 실질적인 운영 성과를 왜곡할 수 있으므로 FFO 산출 시 제외한다. 이러한 원칙은 개발 사업을 주 목적으로 하는 개발리츠의 경우에도 동일하게 적용된다.

13. NAV(Net Asset Value)

리츠의 NAV(Net Asset Value)는 리츠의 총자산에서 총부채를 차감한 순자산가치로, 투자자 관점에서 리츠의 실질 가치를 나타내는 지표이다. 이는 리츠가 보유한 부동산의 최근 감정평가액을 기준으로 산출한다. 즉, 부동산의 현재 시점 평가가격과 장부가격 간의 차이를 통해 리츠의 실제 순자산가치를 평가하는 것이다.

일반적으로 NAV를 현재의 시가총액과 비교하여 가치를 판단한다. 시가총액을 NAV로 나눈 값(P/NAV)이 1보다 크면 고평가, 1보다 작으면 저평가된 것으로 해석한다. 한편, NAV는 보유 부동산의 가치가 상승하거나 부채가 감소할 경우 상승한다.

NAV=총자산(현재 감정평가)−총부채

P(시가총액)/NAV , 1>P/NAV = 저평가, 1<P/NAV = 고평가

리츠가 다른 리츠 등에 투자하는 구조의 NAV(순자산가치)는 연결 또는 개별 재무상태표상의 지배지분에서 산출한 값을 조정하여 작성한다. 이 경우 보통주와 종류주를 구분하여 계산하는데 일부 종류주는 후순위대출과 같은 성격을 가지고 있어 부채로 합산하여 계산하는 것이 필요하다. 하지만 우리나라 리츠의 경우 모리츠가 자리츠의 종류주에 투자하거나 모리츠 자체가 종류주를 공모하거나 종류주라 하

더라도 의결권을 보유하거나, 자산 매각 차익에 대해 사전에 약정한 일정 비율로 보통주와 이익을 배분하는 계약을 체결하기도 한다.

따라서 종류주와 보통주를 구분하여 발행한 리츠의 경우, 해당 주식 종류별 주주 간 협약 및 계약 조건을 반영하여 NAV를 별도로 계산해야 한다.

(1) 연결종속기업이 있는 경우 NAV 계산

모리츠가 자리츠나 부동산 펀드 등을 통해 자산을 보유한 경우, 앞서 설명한 FFO 사례와 마찬가지로 NAV 또한 연결 대상 지배기업인 경우와 비연결종속기업인 경우로 구분하여 계산한다.

기본적으로 재무상태표 자본 계정의 '지배기업 소유주 귀속 자본'에서 계산을 시작한다. 이때 연결 종속기업이 보유한 부동산 가치 중 지배기업의 몫이 아닌 비지배지분(Non-controlling Interest)에 해당하는 부분은 제외하거나 조정하여 반영한다.

예를 들어, 모-자리츠 구조에서 모리츠가 자리츠의 80% 보유하고, 자리츠의 LTV가 50%이며 투자부동산 장부가가 100억 원, 최근 감정평가액이 110억 원인 경우 자리츠의 NAV 계산은 다음과 같다.

자리츠의 NAV = 100억 원(장부가) – 50억 원(부채)억 원 +
　　　　　　　10억 원(감정평가 상승분) – 2억 원(비지배부분 조정) = 58억 원
*비지배 부분 조정: 감정평가 조정액이 10억 원이고 모리츠를 통해 보유하고 있다면
　　　　　　　비지배 부분의 공정가치평가액을 조정(10억*0.2=2억 원)

---

14. 비연결종속기업 등 연결 및 공정가치평가액 반영

모리츠가 투자한 하위펀드(20%초과) 또는 자리츠(50~20%)의 경우

연결종속기업의 경우와 동일한 방법으로 계산하고 20% 이하인 경우 장부가에서 비율로 적용한다. 즉 20% 미만의 경우 시가 평가가 필요 없다.

리츠의 NAV의 계산

	항목	비고
	지배지분	연결 또는 개별재무제표 기준
−	종류주(우선주): − 리츠 투자 대상이 보통주인 경우 우선주 발행가격 차감 − 리츠 투자 대상에 종류주가 포함된 경우 차감하지 않고 주주간 계약 비율로 조정	
+/−	장부에 반영되지 않은 공정가치평가액	부동산 및 부동산 관련 증권의 최근 공정가치평가액과 장부가액의 차이
+/−	비지배지분 조정	위 항목에 대해 비지배지분 조정
+/−	비연결종속기업등 공정가치 평가액	부동산 및 부동산 관련 증권의 최근 공정가치평가액과 장부가액의 차이
+/−	비연결종속기업 조정	위 항목에 대해 비지배지분 조정
+/−	20% 미만	장부가*보유비율로 계산

출처: 김중한 외 3인(2024), 리츠에 대한 투자활성화 연구, p234

15. 시가법을 적용하는 리츠

리츠는 보유 자산에 대해 시가법을 적용하여 평가할 수 있다. 2024년 관련 상법이 개정됨에 따라 리츠는 자산의 미실현 평가 이익을 배당 이익(배당 가능 이익)에 산입하지 않게 되었다. 이러한 법적 근거 마련으로 리츠의 실질적인 시가 평가가 가능해졌다.

시가 평가를 적용할 경우, 자산 가치의 변동을 시가로 즉각 반영하므로 별도의 감가상각비를 계상하지 않는다. 결과적으로 시가법을 채택한 리츠는 직접 보유한 부동산은 시가로 평가하되, 연결 및 비연결 종속기업의 경우에는 해당 기업의 개별적 특성을 고려하여 NAV를 산출해야 한다.

16. 리츠의 부채 지표

부채 지표에는 레버리지(Leverage), 이자보상배수, 평균 차입 금리, 고정 금리 비중, 부채 평균 잔여 만기 등이 포함된다.

부채 지표는 차입 비율 정보를 통해 리츠의 재무 건전성과 안정성을 보여준다. 또한, 조달한 차입 금리 정보를 통해 금리 변동에 대한 대응력을 파악하고, 평균 잔여 만기 조사를 통해 차입금의 만기 구조가 특정 시점에 쏠리지 않고 적절히 분산되었는지 검토한다. 특히 이자보상배수를 통해서는 리츠가 영업 수익으로 대출 이자를 충분히 감당할 수 있는지에 대한 핵심 정보를 제공한다.

(1) 레버리지(Leverage)

리츠에서 레버리지(Leverage)는 자기자본(Equity)을 기준으로 타인자본(Debt, 대출 또는 채권 발행 등)을 더해 리츠가 투자할 수 있는 규모를 키우는 방법이다. 리츠가 부동산을 매수할 때 자기자본 이외 대출 등 부채를 조달하여 자본 수익률을 극대화하는 방법이다.

즉 리츠가 레버리지를 활용하는 효과 또는 이유는 자기자본 이익률(ROE)을 높이기 위해서다. 예를 들어 100억 원 부동산의 임대 수익률(Cap Rate)이 5%라고 가정하고 모두 자본으로 매수한 경우 수익률은 연 5%(연 5억 원)다. 그런데 여기서 50억 원을 대출금리 2.5%로 조달하면 자기 자본은 50억 원만 들어가고 이자는 1.25억 원이 된다. 이자를 납부하고 3.75억 원의 수익이 발생하고 수익률은 7.5%가 된다. 이처럼 자산 수익률이 대출 금리보다 높을 때 수익이 증폭되는 현상이 레버리지 효과다. 그러나 리츠 레버리지 활용은 '양날의 검'이다. 대출의 금리가 상승하고 임대공실 등이 발생하여 대출 금리가 임대

수익률(Cap Rate)보다 높아지면 오히려 수익률이 깎이는 부(-)의 레버리지가 발생한다.

국내 리츠는 무분별한 차입을 제한하기 위해 법에서 자기자본의 2배 이내까지 차입 및 사채 발행을 허용하고 있으며 주주총회 특별결의를 거칠 경우, 자기자본의 10배까지 확장한도를 인정하고 있다.

레버리지는 총부채를 총자산으로 나눈 비율(LTV)을 의미한다. 단일 자산을 보유한 리츠의 경우 산정 방식이 단순하다. 그러나 리츠가 자리츠나 부동산 펀드에 투자할 경우, 하부 구조의 부채가 모리츠의 장부에는 '수익증권' 또는 '주식'과 같은 자산 형태로만 표시되어 실제 레버리지가 가려지는 이른바 '착시 효과'가 발생한다. 이를 개선하기 위해 보유 비율에 따른 통합 산정 방식을 적용한다. 연결 대상 자리츠(지분율 50% 초과) 및 비연결 종속 자리츠·부동산 펀드(50%), 그리고 유의한 영향력을 행사하는 자리츠(20%~50%)의 경우 공정가치 평가액을 보유 비율에 비례하여 반영한다. 반면 지분율 20% 미만인 경우에는 해당 증권의 취득원가로 산정한다.

세부적으로 비연결 종속/공동지배 자리츠 및 부동산펀드(20~50%)의 경우 지배력은 없으나 유의한 영향력이 있다고 보아, 해당 법인이 보유한 자산과 부채의 가액을 보유 지분율에 비례(Proportional)하여 모리츠의 자산·부채에 가산한다.

예를 들어 '가'리츠가 자본 100억 원과 부채 100억 원으로 'A'자리츠 지분 50%를 보유하고 있는 경우(A리츠는 자본 400억 원과 부채 600억 원으로 1,000억 원의 부동산 보유) 리츠의 레버리지 계산은 다음과 같다.

프로젝트리츠로 일하는 법

'가'리츠 부채 100억 원, 자산 200억 원

'A'리츠 부채 300억 원(600억 원*50%[지분율]),

　　　　　자산 500억 원(1000억 원*50%)

'가'리츠의 연결 레버리지 부채 400억 원 / 자산 700억 원 → 57%

리츠의 레버리지 비율 계산

	항목		비고
A			
	차입금		단기차입금, 장기차입금, 유동성장기차입금 등
+	사채		사채, 유동성사채 등
+	종류주		실질적 차입부담이 내재되어 있는 종류주의 발행가액
+/-	비연결투자기구 조정 (20%~50%)		위 항목에 대해 연결되지 않은 타 투자기구 비율별 조정
B			
	자산총액		연결 또는 개별재무제표상 자산총액
+/-	장부에 반영되지 않은 공정가치평가액		부동산 및 부동산 관련 증권의 최근 공정가치평가액과 장부가액의 차이
+/-	비연결투자기구 조정(20%~50%)		보유비율별 부동산 및 부동산 관련 증권의 최근 공정가치평가액과 장부가액의 차이
	보유비율 20% 미만 기구		장부가
=	레버리지		A/B

출처: 김중한 외 3인(2024', 리츠에 대한 투자활성화 연구, p236

(2) 이자보상배수(Interest Coverage Ratio, ICR)

이자 비용은 리츠의 비용 항목 중 비중이 가장 크며, 수입의 증감과 관계없이 고정적으로 지출되는 특성을 가진다. 따라서 이자보상배수는 이자 비용과 수입 사이의 상관관계를 보여줌으로써, 리츠가 대출 이자 대비 어느 정도의 이익을 창출하고 있는지를 나타내는 핵심 지표가 된다.

일반적으로 이자보상배수가 높을수록 이자를 감당하고 남는 잉여금이 크다는 것을 의미하며, 이는 리츠의 수익성이 양호함을 시사한다. 그러나 이 수치가 반드시 높다고 해서 긍정적인 것만은 아니다. 이자보상배수가 지나치게 높다는 것은 역설적으로 레버리지를 충분히 활용하지 못하고 있음을 의미할 수 있으며, 이는 자본 효율성 측면에서 개선의 여지가 있다는 신호로 해석되기도 하다.

이자보상배수는 연결 또는 개별재무제표를 기준으로 산출하다. 연결재무제표를 기준으로 할 경우에는 평가손익, 처분손익, 손상차손(Impairment loss) 등의 항목을 보정하여 실질적인 현금 창출력을 반영한다. 또한 비연결 종속기업 등에 대해서는 해당 법인의 실적을 지분율에 비례하여 산출 과정에 반영하다.

이자보상배수의 수준에 따른 재무 상태는 다음과 같이 해석된다.

이자보상배수 수치	재무 상태 및 평가
1.5배 이상	이자 지불 능력이 충분하며, 재무적으로 안정적인 상태
1.0 ~ 1.5배	이자 지급은 가능하나, 경기 변동, 금리 인상 시 배당금 감소 위험 존재
1.0배 미만	영업이익으로 이자를 감당 못하는 상태, 자산 매각이나 추가 증자가 필요 요구

리츠의 이자보상배수 계산

	항목	비고
A		
	지배순이익	연결 또는 개별재무제표 기준
+	감가상각비	부동산에 관련된 감가상각비만 다시 더함
+/-	평가손익	부동산 및 부동산 관련 증권에서 발생한 평가손실을 더하고 평가이익을 차감함
+/-	처분손익	부동산 및 부동산 관련 증권에서 발생한 처분손실을 더하고 처분이익을 차감함

프로젝트리츠로 일하는 법

A	+/-	손상검사	부동산, 부동산 관련 증권, 판매용 부동산에서 발생한 손상차손을 더하고 손상차손환입을 차감함
	+/-	판매손익	부동산 판매에서 발생한 손실을 더하고 이익을 차감함
	+/-	비연결종속기업 조정	위 항목에 대한 비연결종속기업 조정
B			
		이자비용	연결 또는 개별재무제표 기준
	+/-	비연결종속기업 조정	위 항목에 대한 비연결종속기업 조정
=		이자보상배수	= A/B

출처: 김중한 외 3인(2024), 리츠에 대한 투자활성화 연구, p237

(3) 평균 차입 금리

평균 차입 금리는 리츠의 비용 구조를 보여주는 지표로서, 리츠가 조달한 모든 타인자본(대출금, 리츠 사채 등)에 대해 지불하는 이자율의 가중평균값을 의미한다. 이는 리츠의 조달 경쟁력과 수익성을 결정짓는 핵심 지표로 활용된다. 산출 시에는 연결 또는 개별재무제표를 기준으로 하되, 비연결종속기업 등은 지분율로 반영하여 산출한다. 평균 차입 금리가 낮을수록 해당 리츠의 신용도가 높고 우량 자산을 보유한 것으로 평가받으며, 유사한 자산군 내에서는 자산관리회사의 업무 수행 능력을 판단하는 근거가 된다. 또한 자산 수익률(Cap\ Rate)과 비교하여 그 차이가 클수록 주주 배당금 증가의 척도로 활용할 수 있다. 해당 사업기간 중 차입금 및 사채에서 발생한 이자 비용을 연 단위로 환산하고, 이를 보고기간의 평균 대출 원금(기초 및 기말 원금의 산술평균)으로 나누어 산출한다.

◎ **평균 차입 금리**
= [이자비용 * (12/사업기간)] / [(기초 부채잔액 + 기말 부채잔액)/2]

(4) 고정금리 비중

고정금리 비중은 리츠가 조달한 총부채 중 금리 변동 리스크에 노출되지 않은 부채의 비율을 의미한다. 이는 금리 상승기에 리츠의 이자 비용을 일정하게 유지함으로써 배당 안정성을 방어하는 핵심 지표로 활용된다.

고정금리 비중은 연결 또는 개별재무제표를 기준으로 산출하되, 비연결종속기업 등에 대해서는 지분율대로 반영하여 산출한다. 부동산 투자를 위해 조달한 차입금 및 사채 등 모든 타인자본의 원금을 합산한 금액을 기준으로 한다. 이자율 스왑(Swap) 등 별도의 파생상품 계약을 통해 변동금리 리스크를 헤지(Hedge)한 경우, 그 실질적인 효과가 고정금리와 유사하더라도 이를 고정금리 비중 수치에 직접 반영해서는 안 된다. 대신 이러한 헤지 내역은 주석이나 각주 등을 통해 별도로 기재하여 투자자가 리츠의 실질적인 금리 리스크 관리 현황을 파악할 수 있도록 한다.

> ◎ **고정금리 비중 계산식**
> = 고정금리 부채의 원금 합계 / 전체 부채의 원금 합계

(5) 부채 평균 잔여 만기(Weighted Average Maturity)

부채 평균 잔여 만기는 리츠가 조달한 차입금 및 사채 등 모든 타인자본의 만기 도래 시점까지 남은 기간을 각 부채의 원금 비중에 따라 가중 평균하여 산출한 지표로 리츠의 유동성 관리 능력과 리파이낸싱(Refinancing) 리스크를 판단하는 척도로 활용된다.

유동성관리 차원에서 보면 평균 잔여 만기가 길수록 금리 상승기나 자금 조달 시장의 경색 국면에서 안정적인 배당 재원을 확보할 수 있

다. 반면 만기가 특정 시점에 집중될 경우, 해당 시점의 시장 금리에 따라 리츠의 수익성이 급격히 변동할 위험이 존재한다. 자산관리회사는 만기 구조를 고르게 분산하여 일시적인 상환 부담을 최소화한다. 유사한 자산 포트폴리오를 가진 리츠라 하더라도 평균 잔여 만기가 길고 분산이 잘 되어 있을수록 재무적 기초 체력이 우량한 것으로 평가한다. 또한 평균 차입 금리, 고정금리 비중 등과 함께 차입의 경쟁력, 안정성 등을 통합하여 분석할 수 있다.

부채 평균 잔여 만기는 연결 또는 개별재무제표를 기준으로 산출하되 비연결종속기업 등은 지분율대로 반영한다. 부동산 투자를 위해 조달한 차입금 및 사채 등 모든 타인자본을 대상으로 하며, 차입금 및 사채발행 등 타인자본의 건별로 만기일과 보고기간 말일과의 차이 일수를 해당 차입금 및 사채 원금으로 가중 평균으로 산출한다.

◎ **부채평균 잔여만기**

= Σ(각 부채 원금 X 각 부채의 잔여만기) / 전체 부채 원금 합계

---

17. 리츠의 임대 지표

임대 관련 지표는 임대율, WALE, 임대차 만기 일정, 임차인 업종별 분류가 있으나 금번 개정으로 작성하는 것은 임대율과 WALE이다. 리츠는 부동산을 투자 대상으로 한다. 따라서 임대는 리츠 수익의 근간이되며 리츠 투자자가 향후 배당률과 리츠의 지속가능성, 수익성을 판단하는 중요한 지표로 작동한다.

(1) 임대율(Occupancy Rate)

리츠의 임대율은 보유 자산의 운영 성과와 수익 창출 능력을 직접

적으로 보여주는 지표로서, 전체 임대 가능 면적 중 실제 임대 계약이 체결되어 수익이 발생하고 있는 면적의 비중을 의미한다. 임대율은 리츠의 현금흐름(Cash Flow)과 배당 안정성을 결정짓는 핵심 지표로 활용된다. 높은 임대율은 안정적인 임대료 수입을 보장하는 반면, 공실 발생은 수입 감소 이외 관리비 등 운영비용 부담 증가로 이어져 수익성 악화를 가속한다. 연결 또는 개별재무제표를 기준으로 산출하되, 앞선 재무 지표들과 마찬가지로 비연결종속기업 및 부동산 펀드 등에 대해서는 보유 지분율대로 반영하여 통합 산출한다. 이는 재간접 투자 구조에서도 실제 기초 자산의 운영 현황을 투명하게 파악하기 위함이다.

임대율 계산방법으로 각 부동산의 임대면적을 각부동산의 임대가능면적으로 나눈 값으로 계산하도록 개정되었다.

◎ **임대율**

= Σ(각 부동산의 임대면적) / Σ(각 부동산의 임대가능면적)

---

(2) 가중평균 잔여 임대 기간: WALE

리츠의 수익 안정성을 진단할 때 전문가들이 가장 눈여겨보는 지표 중 하나가 바로 가중평균 잔여 임대 기간(WALE, Weighted Average Lease Expiry)이다. 이는 리츠가 보유한 자산의 임대차 계약들이 만기까지 남은 기간을 면적 비중에 따라 가중 평균하여 산출한 수치로, 배당의 지속 가능성을 가늠하는 핵심 척도로 활용된다.

부동산 투자에서 '공실'은 수익성을 갉아먹는 가장 큰 위험 요소이다. 리츠 투자자에게는 단순히 현재 임대율이 높은 것보다, 그 안정적인 상태가 '얼마나 오래 지속될 것인가'가 더 중요한 화두가 된다. 이

프로젝트리츠로 일하는 법

때 WALE는 포트폴리오 전체의 임대차 만기 구조를 수치화하여 투자자에게 제시하는 것으로 WALE가 길수록 임대차 계약이 오래 유지된다는 것을 의미한다.

WALE는 보고기간 말 보유, 연결 및 비연결종속기업이 임대수익을 얻을 목적으로 투자하고 있는 모든 부동산을 대상으로 산출한다. 20% 미만의 지분투자는 제외한다. 각 계약건 별로 남은 임대 기간을 계산하고 이를 임대면적으로 가중평균하여 산출한다.

◎ WALE
= Σ(개별 임차인 면적 × 잔여 임대 기간) / Σ(총 임대면적)

새로운 부동산 개발 플랫폼
프로젝트리츠로 일하는 법

제1판 1쇄 발행 | 2026년 3월 16일
제1판 2쇄 발행 | 2026년 4월 10일

지은이 | 강명기·김승범·김중한·이재훈·이준혁
펴낸이 | 서정환
펴낸곳 | 한국경제신문 한경BP
출판본부장 | 이선정
책임편집 | 황진아
저작권 | 백상아
홍보마케팅 | 김규형·서은실·이여진·박도현
디자인 | 이승욱·권석중
본문 디자인 | 임상현·김성훈

주   소 | 서울특별시 중구 청파로 463
기획편집부 | 02-360-4556, 4584
홍보마케팅부 | 02-360-4595, 4562   FAX | 02-360-4837
H | http://bp.hankyung.com   E | bp@hankyung.com
F | www.facebook.com/hankyungbp
등   록 | 제 2-315(1967. 5. 15)

ISBN 978-89-475-0250-4 13320